中国式绩效管理系列丛书

要想挣钱，先学会分钱

差异化分配实战技

卢锐军 著

中国石化出版社
HTTP://WWW.SINOPEC-PRESS.COM

内容摘要

本书以情境对话方式，聚焦企业、银行、医院等单位的分配难题，讲述了差异化分配的意义、岗位价值评价、一次分配和二次分配的实用方法。

本书作者是人力资源实战派专家，为众多知名企事业单位提供绩效管理培训和咨询服务。本书适合各级中高层管理者、人力资源从业人员学习和参考。

图书在版编目（CIP）数据

要想挣钱，先学会分钱：差异化分配实战技巧 / 卢锐军著. — 北京：中国石化出版社，2022.4（2025.11 重印）

ISBN 978-7-5114-6636-5

Ⅰ. ①要… Ⅱ. ①卢… Ⅲ. ①企业管理—工资管理 Ⅳ. ①F272.923

中国版本图书馆 CIP 数据核字（2022）第 055773 号

中国石化出版社出版发行

地址：北京市东城区安定门外大街58号

邮编：100011 电话：（010）57512500

发行部电话：（010）57512575

http：//www. sinopec-press. com

E-mail：press@ sinopec. com

北京艾普海德印刷有限公司印刷

全国各地新华书店经销

*

710 毫米 ×1000 毫米 16 开本 24.5 印张 452 千字

2022 年 5 月第 1 版 2025 年 11 月第 5 次印刷

定价：68.00 元

序　言

2020年12月，第一本书籍《其实，绩效管理并不难》出版后，得到了很多读者的热烈反馈，不到半年，就第二次印刷。有一位医院的院长看到精彩之处，马上给我打电话，说太有共鸣了；有一位杭州的银行HR朋友说坐地铁看我的书差点坐过站了；还有一位西安的读者说我的书籍是她在新冠疫情居家隔离时最好的陪伴……

当然，还有更多读者看完书后给我留言："卢老师，第二本书何时出来？"

于是，第二本书终于要跟大家见面了，就像好的电视连续剧一样，不能没有续集！

第一本书写绩效管理，第二本书自然要写写分钱的难题。因为考核和分钱的关联度太大了。不过分钱可真不好分！

没钱分、让人发愁！有钱不会分、同样让人发愁！所以，薪酬也让人"心愁"！

很多单位的领导关心组织怎么挣钱，而员工关心的是怎么分钱。看上去矛盾，其实一点也不矛盾。一个不会分钱的单位也挣不到钱。要想挣钱，先学会分钱！

如果您也有分钱方面的困惑，这本书值得您花时间读两遍。

本书延续第一本书的人物关系，聚焦企业、银行、医院等企事业单位分配中的难题，以情景对话的方式，从28个场景、178个问题为您解析分钱的方法，希望能给您带来参考。由于认知上的局限性，有些观点可能未必完全正确，欢迎大家批评指正！

感谢林胜兰和唐灵芳两位同事，非常用心地将我的书籍制作成有声书和小视频，让知识得到更广泛的传播。

感谢中国石化出版社的王瑾瑜、张晓慧老师以及制作、发行团队，大家密切配合，全力打造"中国式绩效管理"精品丛书系列。

最后特别感谢我的学员和读者，大家对我课程和书籍的赞赏与期待是我出书的不竭动力！

卢锐军

2022年3月16日，于深圳

故事说明

这是一个关于分钱的故事。

组织的目标是挣钱，员工的诉求是分钱。两者看似矛盾，其实一点不矛盾。

不会分钱的组织，也不会挣钱！要想挣钱，先学会分钱！

没钱分，让人发愁！有钱不会分，一样让人发愁！薪酬，也是“心愁”！

让我们沿着书中人物关于分钱的困惑，在人力资源实战专家的指导下，去探寻分钱的秘诀！

专家介绍

卢锐军：人力资源管理实战派专家。现任深圳市力鼎管理顾问有限公司董事长、首席顾问；曾任中兴通讯薪酬部部长、招聘部部长。卢老师从事人力资源工作25年，担任众多知名企业、行政事业单位的人力资源管理顾问。卢老师提出的人力资源天平理论和“和而不同”的中国式绩效管理思想在业界广受赞誉！

单位介绍

（以下组织和人物为作者虚构，如有重名，纯属巧合，敬请谅解！）

糖人通讯：国内知名的通信设备与解决方案提供商，国有企业，在海内外均设有分支机构。

糖心俱乐部：糖人通讯旗下面向客户的会员俱乐部，会员都是糖人通讯的客户——企事业单位的管理者。

A银行：糖人通讯的客户，本地城市商业银行。

B医院：糖人通讯的客户，本地三甲医院。

人物介绍

王亚洲：糖人通讯副总经理，分管人力资源管理工作。

马清波：糖人通讯人力资源部经理。

李一飞：糖人通讯大客户部经理，糖心俱乐部负责人。

冯莉莉：A银行人力资源部总经理，糖心俱乐部会员。

赵青松：B医院财务科主任，糖心俱乐部会员。

目 录

前　传

故事导入

这是一个春意盎然的周六下午，卢老师再次受邀来到糖人通讯进行第二阶段的辅导。

大客户部经理李一飞带着卢老师，来到糖人通讯大厦一楼的糖心俱乐部。糖人通讯副总经理王亚洲和人力资源部经理马清波已经等候在俱乐部门口，迎接卢老师的到来。

王亚洲：卢老师好！我们又见面啦！欢迎您再次来到糖人通讯！去年您给我们公司中层干部做的绩效管理辅导效果太好了，不仅教会了大家绩效管理实务方法，更是让各级管理者承担起了考核的责任，公司管理层的多位领导跟我反馈，感觉我们这些干部在团队管理和责任担当方面有了明显的变化。卢老师功不可没哈！

卢老师：王总过奖了！我们外部顾问主要是催化的作用，关键还是糖人通讯的管理干部素养很好，也很好学，才取得了不错的成绩！

马清波：卢老师好！很高兴再次见到您！给您汇报一个好消息。我们人力资源部上个月启动了一项针对全员的“员工绩效管理满意度调查”。结果几项指标较去年有大幅度改善。比如员工绩效满意度从55%提升到73%；员工考核申诉率从5%降低到了2%。公司领导非常高兴！所以今年一开年，就要求我们人力资源部赶紧邀请卢老师，进行第二阶段的辅导。

卢老师：马经理好！你们人力资源部工作做得很扎实，这些量化的改进指标就是很好的佐证！我也很高兴继续担任贵公司的辅导顾问！

王亚洲：感谢卢老师百忙之中抽出时间来给我们辅导。第二阶段的辅导主题我们希望侧重在薪酬分配上，这块我们问题不少呀！而且这次辅导形式上我们也想创新一下，不仅仅是针对我们公司的人力资源部门，还包括我们部分客户的领导！这个主意还是您的“铁粉”——我们公司大客户部经理李一飞的点子呢！李经理，说说你的想法吧。

李一飞

嘿嘿！这确实是我的“私心”，没想到公司领导这么支持！卢老师，事情是这样的：我们糖人通讯为了更好服务于我们的大客户，成立了一个糖心俱乐部，待会我带您参观一下哈。那里不仅仅是公司的展厅，也是我们跟客户交流互动的平台。每周我们都会邀请我们的大客户来参加我们的讲座、读书会、产品互动会等。我们公司领导倡导的客户理念是：客户不仅仅是生意的伙伴，更是一起学习和成长的伙伴！

卢老师

嗯，这个理念非常好！营销的最高境界是文化营销，跟客户一起成长，才是王道！李经理，你们大客户部的工作站位很高呀！

李一飞

谢谢卢老师赞誉！所以这次听说卢老师要来公司进行第二阶段辅导，我特意找王总申请，能否在我们的糖心俱乐部进行辅导，我也邀请我们一些大客户的领导一起参与学习！

卢老师

这是好事啊，我也可以认识到更多朋友，教学相长嘛！

王亚洲

太好啦！感谢卢老师的雅量支持！下面请李经理和马经理带着卢老师参观一下我们的糖心俱乐部，今天正式开始我们第二阶段的辅导。晚上我来为卢老师接风洗尘，再单独请教！

卢老师

好的，感谢王总盛情！晚上我们再见！

第1讲

薪酬，还是心愁？

1.1 钱不是问题，问题是没钱

考核的结果应用在哪些方面？ 薪酬为什么让人心愁？ 对外的竞争性和对内的公平性哪一个更重要？

1.2 为什么说分钱是在考验人性？

为什么员工会“见钱眼开”？ 无欲无求的员工怎么进行激励？ 加工资为什么没有提高员工的满意度？ 怎样管理好员工的预期？ 为什么发钱总有人觉得不满意？ 怎样建立奖惩的权威性？ 为什么说考核分配的背后都是人性问题？ 人性为什么很复杂？

1.3 为什么说分钱是一个系统工程？

什么是人力资源天平模型？ 差异化分配的八字真经是什么？ 什么是按绩取酬？ 如何破解绩效和薪酬的两张皮问题？ 天平模型的三个模块是什么关系？

1.4 如何实现3个员工拿4个人的钱干5个人的活？

什么是天平模型的345路径？ 人力资源咨询的六步法是什么？

1.5 为什么要选择有薪酬增量的时机做改革？

为什么要做薪酬增量改革？ 薪酬增量怎么实现差异化？ 没有薪酬增量可以做改革吗？ 什么是固浮分离？

1.1 钱不是问题，问题是没钱

故事导入

糖人通讯的大客户部经理李一飞和人力资源部经理马清波带着卢老师参观了糖心俱乐部。俱乐部错落有致地安排了产品展厅、客户案例长廊、书吧、咖啡厅、会议室等。参观结束后，一行人来到了会议室。

会议室里有一些新朋友正品着咖啡，等待卢老师的到来。李一飞经理主持了会议开场。

李一飞：各位朋友好！欢迎大家莅临糖心俱乐部。我是糖人通讯大客户部的经理李一飞。本期俱乐部的主题活动是探讨薪酬分配的话题。本次我们邀请到了业内知名的人力资源管理“大咖”，也是我们公司聘请的专家顾问卢锐军老师！大家掌声欢迎！（掌声响起）

卢老师：谢谢李经理！大家好，我是卢锐军！去年有幸受聘担任糖人通讯的人力资源管理顾问，辅导绩效管理的主题。今年就薪酬分配的专题继续做沟通交流。很高兴认识这么多的新朋友！李经理，有劳您介绍一下吧！

李一飞：好的。我先介绍一下我们公司人力资源部经理马清波，有些朋友应该认识哈。之前我也邀请马经理在我们糖人俱乐部做过人力资源主题的分享。

马清波：大家好！我是马清波。今天看到了很多人力资源同行，也是老朋友啦。不过今天我不是分享嘉宾，跟大伙一样，来向卢老师请教学习。

李一飞：马经理谦虚啦！卢老师，您对面左边这位女士是我们公司的重要客户、也是本地城商行总行的人力资源部总经理冯莉莉。欢迎冯总！

冯莉莉

谢谢糖人通讯提供一个很好的学习机会，谢谢李经理！卢老师好！非常高兴见到了真人。之前李经理给我推荐了很多次卢老师，我在网上也搜到您的微课，讲得太好啦。这次总算有机会能当面请教！

卢老师

冯总好！认识您也是我的荣幸，我们都是人力资源同行，多交流哈。

李一飞

卢老师，您对面右手边这位先生是我们本地三甲医院的财务科主任赵青松。赵主任对分钱的问题特别感兴趣。

赵青松

谢谢李经理提供学习机会哈！卢老师好！大家好！大家可能会奇怪，为什么今天来的朋友基本都是做人力资源的，而这次我们医院的财务部门来凑热闹？

卢老师

赵主任好！我知道原因，因为国内大部分医院分奖金这项工作不在人事科，而在财务科！

赵青松

厉害！果然是懂行的专家，对我们医院情况很熟悉！

卢老师

赵主任过奖了！我们咨询公司有一个很大的客户群体就是医院。我们公司也参与国内很多知名医院的绩效分配项目。

赵青松

那太好了！之前李一飞经理邀请我时，我还有顾虑，担心专家熟悉企业，对医院情况不太了解。看来是多虑了！

卢老师

赵主任，我们研究发现，由人组成的组织，其组织行为学的共性规律远大于行业差异化的内容。我们做过很多行业的咨询，包括企业、高校、科研院所、医院，结果发现关于人的问题，80%~90%都是一样的。

冯莉莉

我认同卢老师观点！人性几千年都没有发生变化，组织行为学的共性特征还是居多。我举一个例子哈。李经理去年到我办公室聊天，无意中聊起绩效考核的难题，没有想到我们两家单位的情况居然完全一样。而且李经理说到糖人通讯的一些解决思路非常实用。俗话说：他山之石可以攻玉，我看可以直接搬到我们银行用了！

李一飞

冯总，我也没有想到这些建议能直接解决你们的问题。我就是知识的“搬运工”，这些建议就是卢老师去年在我们公司做绩效辅导时，给我们的建议。所以我当时就想下次卢老师来我们公司辅导，也请你们一起来听听，肯定有帮助，这不就促成了这次机会！

冯莉莉：是啊！李经理虽是业务部门的经理，但是对绩效管理能理解这么深刻，所以我说无论如何都要来请教一下背后的“高人”。

赵青松：是啊，我们一定要珍惜这样的机会！

考核的结果应用在哪些方面？

李一飞：各位朋友，我们糖心俱乐部关于薪酬分配的主题活动就正式开始了！我们共安排了五场辅导会，每两周的周六下午，请卢老师来给我们做辅导，欢迎大家来参加。今天是第一场，看哪位朋友先抛出问题？

马清波：我先来吧！大家好！我是糖人通讯人力资源部经理马清波。去年我们邀请卢老师辅导了我们公司的绩效管理体系，对我们帮助很大。在辅导中，也发现考核与分配问题关联很强，所以今年我们邀请卢老师继续辅导薪酬分配体系。我有一个问题请教一下卢老师和各位同行，这个考核结果是否最大的应用就是在薪酬方面？

赵青松：在我们医院，目前考核主要应用在奖金分配方面，评先评优、评职称也会参考考核结果。

冯莉莉：我们银行考核结果主要跟薪酬挂钩，但是我们内部员工晋级升档、干部竞聘也跟考核有关系。

卢老师：各位介绍的考核应用形式离不开“三子”：面子、里子和位子。“面子”就是荣誉称号，考核结果出来评先评优，会让员工很有面子；“里子”就是绩效工资、奖金、年终奖等；“位子”就是职业晋级的机会。当然“三子”中，最重要的是“里子”，分配是基础。

马清波：没错！如果没有“里子”，“面子”再光鲜、“位子”再高级，那也没有意义呀。所以分钱才是核心命题！

薪酬为什么让人心愁？

冯莉莉：卢老师这个“三子”总结得很精辟。没有“里子”，其他啥也不是。尤其是基层员工更关注分钱的问题。

赵青松：可不是嘛！我们医院知识分子多，分起钱来更头大。每月我们财务科分配方案出来后，总有一些科室主任要找我来“沟通沟通”。这些专家们不仅医术精湛，一说起分钱的逻辑也是一套一套的。我要是准备不充分，就被他们一顿“修理”。

马清波：哈哈，赵主任说得太形象了！我也是深有体会！我们公司每年员工满意度调查，大家提的最多的问题就是薪酬分配问题。好像谁都觉得自己拿少了！

冯莉莉：是啊，钱没有少发，好像大家都还不满意。我们银行总体薪酬水平并不低，好像大家还是有意见。我们领导让我们人力资源部多给员工做公平感引导。我也不知道该怎么做。领导讲情怀、讲奉献可以，可是员工也不吃这一套呀！

李一飞：看来大家很快找到感觉了，开始进入痛点爆发期。请卢老师给大家“诊断”一下吧？

卢老师：好的。薪酬分配是组织的核心命题。今天来了很多企业，企业的目的是要挣钱，而员工关心的诉求是要分钱。看上去矛盾，其实一点也不矛盾。一个不会分钱的组织，也挣不到钱。要想挣钱，先学会分钱。

赵青松：我非常同意卢老师这个观点！虽然我们公立医院不是企业，按国家对公立医院公益化的定位，赚钱不是我们追求的目标。但是现在国家对医院的财政补贴很少，钱还是要我们自己去挣。我们财务科做分配方案时，还得量入为出呀？！我们医院没有挣到钱，怎么给医务人员分钱呢？

马清波：是啊，就像一个小品中说的，钱不是问题，问题是没钱！

冯莉莉：没钱让人愁，有钱不会分，也让人发愁！

李一飞：看来，薪酬让人“心愁”呀！

卢老师：没错！薪酬分配影响到员工的切身利益，钱分不好，员工积极性受到影响，进而影响一个单位的整体业绩。

赵青松：是的。我们医院有些科室分奖金就是“吃大锅饭”，干与不干一样，干多与干少差不多，干好与干坏也没有差别，科室员工意见很大，科室也没有活力。

马清波：赵主任说得没错！“大锅饭”害死人。现在人的心态是“不患寡而患不均”！这里的均可不是“平均主义”，而是公平。

冯莉莉：我觉得现在员工的心态是“既患寡又患不均”。少了不行，不公平更不行！

卢老师：冯总总结得很好！为什么现在的员工“既患寡又患不均”？因为薪酬设计有两条重要的原理：对内有公平性，对外有竞争性，两者缺一不可。

对外的竞争性和对内的公平性哪一个更重要？

李一飞：我觉得对外的竞争性比对内的公平性更重要吧？员工肯定是希望薪酬越多越好呀！

马清波：非也！李经理，我感觉内部的公平性比外部的竞争性更重要！从我们人力资源部每年在公司做的员工满意度调查和对员工申诉调查情况来看，员工对公平感的期待更强烈！

冯莉莉：我个人同意马经理的观点，我们银行员工也表现出同样的诉求。

赵青松：卢老师，这是什么原因呢？

卢老师：好的，我来解释一下这个现象。员工对薪酬的期望是一个区间，不是一个点。如果一家单位提供给员工的薪酬低于员工期望的区间范围，薪酬总量水平会是主要矛盾，薪酬竞争性不强，一个单位招不到人、也留不住人；而单位的薪酬水平达到了员工期望区间范围，内部的公平性比外部的竞争性更为重要。换言之，内部的公平性比外部的竞争性对组织的“杀伤力”更大。所以这时员工多表现出来抱怨、吐槽、申诉、磨洋工等现象。

李一飞

嗯，卢老师这个解释很专业。员工要是真嫌工资低了，直接跳槽呀，抱怨什么呀。抱怨往往说明员工工资水平还可以，想通过这样的发泄寻求更好的回报。

呵呵！李经理，员工要是觉得考核或分配结果不公平，也会跳槽的。

卢老师

李一飞

确实存在这种现象。可是没有绝对的公平呀！

没错！只有相对的公平，对公平的追求永远在路上。所谓的不公平感，其实是人们现实得到的结果（考核、薪酬、晋升等）和期望值之间有差距造成的。这个差距越大（远低于期望），人们会觉得越不公平；这个差距越小，人们越觉得公平。

卢老师

马清波

嗯，很有道理！看来要想提升员工的公平感，要么给予员工想要的结果，要么管理好员工的预期。

李一飞

第一个方法肯定不可行，管理没有原则啦！

冯莉莉

为李经理的管理原则点赞。现实中我们真碰到很多一线经理在员工管理上毫无原则，看上去是替员工争取利益，结果是给自己后续的管理工作挖坑。

赵青松

我同意冯总的意见。问题是第二个路径，该怎么管理员工的预期呢？这可是个技术活呀？

是的！要想管理好员工的预期，得先了解员工的需求是什么以及需求背后的人性特点。

卢老师

冯莉莉

哎，但是人性很复杂呀！

没错！从表面看，今天我们在谈分钱的难题，其实是在对人性的探询和对人性的反思！

卢老师

李一飞：看来想学会分钱，得先了解人性！

卢老师：完全正确！

（辅导会继续进行……）

【读书笔记】

- 人性几千年没有变化，由人组成的组织，其组织行为学的共性规律远大于行业差异化的内容。
- 绩效考核的结果要应用到“三子”：面子、里子和位子。里子是核心。
- 企业目的是要挣钱，员工关心的诉求是要分钱。看上去矛盾，其实一点也不矛盾。一个不会分钱的组织，也挣不到钱。要想挣钱、先学会分钱。
- 薪酬让人“心愁”：没钱让人愁，有钱不会分，也让人发愁！
- 如果一家单位提供给员工的薪酬低于员工期望的区间范围，薪酬总量水平会是主要矛盾；而单位的薪酬水平达到了员工期望区间范围，内部的公平性比外部的竞争性对组织的杀伤力更大。
- 所谓的不公平感，其实是人们现实得到的结果（考核、薪酬、晋升等）和期望值之间有差距造成的。这个差距越大（远低于期望），人们会觉得越不公平；这个差距越小，人们越觉得公平。

1.2 为什么说分钱是在考验人性？

故事导入

一说到人性的问题，大家话匣子就打开啦，好像与会者都有倒不完的苦水，一个一个的问题接踵而来……

为什么员工会“见钱眼开”？

冯莉莉：卢老师，我发现现在的员工都很现实，给钱才干活，不给钱不干活！钱多的工作多干、钱少的工作少干，这究竟是员工的问题还是组织的问题呢？

马清波：我觉得都有问题吧！一方面有的员工真是“见钱眼开”，钻到钱眼里面啦；另外一方面组织的分配机制也在助长这种局面。对吧，卢老师？

卢老师：说得好！谈到这个现象，我们先需要知道麦格雷戈关于人性假设的XY理论。

马清波：嗯，这个理论之前在学校有学过。X理论将人当作“经济人”：人干活是为了钱，为了个人利益；Y理论将人当作“社会人”：人干活更多为了实现个人荣誉感、责任感和使命感！

冯莉莉：这个理论有点意思，将人分成了两类。X理论有点类似于“人之初、性本恶”；而Y理论却是“人之初、性本善”。不过现在这个经济社会环境，好像X理论的人更多一些吧？

赵青松：我倒觉得XY理论是一个人的两个方面。拿我们医院来说，新冠疫情最严重的时候，我们很多医务人员不畏生死、不计报酬冲到抗疫最前线，这很明显是Y理论在发挥作用；而疫情进入常态化防控状态后，每个月一分完奖金，一些员工就开始找院领导来“谈心”啦，你们懂的，哈哈！这明显又回到X理论了嘛！

卢老师

赵主任说得很形象！首先我们要向冲在抗疫最前线的医务人员致敬，这种奉献精神和专业素养值得全社会学习；其次，我们也要理解医务人员，他们也是普通人，人家也要养家糊口，也有经济方面的诉求。所以我同意赵主任说的，人性并不是简单的X理论和Y理论，而是两者的组合体，就像硬币的正反两面一样。

马清波

我记得后来大家更加认同人性特征是Z理论，既有X理论、也有Y理论的成分。

李一飞

X+Y=Z！

冯莉莉

我也认同这个说法，想想我们自己有时候也是这样被驱动工作的。只是为什么会感觉现在的人都很功利呢？

卢老师

这跟大的社会环境和组织的导向机制有关。人性本来就有X理论的一面，如果一个组织老是强化这方面的需求，就会强化X理论的基因、弱化Y理论的基因。比如我所知道的，有些银行对一线员工考核采用全产品计价或创利提成的分配方法，极大调动了员工积极性的同时也导致了员工“唯利是图”的局面。

冯莉莉

确实如此，卢老师对我们银行情况很熟悉！只是用X理论牵引员工干活的效果确实比Y理论的效果好！

赵青松

但是以X理论设计考核分配体系是在激发人性的“恶”，抑制人性的“善”！我们医院曾经引入工作量计价给医务人员设计考核分配方案，执行一段时间后，明显发现员工很功利，安排工作也开始谈条件了。甚至有一个临床科室主任给我说：新绩效分配方案执行后造成了员工性格分裂：一方面医院需要员工以救死扶伤为天职、不要谈条件；另一方面所有的分配都让员工必须斤斤计较。哎！

马清波

嗯，赵主任说的我很有同感。现在我们很多单位的考核体系跟员工的切身利益挂钩，我看主要是依据X理论进行设计的。如果采取Y理论牵引员工的工作，就需要强化员工的使命感、荣誉感了吧？

卢老师

没错！所以我们人力资源管理应该加强组织文化宣导、员工荣誉体系的建设。当然这是一个长期的工作。

李一飞

嗯，物质文明和精神文明一起抓，两手都要硬。不过实话讲，还是X理论更能刺激员工！哈哈！

无欲无求的员工怎么进行激励？

冯莉莉

卢老师，我们银行有一些员工是95后、00后的独生子女，家里条件不错，有房有车的，好像对金钱也不太敏感，这样的员工该怎么激励他们？

马清波

嗯，我们公司也有不少这样的新生代员工。学历不低，有些还是海归，能力也不错，安排工作也听，但是对金钱和职务似乎不太敏感，性格上比较“佛系”，总体无欲无求的感觉，这样的员工该怎么激励呢？

李一飞

我要是这样员工，我就躺平了，还上什么班嘛！

赵青松

李经理，非也！子非鱼，安知鱼之乐？这样的员工我也接触不少，他们很多是奉父母之命来上班，而且上的基本是稳定的“班”！

卢老师

赵主任说得没错！这样员工现在各单位越来越多。一代人有一代人的时代特征，带着上一代的“有色眼镜”看下一代人，怎么看都不顺眼。新生代人还觉得“你不懂我的心”。这样的员工行为很难以XY理论去解释。我更推荐用马斯洛的需求层次理论来解释。

马清波

需求层次理论比较经典，我记得没错的话，需求层次从低到高依次有生理、安全、社交、尊重与自我实现的需求？

卢老师

马经理记性不错！不过这里“社交”的需求更准确的说法是“友爱与归属”的需求。需求层次理论告诉我们，人在不同阶段会有不同需求，只有针对其没有得到满足的需求进行激励，效果才会最好。

冯莉莉

嗯，确实是这个道理！现在大学刚毕业的孩子，很多都是独生子女，不愁吃不愁穿，生活条件不错，按照需求层次理论，低阶的生理安全需求都满足的比较好，你想通过金钱来刺激他们，作用确实不明显，那该怎么激励他们呢？

卢老师

这个问题涉及需求结构模型。请大家参见投影附图。有的人需求结构是“金字塔”结构，有的人是“倒金字塔”结构，还有的人是“菱形”结构。

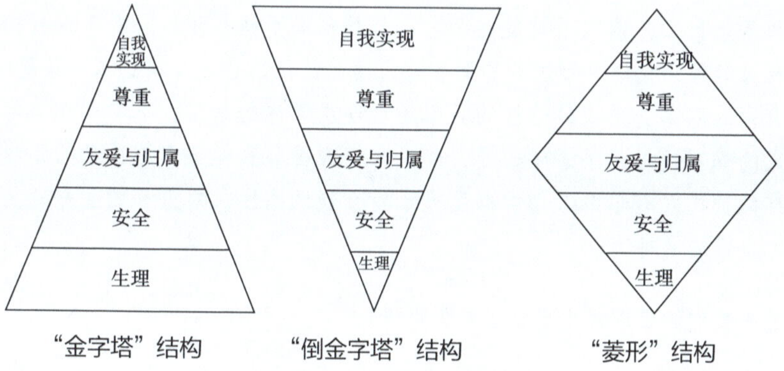

马清波

这个有点意思！那各类员工怎么对应上述结构呢？

卢老师

一般新员工加入一个单位，通常是左边的“金字塔”结构，底层的需求会比较大，员工很看重工资福利水平、职业安全感和稳定性；当这名员工成长为一个单位的核心骨干或中高层管理人员时，会逐步过渡到中间的“倒金字塔”结构，低阶需求满足得不错，更多是希望得到组织和同事的尊重，实现自我的价值。

冯莉莉

很有道理！那前面说的新生代员工属于什么结构？虽然也是新员工，但是好像不是“金字塔”结构。

卢老师

是的！新生代员工需求结构更像右边的“菱形”结构。中间“友爱与归属”的需求更强烈。他们对金钱不是那么敏感，对领导也不是那么“感冒”，但是很看重团队的氛围和同事间的关系。

冯莉莉：嗯，这个跟独生子女的成长历程有关。

马清波：这个倒是提醒我一件事情。我们公司有一个新生代员工要离职，我跟他做离职面谈，我说你工作不错、领导也很重视你，你为什么离职呀？结果他给我的理由：我看到别的同事离职，我也想离职。我当时想，这都算什么理由呀？

李一飞：马经理，其实你不懂他的心！哈哈！卢老师，这样的员工无欲无求的，我们该怎么激励他们呢？

卢老师：新生代员工，他们不是没有需求，只是我们不理解而已。对于这样的员工管理，我建议组织首先要营造好团队氛围，让员工有强烈归属感，有家的感觉。其次，这样的员工不喜欢层级化的结构，更希望无边界式的管理模式；不崇尚领导，却崇拜"大神"和业务权威！最后，这样的员工对有趣的工作的态度大于对金钱的态度；对分配的公平感大于金钱的绝对值。

马清波：看来我们的管理模式真要与时俱进呀！

加工资为什么没有提高员工的满意度？

冯莉莉：卢老师，我请教一个问题哈。前几年我们银行效益不错，曾经给员工做过一次工资普涨，可是在当年的员工满意度调查中，发现员工对薪酬满意度并没有提升，这是何故呀？我们领导看到数据后还在感慨，说这涨薪也白涨啦？！

李一飞：哎，要是给我涨薪，我肯定高兴！

马清波：李经理，你涨工资的时候要知道别人都在涨，未必会高兴吧！

李一飞：那也是。心里肯定不是滋味。卢老师，这里面是什么道道呢？

卢老师：好的，我来解释一下。首先，普涨是最不明智的做法，这就是新形式的"大锅饭"，后面我要讲一下差异化涨薪的策略。其次，薪酬里面的固定工资和浮动工资，或者说工资和奖金，是有不同的分工。加工资不一定会提高员工满意度，最多是消除员工的不满意。

李一飞

有点费解，能否解释一下？

卢老师

这里介绍一下赫茨伯格的双因素理论（Two Factor Theory）：一是保健因素，二是激励因素。在组织里，前者指组织政策、工资福利、环境条件、同事关系等；后者指工作挑战、赞赏、奖励、晋升发展等。保健因素做得不到位，员工会产生不满意感和消极情绪。但是保健因素做得到位，也只是消除员工的不满，维持原来的工作效率，却不一定能带来员工更积极的行为。而激励因素到位了，可以提升员工的满意度，激励员工更积极的行为；激励因素不到位，也不会产生不满，最多是没有满意。

马清波

嗯，我总结一下卢老师意见。简单地说，保健因素缺乏，会带来不满意；具备了，也不会带来满意，只是消除不满。激励因素具备，可以带来满意；不具备，也不会不满，只是没有满意。

卢老师

马经理总结得很好！一般我们认为满意的反义词是不满意。双因素理论并不这么认为，在满意和不满意之间还有两种状态。请大家参见投影附图。

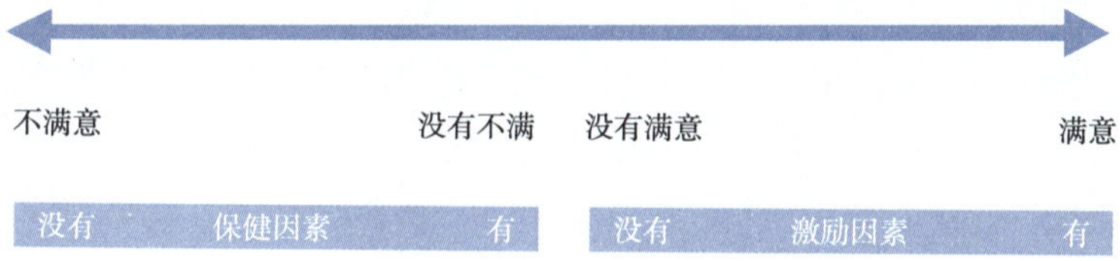

李一飞

嗯，这个图一目了然。工资是保健因素，增加工资，只是消除了不满，并不一定能带来满意。要想带来员工的满意度，还需要从激励因素入手？

卢老师

没错！差异化薪酬增量对于价值贡献大和业绩好的员工就是奖励，这就是激励因素。当然，给员工有挑战性的工作、职业发展机会都是好的激励因素。

冯莉莉

这让我明白了一个道理，改善员工伙食、提供好的办公环境都是保健因素，这些到位啦，只是消除员工的不满，不会带来员工满意。甚至员工觉得单位早就该做这些事！

赵青松

嗯，很有道理，我们医院也可以借鉴这个理念。改善医疗环境、优化服务流程只是消除患者的不满，不能有效提升患者满意度；而要想提高患者满意度，最终还得从医疗质量入手，给患者看好病！

没错！

卢老师

怎样管理好员工的预期？

冯莉莉

各位，我请教一个问题哈，我们银行有一些部门领导跟我吐槽，说部门有些员工对薪资的期望值很高、“胃口”很大，甚至有些都超出正常的薪酬政策范围，这种现象何解？

李一飞

人心不足蛇吞象！

赵青松

说得好！这样的员工往往高估了自己的贡献价值！

马清波

也有可能这样的员工对市场行情的认识产生了偏差，总觉得“别人家”更好！觉得自己的投入和产出严重失衡。

嗯，这种现象涉及员工的期望值管理问题。如何管理员工的期望值，我推荐大家了解一下弗隆的“期望理论”(Expectancy Theory)。这个理论用一个公式表达，很简单，请大家看下投影附图。

卢老师

$$M=V\times E$$

李一飞

公式中间是做乘法？

是的。这个公式中的M指激励效果；V指效价，通俗地说，做某件事情有没有价值；E指期望，通俗地说，做成这件事情的概率有多

卢老师

高。V和E是做乘法的关系。比方说，做某件事情对员工小王很有意义，即V很大、效价很高。如果小王觉得这件事情通过努力是可以实现的，即E不等于0。那么当效价越大时，对小王的激励作用M也就越大。

李一飞

那还有一种可能，如果V很大，但是E很低，甚至等于0，那么M不就接近于0？

卢老师

没错！这就提醒管理者要注意：你给员工画的饼，得让员工吃得到。不然对员工来说，这就不是激励！

李一飞

很有道理！怪不得有时给员工制定的目标激励措施，看上去很美好，但是员工最后并没有动力去完成。因为目标太高了，员工怎么跳都够不着，最后干脆放弃啦。原来这里是期望理论在“作怪”！

卢老师

是的。期望理论还揭示了一个激励通道的问题。如果想将激励通道打通，组织需要解决好A、B、C三个关系。请大家看下投影附图。

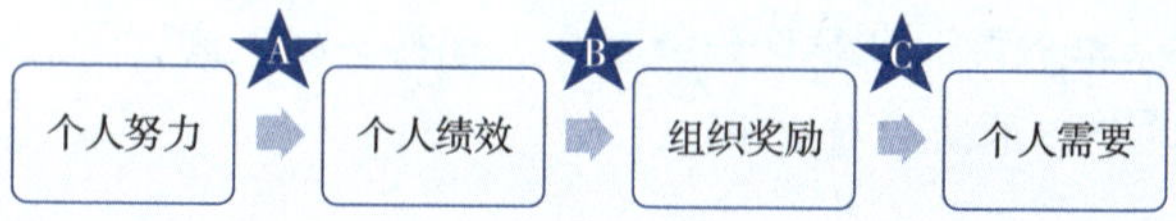

冯莉莉

这三个关系分别是什么？

卢老师

个人努力要想获得好的绩效表现取决于A关系：个人能力与任务难度关系。

冯莉莉

有道理！有的员工很努力，任务也不难，可是能力太差了，也很难取得好的绩效表现。反过来，如果任务太难了，即使员工能力不错，怎么努力也无法取得好的成绩。这两个方面缺一不可。

卢老师

是的。B关系说的是个人绩效表现和组织奖励的关系。这需要组织建立起两套系统：考核系统和奖励系统。有些单位缺乏这两大系统，员工很努力，也取得了好的绩效，可是单位仍大搞平均主义，员工最后的行为都会走向反面。

冯莉莉

确实如此！C关系我知道啦，说的应该是组织奖励和个人需要的关系，最终应该满足个人的主导需要吧？！如果表错了情，那就吃力不讨好啦！

卢老师

冯总说得没错！奖励措施对员工是否成为激励，不取决于奖励本身，而取决于员工的主导需求，尤其是没有得到满足的需求。这就是前面说的马斯洛的需求层次理论。

马清波

也是卢老师前面说的“三子”？

卢老师

嗯，里子是核心，但是面子和位子也不可少！

马清波

那怎样管理好员工的预期呢？

卢老师

首先组织要将上述的激励通道打通，将A、B、C三个关系捋顺，并且要清晰准确地告诉员工。其次组织要严格执行这套规则，而不能说一套，做一套，那员工可能就想着走歪门邪道。最后要不断优化这套规则，让组织目标和个人诉求能更好地结合。这样坚持下来，员工的预期就会被锁定在组织的激励通道中。

冯莉莉

那要是有些员工预期远远超出了组织的激励通道范围呢？

卢老师

先跟员工沟通，寻求共识。沟通不成，在关键岗位和有重大贡献的员工，让领导特批，走薪酬特区。其他员工，让员工自己选择去留。

李一飞

冯总，说明那人不是你们的菜！

冯莉莉

李经理，你太直接啦！

马清波

有些员工期望过高，我感觉跟管理者有莫大关系。有些员工就是让管理者给惯坏啦。员工一点点小成绩，管理者的赞扬如滔滔江水绵绵不绝！员工真飘上天啦！

冯莉莉

完全同意！我们现在很多单位不是没有这些激励通道和规则，而是执行得不好！很多时候破坏管理规则的往往是管理者！

赵青松：哈哈，冯总说得精辟！普通员工想破坏管理规则也破坏不了啊。

马清波：有时领导破坏规则也是不得已呀。原有规则不适宜了，确实需要不断优化，不破不立嘛。

卢老师：没错！所以说这个激励通道需要不断进化。但每次优化后都需要对员工做好充分宣贯，引导好员工的预期。这不仅仅要求人力资源部门多动脑筋，更需要所有的管理者参与进来。

冯莉莉：非常认同。很多时候组织一些良好出发点，员工并没有感知到。结果这种信息不对称也引发员工的不公平感。而且这种负能量的传播速度比正能量传播速度快！

李一飞：正所谓：好事不出门、坏事传千里！

为什么发钱总有人觉得不满意？

马清波：卢老师，我在公司人力资源部工作多年，也参与过各种分配方案的设计和实施，可是我发现，无论方案多么的完美，每次分完钱，总有人会找到领导或我们人力资源部来沟通，感觉还是有意见。这是什么原因导致的呢？

赵青松：这种情况在我们医院一样一样的。没有绝对的公平，只有相对的公平！在我们单位，凡是有科室主任问我类似问题，我都反问他一个问题：你觉得我们方案不合理，你有更好的方案让大家都满意吗？结果，是没有结果……

卢老师：哈哈，我同意赵主任的意见！对公平的追求永远在路上。

马清波：话虽如此，我们可以做些什么去尽量提升员工的公平感呢？

卢老师：马经理这个“公平感”提法很到位。“公平”是人们追求的结果，但是“公平感”是感觉，是有提升空间的。下面我们来分析人们的公平感是怎么出来的，我推荐亚当斯的公平理论（Equity Theory），也称为社会比较理论，这个理论用一个公式来表达，请大家看下投影附图。

$$\frac{O_P}{I_P}=\frac{O_R}{I_R}$$

李一飞：国外的理论都喜欢用公式来表达！这些字母什么含义呢？

卢老师：这个公式中，O代表产出（个人获得的报酬），I代表投入（个人付出的努力），P是当事人（自己），R是参照者（别人）。

李一飞：我明白啦！O/I就是投入产出比。每个人都在比较自己的投入产出比和别人的投入产出比的关系。如果公式是等号，说明这个人感觉就是公平的？

卢老师：是的。但是人比人气死人。本来是公平的，人们一比较，就会产生不公平感。我问下大家，通常大家觉得自己拿得多还是拿得少？

李一飞：哈哈，通常觉得自己拿得少！干得多！

卢老师：没错！于是公式中O_P向下，I_P向上！再问一下，通常大家觉得别人干得多还是干得少？

马清波：一般总觉得别人干得没自己多！

冯莉莉：对，还老怀疑别人比自己拿得多！

卢老师：是的，上述的公式左右两边本来相等，一比较后，出现的情况请大家参见投影附图。

$$\frac{O_P\downarrow}{I_P\uparrow}<\frac{O_R\uparrow}{I_R\downarrow}$$

李一飞：比较后，左边小，右边大，左边小于右边，人们的不公平感就油然而生？

卢老师：是的。当人们产生不公平感后，各种不良行为就会出现。最典型的就是抱怨。

冯莉莉：非常有道理，人们要是觉得自己拿得多、干得少，他通常不会说，暗自偷着乐。往往是这些感觉不公平、还未必是真不公平的人，到处在宣扬，成为组织负能量的来源。

马清波：冯总，抱怨只是一种发泄不满的方式。有人的觉得不公平，还会夹杂其他后续的行动。比如找领导沟通要增加收入，或者上级派任务时，不愿承接、磨洋工，或将工作推脱给别人。

赵青松：嗯，这招狠，降低自己的I_P，同时提高别人的I_R。

李一飞：还有更狠的，去领导那里打小报告，想法降低别人的报酬O_R。

卢老师：嗯，大家说得这些行为都可能发生，无非就是想让自己感觉公平一点。而当这些行为无果时，就会想着离开这个组织！

马清波：没错！我们在做员工离职面谈时，员工离职很多都是因为薪酬、考核、晋升等感觉不公平而跳槽了。

冯莉莉：实话讲，有些员工走了有点可惜，这是单位和管理者需要反思的。有的员工没有锚定好自己的预期，还老是抱怨，走了也清净。最怕有些员工不仅不走，还闹事、上访。

赵青松：嗯，我们单位也有类似的问题。那怎样提升员工的公平感呢？

卢老师：我提几点建议：第一，按照前述的期望理论，首先要打通组织的激励通道，管理好员工的期望；第二，建立完善的考核与分配体系，让奖惩明明白白，让员工清清楚楚；第三，做好员工的沟通，公平感是可以疏导的。

冯莉莉：我非常赞同最后一条。有些员工感觉不公平就是因为信息不对称，对自己产生了过高估计，沟通确实可以疏导员工的不公平感。

马清波

薪酬保密制度是否可以解决员工间的相互比较问题？公平理论公式的四个变量中，如果将O_R隐藏起来，这样是否就无从比较啦？

卢老师

有些单位还真在推行薪酬保密制度：不允许员工打听别人薪酬，也不允许将自己薪酬告诉别人。违者，轻者罚款，重者开除！

李一飞

啧啧！好严格呀！薪酬保密制度是否会让一些无良的管理者干出更不公平的事情？

卢老师

这种概率当然是有的，不过这样的管理者在组织里面占比很小。不能让小概率事件引发员工大概率的不公平比较，从而对组织造成更大的损害。所以我个人建议薪酬结果要保密，但是考核与分配的规则应该透明！

冯莉莉

我认同卢老师的说法。建立薪酬保密制度总体是利大于弊的。同时上级应该对管理者有监督机制，避免职权的滥用。

李一飞

嗯，有道理！

怎样建立奖惩的权威性？

马清波

我想请教各位一个问题：这么多年来，我们的考核分配政策通过不断优化，大体还是公平合理的，感觉还是执行的时候走样啦，没有达到预期的目标，这种情况该怎么解决呢？

冯莉莉

我认为这个问题的关键还是在于各级管理者，包括单位的主要领导！

赵青松

我同意冯总意见，说到了问题的实质。制度是死的，人是活的。很多好的制度在人为因素下，就会变味。时间长了之后，制度的权威性就大打折扣啦。

李一飞

大家讨论的内容让我回想起以前读书时候背的16字方针：有法可依、有法必依、执法必严、违法必究！

卢老师

嗯，李经理引用的内容很切题！一个单位的管理问题和国家法制建设的道理是相通的。为了建立管理的权威性，我推荐一个“热炉法则”供大家参考一下。

李一飞

这个法则名字有点意思，具体什么内容呢？

卢老师

热炉法则包含了四条基本原则，请大家看下投影附图。

警告性原则	· 热炉火红，不用手去摸也知道炉子是热的，是会灼伤人的
一致性原则	· 每当你碰到热炉，肯定会被火灼伤
及时性原则	· 当你碰到热炉时，立即就被灼伤
公平性原则	· 不管是谁碰到热炉，都会被灼伤

李一飞

“警告性原则”这个好理解，就是丑话说在前头！不可谓言之不预也！

卢老师

李经理有才，雅俗共享！第二条，一致性原则，就是管理尺度要一致，不能前紧后松或前松后紧。

赵青松

嗯，这一点很重要，规则贵在坚持和稳定。如果今天碰到了热炉有事，明天碰到了热炉没事，那么第三次员工就会有侥幸的心理。这样员工预期也会变得不稳定。这一条非常好！

卢老师

没错！第三条，及时性原则就是必须及时兑现。好比你的手碰到热炉，肯定是马上起泡、有痛感。

马清波

是啊！如果半年后才起反应，那是活见鬼啦！员工也会莫名其妙！

冯莉莉

最后一条公平性原则，就是要一视同仁。谁碰到炉子反应都是一样的，没有例外。这个热炉法则太经典啦！受教了！

马清波

嗯，这个热炉法则的四条原则，若执行到位，组织的管理权威会迅速构建起来，员工的预期也会管理地妥妥当当。

赵青松：卢老师，这个热炉法则说得是惩戒原则，奖励应该是一样的吧？

卢老师：没错！奖惩都可以用热炉法则，好的预期应该让员工看到奖的希望和罚的可能！

赵青松：有道理！

李一飞：卢老师，前面您介绍了很多管理学原理，这个热炉法则背后是什么管理学原理？

卢老师：热炉法则里面有期望理论和公平理论的思想，但更重要的是斯金纳的强化理论（Reinforcement Theory）。这个理论是人和动物的本能应激反应。理论本身很简单：当行为的结果对个人有利时，这种行为就会重复出现；当行为的结果对个人不利时，这种行为就会减弱或消失。

李一飞：这个理论类似于巴甫洛夫的实验结论？

卢老师：没错！强化理论是我们组织里面做考核分配的基石。奖优罚劣不是组织的目标，而是通过这样的规则引导员工正确的行为，抑制不良的行为。

李一飞：有道理，如果员工对组织的奖罚措施都无所谓，那么我们的考核与分配体系也就没有用武之地啦！

卢老师：是的。

为什么说考核分配的背后都是人性问题？

马清波：卢老师介绍这些管理学理论都非常经典，而且以通俗易懂的方式解读起来非常好理解。现实中，这些理论是怎么发挥作用的呢？

卢老师：下面我们以一个寓言案例“猎狗的故事”来说明一下这些理论的使用。请大家看下投影附图。

猎狗的故事1

一只猎狗将兔子赶出了窝，一直追赶它，追了很久仍没有捉到。

牧羊看到此种情景，讥笑猎狗说："你们两个之间怎么小的反而跑得快得多？"

猎狗回答说："你不知道我们两个的跑是完全不同的！我仅仅为了一顿饭而跑，他却是为了性命而跑呀！"

李一飞：这个案例有点意思。这段场景中应该描述的是马斯洛的需求层次理论吧？猎狗是生理的需求，兔子是安全的需求！

马清波：不对，李经理！按照需求层次理论，生理需求比安全需求更低阶，应该猎狗的动力更大呀。

卢老师：没错！这个案例如果按照需求层次理论不太好解释。因为猎狗与兔子都属于生理需求，猎狗属于饥饿需求，兔子属于生存需求，相对来说，兔子需求更低阶。当然如果按照期望理论，就可以更好地解释这个问题。按照公式$M=V\times E$，显然逃命的效价比吃饭的效价高很多，而两者概率都是50%，因为现实中有兔子被抓住了，也有兔子跑掉了。

李一飞：所以在概率一样的情况下，效价越高产生动力越大！嗯，确实这个解释更合理。

卢老师：好的，我们接着看这个故事，大家看下这背后是什么理论。请大家参见投影附图。

猎狗的故事2

这话被猎人听到了，猎人想：猎狗说的对啊！

于是，猎人买来几只猎狗，规定：凡是能够在打猎中捉到兔子的，就可以得到几根骨头，捉不到的就没有饭吃。

这一招果然有用，猎狗们纷纷努力去追兔子，因为谁都不愿意看着别人有骨头吃，自己没的吃。

冯莉莉

这里面显然有强化理论和需求层次理论，好像也有期望理论？

马清波

这里还有XY理论。

卢老师

没错！其实大部分组织的考核和分配体系都是基于这四个理论进行设计的。我们接着看这个故事，请大家看下投影附图。

猎狗的故事3

这样过了一段时间，问题出现了：猎狗们捉的兔子越来越小了。

于是猎人问猎狗说：“为什么呀？”

猎狗们说：“反正没有什么大小的区别，为什么费那么大的劲去捉大兔子呢？”

赵青松

呵呵，我知道这是什么理论啦，这是公平理论。猎狗也在算计自己的投入产出比。既然得到的报酬一样，捉小兔子费力气少，投入小，这样自己的投入产出才最大，才觉得公平！不瞒大家说，这样的故事我们单位也是经常发生！

卢老师

哈哈！我们接着看故事，请大家看下投影附图。

猎狗的故事4

猎人经过思考后，觉得猎狗说得有道理，于是决定不将分得骨头的数量与是否捉到兔子挂钩，而是采用每过一段时间，根据猎狗捉到兔子的总重量来评价猎狗在一段时间内的待遇。

于是猎狗们捉到兔子的数量和重量都增加了，猎人很开心。

李一飞

这猎人还是挺厉害的，从善如流，马上迭代考核方案，KPI指标从兔子数量改成了重量，效果立竿见影！

冯莉莉

我估计这猎人不会开心太久，后面肯定又要出幺蛾子了。

哈哈，冯总说得一点没错！请大家看下投影附图。

卢老师

猎狗的故事5

但是过了一段时间，猎人发现，猎狗们捉兔子的数量又少了，而且越有经验的猎狗，捉兔子的积极性下降的就越厉害。于是猎人又去问猎狗："为什么呀？"

猎狗说："我们把最好的时间都奉献给了您，主人！但是我们随着时间的推移会老，当我们捉不到兔子的时候，您还会给我们骨头吃吗？"

猎人调整了论功行赏的决定。他在分析所有猎狗捉到兔子的数量与重量后，规定如果捉到的兔子超过了一定的数量后，即使捉不到兔子，每顿饭也可以得到一定数量的骨头。

猎狗们都很高兴，大家都努力去达到猎人规定的数量。

李一飞

哈哈，这案例真有意思，原来猎狗们需要养老保险啦！

马清波

这背后的逻辑是需求层次理论。当一些个体较好地满足了低阶生理需求，开始上升到安全需求，要考虑老有所养啦！非常合理的诉求。我估计这故事还没有完。

是的。请大家看下投影附图。

卢老师

猎狗的故事6

一段时间过后，终于有一些猎狗达到了猎人规定的数量。

这时，其中有一只猎狗说："我们这么努力，只得到几根骨头，而我们捉的猎物远远超过了这几根骨头。我们为什么不能给自己捉兔子呢？"

于是，有些猎狗离开了猎人，自己捉兔子去了……

李一飞

呵呵，猎狗跳槽啦！这看来背后还是需求层次理论在起作用，满足生理和安全的需求后，开始要考虑自我实现的需求，自己当老板啦！

马清波

嗯，除了需求层次理论，我感觉这里也有公平理论的作用。公平性比较不仅仅是在组织内部比，也会跟外部比。我们公司有些员工跳槽也是这样的原因。

赵青松

卢老师这个案例太棒啦，虽然是一个寓言案例，但是讲的内容跟我们单位的情况几乎一模一样。分钱背后的逻辑都是对人性的洞察呀！这些理论我要好好再温故一下，非常经典！

卢老师

是的。几千年来，科学技术在飞速发展，但是人性并没有显著变化。所以由人组成的组织，其组织行为特征也并没有发生根本性的变化。今天我们在座的各位，虽然来自于不同的企事业单位，但是各家单位的组织行为学特征还是一致的。因此，我们了解上述组织行为学的基本原理，对于我们认知人性、更好设计分配体系是很有帮助的。

冯莉莉

卢老师总结得非常到位！不过，这个案例最后让我有一点小伤感。应该说这个猎人还是不错的，针对猎狗的一些需求做了很多针对性的调整，效果也不错！这就好比现在我们银行的各种考核分配方案，我们也是不断打补丁，希望找到一个让组织与员工都受益的方案。可是最后有的骨干员工还是走了，就像这个故事一样，挺受打击的！

李一飞

冯总，天下没有不散的宴席！现在这个社会，员工进进出出很正常！

卢老师

嗯，冯总讲的人才流失的问题很现实。怎么看待人才流失？我借用美国沃顿商学院卡培里教授的观点："不要把人才当作一个水库来管理，应该当成一条河流来管理；不要期待它不流动，应该设法管理它的流速和流向！"

马清波

这段话太经典啦！宋代朱熹有诗云：问渠那得清如许？为有源头活水来！一个水库不流动，死水一潭；河流是流动的，才是鲜活的。人才的流动对组织不是坏事，只是不要速度太快啦。我要将这段文字发给我们公司的领导，我们一些领导对于人才流失也有患得患失的心态。

冯莉莉

感谢马经理的引经据典！古今中外、一唱一和，让我也释怀了很多！

人性为什么很复杂？

马清波：卢老师刚才分享的寓言故事非常经典，对于我们理解人性和组织行为学原理非常有帮助。在实际工作中，员工的一个行为背后可能不只一个理论在支撑，有没有好的框架结构来进行员工行为的分析？

卢老师：有的。请大家看下投影附图。这个图形将员工的行为模式进行了一个综合。

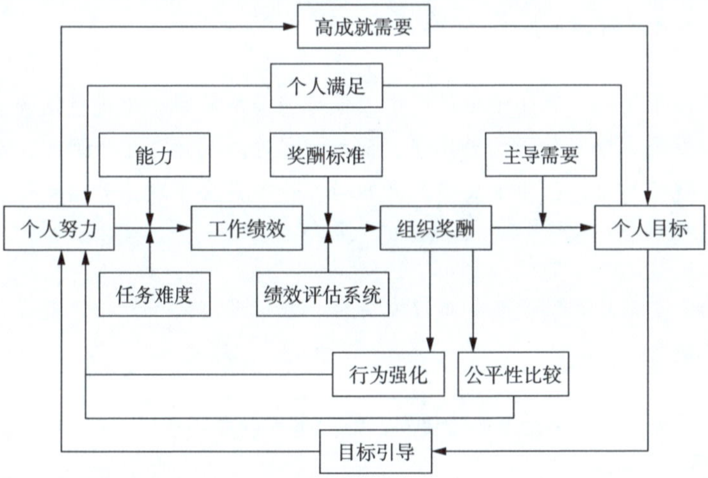

马清波：嗯，看上去有点复杂。但还是比不上人性的复杂！

卢老师：同意！大家看一下，这个框架的横向的中轴是什么原理？

李一飞：我记得是期望理论，要解决A、B、C三个关系才能打通激励通道。

卢老师：没错！我们一起来走一下这个激励通道。员工小王很努力，是否一定能取得好的工作绩效呢？不一定，这取决于A关系：个人能力与任务的难度。假如小王取得了好的工作绩效，是否能获得组织的奖酬？也不一定，取决于B关系：组织要有绩效评价系统和奖惩机制。假如组织奖励了小王1万元，是否能达到其个人目标？也不一定，这就要取决于C关系：看其主导需要。这个C关系也就是需求层次理论。当我们将A、B、C三个关系打通，这个激励通道就打通啦。

马清波：那其他的理论怎么参与进来共同运作？

卢老师：好的，我们继续以这个例子展开。假如员工小王个人很努力，取得了好的工作绩效，组织上给员工小王奖励了1万块钱，请问小王的行为努力会得到强化吗？

马清波：那应该会的。这就是强化理论开始发挥作用啦？

卢老师：没错！强化理论有正反馈和负反馈。这里就会产生正反馈，所以小王努力程度会进一步加强。

冯莉莉：但是小王不会一直处于正反馈中，他可能会跟同事小李进行比较，如果他发现小李跟他干的差不多，而组织给小李奖励了12000元，恐怕小王就不开心，行为负反馈就开始啦。这就是公平理论开始发挥作用了吧？

卢老师：是的。这就是为什么有些单位发奖金，最后还有人不开心，就是公平理论使然。

冯莉莉：很有道理！看来奖金不能随便发，好心也可以办坏事！

李一飞：卢老师，刚才这个案例中组织给小王奖励了1万块，如果小王是个富二代，是否对小王也不会产生正向激励？

卢老师：发奖金都会有行为的正向强化作用，只是效果有差异。如果小王是富二代，这个奖励效果可能不明显。但如果小王是一个自己打拼的工薪阶层，这个奖励效果就会很好。所以同样的1万元奖励对于不同人的激励效果有不同，这就是需求层次理论，最好是针对一个人还没有满足的主导需要进行激励，效果最好。

李一飞：如果员工的主导需要得到满足，那么就会对员工的行为产生正向反馈。

卢老师：没错！

马清波：那有没有一种员工，完全是通过高成就需要的牵引来达成其目标，他不在乎组织是否有奖酬，也不在乎这个奖酬是否公平？

李一飞：这样的人应该很少吧！要有，也都是神人吧！

卢老师：不是神人，而是伟人。国内外都有这样伟大的人物！他们通过高成就需要达到其个人的远大目标。不过，这样的人很少，我们大部分人都还在这个框架里面转来转去呢！

李一飞：嗯，看来要想成为伟人，得跳出三界外、不在五行中！

卢老师：哈哈！

（辅导会中场休息……）

【读书笔记】

- 麦格雷戈的XY理论：人性是X理论（经济人）和Y理论（社会人）的结合。
- 马斯洛的需求层次理论：人在不同阶段会有不同需求，只有针对其没有得到满足的需求进行激励，效果才会最好。
- 赫茨伯格的双因素理论：保健因素和激励因素。保健因素缺乏，会带来不满意；具备了，也不会带来满意，只是消除不满；激励因素具备，可以带来满意；不具备，也不会不满，只是没有满意。
- 弗隆的期望理论：$M = V \times E$。激励的作用是效价和期望概率的乘积。要想打通激励通道，必须解决A、B、C三个关系。
- 亚当斯的公平理论：$\frac{O_P}{I_P} = \frac{O_R}{I_R}$。人比人气死人。薪酬的密薪制利大于弊。
- 斯金纳的强化理论：热炉法则（警告性原则、一致性原则、及时性原则、公平性原则）。
- 美国沃顿商学院卡培里教授：不要把人才当作一个水库来管理，应该当成一条河流来管理；不要期待他不流动，应该设法管理他的“流速”和“流向”！
- 人性很复杂，分钱背后的逻辑都是对人性的洞察。

1.3 为什么说分钱是一个系统工程?

故事导入

稍事休息后,辅导会继续进行……

对人性的探讨,让与会者产生了强烈的共鸣。经典的管理学,构建了分配的底层逻辑。但回到现实如何分钱,大家迫切需要一套行之有效的方法论。

什么是人力资源天平模型?

冯莉莉:这分钱真的是一门学问:没钱分,难;有钱不会分,也难。卢老师,分钱有什么好的逻辑和方法呢?

卢老师:嗯,分钱确实是很多组织的一个普遍难题,当然这个题目还是有解决方案。我先给大家讲一个人力资源的核心逻辑:天平模型。糖人通讯几位经理还有印象吧?

马清波:当然,卢老师去年给我们公司做绩效辅导项目时,专门讲到了天平模型,我印象很深。我们公司王总对您的天平模型也非常认同,他说这是破解很多人力资源管理难题的一把"金钥匙"!

卢老师:呵呵,感谢王总的认可!

冯莉莉:我也知道天平模型,糖人通讯的李一飞经理跟我聊绩效话题时提及过,当时觉得很新鲜,但不知其所以然。今天要听原版啦!

李一飞:抱歉哈,冯总!我当时是现学现卖,理解还不深刻,今天请"真神"给您讲解讲解!

李经理谦虚，感谢您的传播！好的东西我们也希望让更多人知道。下面我系统讲解一下天平模型，以及怎么用天平模型设计分钱的顶层架构。请大家看下投影附图。 卢老师

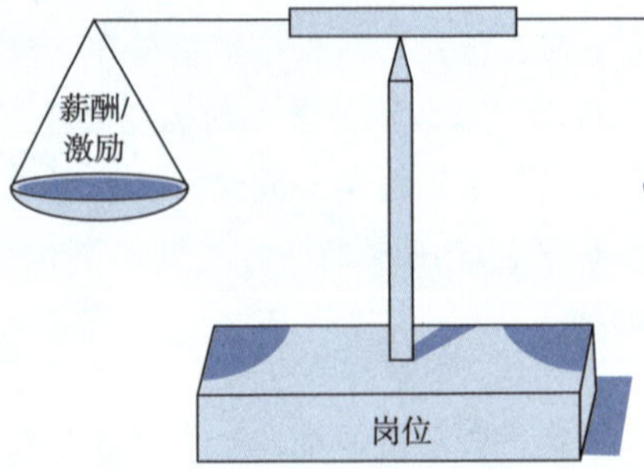

冯莉莉 这个天平模型原来就是人力资源3P模型？

没错！人力资源管理的三大基础模块：岗位（Position）、绩效（Performance）、薪酬（Payment），首字母都是P打头，我们俗称为3P模型，我在研究时发现3P不仅形状像生活中的天平，内涵更像天平！ 卢老师

冯莉莉 哦，怎么讲呢？

天平如果要立起来，首先需要一个强大而坚实的基座，这就是“岗位管理”。在人力资源管理中，岗位管理的基础做得不好，绩效管理和薪酬激励都会出现问题。 卢老师

马清波 没错！岗位管理是人力资源管理的基础。

冯莉莉 绩效管理和薪酬激励构建了天平的两个托盘？

是的。按照天平的物理学特性，这两个托盘重量相等，天平才能平衡。而绩效管理和薪酬激励正好构建了两个对等的承诺！ 卢老师

冯莉莉 有道理！绩效是员工对组织的承诺；薪酬激励是组织对员工的承诺！这两个承诺对等，天平就平衡，组织就和谐啦！

赵青松

各位，打断一下哈，我有一个困惑：绩效不是我们常说的奖金吗？不也应该是组织对员工的承诺？怎么是员工对组织的承诺呢？

卢老师

赵主任，我解释一下，这里有一个常见的误区：很多人将绩效和绩效奖金混淆啦。我们从绩效的英文Performance入手。这个英文单词直译过来的意思是：表现、表演、性能。所以“绩效管理”我们直白的翻译应该是“表现管理”。既然“绩效”是员工的表现管理，那就应该是员工对组织的承诺呀。而我们常说的奖金或绩效工资其实属于天平左边、薪酬的组成部分。薪酬包含基本工资和绩效工资，在医院里面，就是大家常说的工资和奖金。

赵青松

我明白了，绩效表现和绩效奖金是两回事。一个在天平右边、一个在天平左边？

卢老师

没错！

马清波

我们公司里面，大家也经常将绩效和薪酬混淆。认为薪酬级别高的岗位其绩效表现一定好，这是两个层次的问题。上次卢老师用天平模型一解释，我们公司经理们的认知模式就调整过来啦。

冯莉莉

我们作为专业的人力资源部门，有时也经常说“发绩效”啦。看来这个说法不对。绩效是干出来的，绩效奖金才是发的。

卢老师

是的，绩效和薪酬两个概念首先是独立的，然后才是关联的。

差异化分配的八字真经是什么？

冯莉莉

卢老师，这个天平模型有点意思。今天我们谈的薪酬分配跟另外两个模块怎么有机关联呢？

卢老师

我送给大家薪酬分配的“八字真经”：以岗定薪、按绩取酬！这就是一个单位薪酬差异化分配的核心秘诀。

马清波

嗯，科学的薪酬分配方案确实要用以岗定薪代替以人定薪、以职定薪！

李一飞：以人定薪，就是看人下菜。我们一些关系好的客户有时跟我吐槽单位内部薪酬的问题，其中一条就是薪酬高低跟人的资历有关，跟其岗位和贡献并没有关系。

赵青松：以人定薪肯定是有问题的，那以职定薪的“职”是指什么？是我们医院说的职称吗？

卢老师：这里的“职”，在有的单位就是“职称”，有些单位是“行政职务”。

赵青松：以职称定薪是有问题的。现在我们医院出现了很多“高职低能”的情况。有的医生职称很高，但是能力一般；反之情况也不少。所以我们一些医院在试点“主诊医生”“副主诊医生”，这就是所谓的岗位吧？

卢老师：没错！我们服务的很多事业单位、科研院所，以职定薪的情况很普遍。这也是我们这些单位薪酬改革的核心问题。

冯莉莉：我们银行目前也是以职定薪，不过我们的“职”是职务和职级。因为我们一些领导来自于政府行政体系，所以大家也会找对应的行政级别，正处级、副处级、正科级、副科级等。这样导致的问题是：很多干部不愿去分支行任职行长，更愿意在职能部室任职。因为行政职务一样，钱没有差别，所以大家不愿意去一线，一线压力大呀！

李一飞：冯总，这个我有体会，一线KPI指标高、确实导致心理压力大，而且还要喝酒应酬，身体压力也大呀！

冯莉莉：李经理，我们两家情况差不多，那你们是怎么解决这个问题呢？

李一飞：这个得问我们公司的马经理，他是人力资源部经理。

马清波：冯总好！这个问题我们也很困扰。我们是国企，也有行政级别。但是我们公司对一线部门、二线部门和三线部门有不同的压力责任系数。所以我和李一飞经理虽然级别一样，但是他的钱比我的多，哈哈哈！

冯莉莉：马经理公司的做法我们银行也是这样操作的。比如我们银行的经营机构有一个部门系数1.4，总行的部门根据工作性质，分成了前、中、后台部门，分别对应系数1.2、1.1、1.0。我正想请教一下卢老师这种做法合理吗？

卢老师：好的，我来说下这个问题。部门系数的做法肯定比以人定薪和以职定薪要合理。但是并不很科学，我们还是提倡以岗定薪，用岗位价值系数代替部门系数。我问大家一个问题：一个前台部门里面有后台岗位吗？

冯莉莉：当然有呀！

马清波：没错！一个一线部门里面也有三线岗位！比如我们李经理的大客户市场部有一个秘书岗位，我们人力资源部也有一个秘书岗位。

卢老师：是的。这两个秘书岗位干得活差别并不大。但是如果我们给部门加载系数，就容易在一次分配中出现失衡。最后出现结果是似乎市场部的秘书比人力资源部的秘书要重要一样？但是按照岗位价值，这两个岗位差别并不大。

冯莉莉：卢老师一语中的，我们现在还真是有这样的问题。看来最终还是要做岗位价值评价？

卢老师：没错！其实岗位价值评价出来后，我们可以推导出部门系数。后续我们再说到一次分配时再讲述这个问题。

冯莉莉：嗯，有点意思！很是期待！

马清波：如果员工岗位发生变动，那么其岗位价值系数是否要发生变化，进而薪酬也要调整？

卢老师：没错！这个理念就是我们常说的易岗易薪、岗变薪变！

马清波：这个理念很好，我们之前的薪酬都是跟人走，而不是跟岗位走。

赵青松：卢老师，我再请教一下，我们医院有医生、护士、医技人员等多种岗位类型，以岗定薪是对这些岗位类别进行评价，还是细分到具体的岗位？

卢老师：这个问题很好！岗位的颗粒度要看各单位机构设置的精细度。比如很多一、二级医院规模不大，科室设置较粗，医生序列区分大内科和大外科就可以；而一些大型三级医院，科室分类很细，通常岗位颗粒度也比较细，比如内科要细分成呼吸内科、消化内科、神经内科等；我之前辅导的一家国内知名医院的神经内科，有400多人，他们神经内科又细分成很多亚专业：重症专业、癫痫专业、神经肌肉专业等。因为他们需要在科室内部做二次分配，所以岗位价值评价的颗粒部需要达到亚专业级别。

赵青松

太好啦！卢老师对我们医院情况是如此熟悉，我要多请教一下哈！

卢老师

没问题！

什么是按绩取酬？

赵青松

卢老师，以岗定薪确实比以人定薪和以职定薪合理。那如果岗位价值评价结果出来后，A和B两个岗位的价值系数分别是1.8和1.5，是否这两个岗位的员工一直拿1.8和1.5对应的薪酬呢？

卢老师

这还不对！决定薪酬分配除了以岗定薪外，还有四个字，叫“按绩取酬”！比如说，1.8系数岗位的某个员工，如果业绩表现不好，实际可以拿1.5系数的钱；而1.5系数岗位的员工，如果业绩表现很突出，实际可以拿1.8系数的钱。

赵青松

我明白啦！以岗定薪确定了岗位薪酬的基点，而按绩取酬决定这个薪酬基点上的波动？

卢老师

没错！薪酬分配的差异化就应该体现在这两方面：一个是岗位价值的差异化；一个是考核的差异化。

冯莉莉

嗯，这套分配逻辑非常好！请问卢老师，我们银行对分/支行长推行年薪制，年薪制怎么体现“按绩取酬”呢？

卢老师

年薪制后面我们要专题论述。年薪制最终也要体现薪酬的“八字真经”：以岗定薪、按绩取酬！比如我们做过咨询的一家银行客户是一级分行，下属一级支行行长基准年薪100万，分行部门总经理平均基准年薪70万。请大家参见投影附图。支行行长的100万年薪不是旱涝保收的，干得好，年底实际清算年薪可以拿200万；干得不好，实际年薪可能拿50万，差别4倍。而职能部门总经理基准年薪70万，考核下来，实际年薪可能在60万~80万之间。

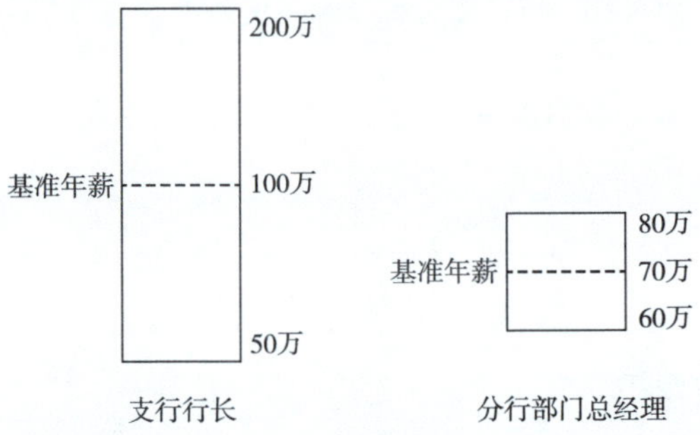

马清波：这个案例虽然是银行案例，但是也符合我们公司的现状。我们业务部门的经理考核下来差距就很大，对吧，李经理？

李一飞：可不是嘛！我们业务部门大年和小年的差别很大的！马经理，还是你们职能部门的收入相对稳定一些。

马清波：是呀！因为我们职能部门量化指标少，所以考核波动幅度没有业务部门大，可是就如卢老师这个案例说的，我们职能部门经理的基数比你们业务部门低了不少呀！李经理要是羡慕，要不也转岗到职能部门来吧！

李一飞：哈哈，那还是算了吧！

冯莉莉：卢老师说的这个银行案例，就是我们总行领导特别想达到的效果。我想请问一下卢老师，支行行长和部门总经理的基准年薪是通过岗位价值评价得到的吗？

卢老师：是的。岗位价值确定的是年薪的基点，而考核确定这个基点上下的波动。

冯莉莉：嗯，这个特别好！支行行长岗位确实很重要，我们在薪酬上要予以溢价；但是支行行长业绩要是完成得不好，最后实际薪酬可能比职能部门总经理的要低。这也体现了按绩取酬的思想！

卢老师：没错！

冯莉莉

卢老师，我有一个疑问，我们银行部门有前中后台的差别，这个案例中，分行不同部门的总经理都是一个年薪基准吗？

卢老师

这个案例中我们给的是平均的年薪基准值。实际情况下，不同部门总经理的年薪基准值是有差别的。后续我们在谈岗位价值时再讨论这个问题。

冯莉莉

非常期待！我们银行近期正在讨论这个问题。

如何破解绩效和薪酬的两张皮问题？

马清波

卢老师，天平的两个托盘非常重要，可是现实中，感觉公司里面“两张皮”的现象很突出：考核做考核的，分配做分配的，老死不相往来。有什么好的解决方案吗？

卢老师

马经理这个问题很好，而且在很多单位都是通病。

冯莉莉

是啊。我们银行也有类似问题。如果考核的结果不能和薪酬分配体系有效挂钩，这个考核体系也会失效。怎么解决这个“两张皮”的问题呢？

卢老师

好的。请大家看下投影附图。天平模型中有非常重要的“三个六”原理。

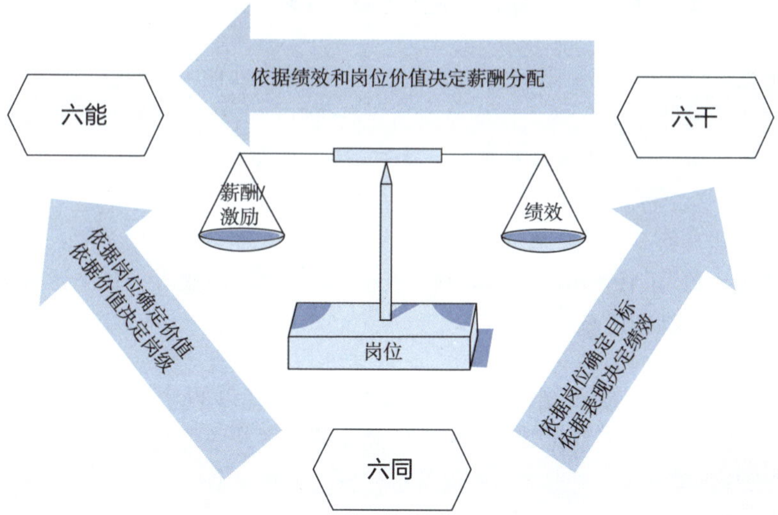

李一飞

嗯，这个图形的核心是天平的3P，周围有“三个六”。绩效管理的“六干”我知道，卢老师去年给我们辅导时说过的，员工的绩效表现有六种情形要区分出来：干与不干、干多与干少、干好与干坏！

赵青松

这个总结通俗易懂。考核最终要有区分员工表现的差异，“六干”就是很好的呈现。那薪酬激励的“六能”是什么？

马清波

这个我知道。近期国资委要求我们国有企业推行人力资源三项制度改革，即薪酬分配制度改革、干部人事制度改革和劳动用工制度改革，目标就是实现“六能”：收入能增能减、干部能上能下、员工能进能出！

赵青松

马经理这个解读也提醒我啦，我们医院的主管单位是卫健委，近期发布的医院人事薪酬改革政策也多次提到了“六能”。不过这“六能”可不好实现呀！

卢老师

赵主任说得没错！对于在座的国有企事业单位来说，建立人力资源三项制度改革的“六能”机制确实有难度，但是这是大势所趋！也是一个组织激发员工活力的法宝！

冯莉莉

确实如此。上个月我们总行领导带我们几个职能部门总经理去国内一家著名的股份制商业银行学习，他们领导介绍他们的创行法宝就是“六能”机制。所以人家银行做得非常出色，我们领导很是羡慕，回来也要求我们对标学习，重点就是人力资源管理体系。

卢老师

是的。“六能”机制是组织活力的来源。但是“六能”机制需要绩效管理提供数据支持，没有绩效管理的“六干”，“六能”机制就会落空！所以绩效管理和薪酬激励两个天平的托盘一定要打通！

李一飞

天平托盘的右边是绩效管理，要区分“六干”；左边是薪酬激励，要实现“六能”，将两者一打通，这就是“六六大顺”！哎呀，这个逻辑太完美啦！将自己都惊艳到了！

冯莉莉

李经理这个总结很精辟！为什么有的单位员工活力十足，有的单位“一潭死水”，其实员工的构成、来源都差不多，关键还是“六干”和“六能”要打通。责任不在于在员工，而在于管理者！

卢老师：嗯，冯总的认识有高度！从物理学角度分析，一个大单位就好比是一个大吨位的物体，要想它动得顺，就必须加载两个作用力：一个推动力、一个牵引力。对于“六干”中的负面“三干”——不干活、干得少、干得差的员工，还是要有负激励措施，先让他“心痛”、再让他“心动”，最后开始“行动”，这样推动力就开始啦；而对于正面“三干”——干活、干得多、干得好的员工，要给予正激励措施，让他“心动”，进而产生“行动”，这样牵引力就开始啦。

赵青松：很有道理！一个物体，前面在拉、后面在推，这个物体当然就动起来啦！那六六大顺的标志是什么？

卢老师：标志就是第三个“六”——“六同”。大家猜猜哪三个六？

李一飞：我知道肯定不是“同心同德”吧？哈哈！

冯莉莉：李经理很幽默！第一个应该是“同工同酬”吧？

卢老师：是的。非常准确！

马清波：第二个应该是“同岗同薪”？

卢老师：对的。第三个呢？

赵青松：我猜应该是“同绩同效”？

卢老师：差不多，准确说应该是“同绩同奖”！

李一飞：我来总结一下“六同”：同工同酬、同岗同薪、同绩同奖！这“六同”到位啦，天平就是平衡的！

赵青松：这是美好愿望，现实当中，我们正好是“六不同”：同工不同酬、同岗不同薪、同绩不同奖！

马清波：赵主任说得没错！我们企业里面员工身份有好几种类型，可能员工干的活一样，但身份不同，薪酬差别还不小，这也违背了基本的公平正义原则。

冯莉莉

是啊！同岗不同薪问题也很大，我们的薪酬跟人有关，跟岗位关联不大，同绩不同奖的问题也比比皆是。

卢老师

没错！这正是我们天平需要达到的目标。通过绩效管理“六干”的识别、穿越到薪酬激励模块实现“六能”，最终达到“六同”。这样天平是平衡的，组织也是和谐的。

冯莉莉

嗯，很棒！

天平模型的三个模块是什么关系？

马清波

卢老师，这个天平模型总结得很好，三者的逻辑关联很清晰，也很好地解释了分钱的逻辑。

卢老师

是的。我们在深入研究天平模型后，发现还有很多有价值的内容，给大家分享一下。

马清波

哦，愿闻其详！

卢老师

首先，说下天平模型三者的关系：岗位是基础、绩效是核心、激励是根本！

马清波

岗位是基础，这个我很认同。天平的基座不牢靠，再平衡的天平最终也会倒下来。

冯莉莉

是呀！只是大家都很关注的天平的平衡性，而忽略基座的牢靠。为什么说激励是根本、绩效是核心？

卢老师

组织的目的最终是要激励人、激发员工的活力，所以我们研究人力资源管理的目的还是在于激励员工。但是激励需要数据来源，这就是绩效管理的价值。不以绩效管理的结果作为激励的依据，该激励的员工没有被激励，不该被激励的老被激励，这不就是乱套了吗？

冯莉莉

完全认同。现在激励资源不像以前那么充分啦，所以要做到精准激励，必须要精确考核！

没错！

卢老师

赵青松

卢老师，我注意到您的天平模型还有三句话，能否解释一下？

好的。这三句话其实将三者关系做了进一步的链接。第一句话，说的是岗位管理与薪酬管理的关系：依据岗位确定价值、依据价值决定薪级。

卢老师

赵青松

这就是“以岗定薪”的思想吧？

是的。我们首先要通过岗位价值评价确定岗位薪酬宽带，再根据员工个人的业绩、技能或经验确定员工的具体薪酬级别。

卢老师

马清波

嗯，我近期读了《以奋斗者为本》这本书，书中讲到国内知名高科技企业薪酬体系16字原理：以岗定级、以级定薪、人岗匹配、易岗易薪！也是这个逻辑！

没错！天平模型的第二句话揭示了岗位管理和绩效管理的关系：依据岗位确定目标、依据表现来决定绩效。

卢老师

李一飞

嗯，我记得卢老师去年给我们公司中层干部辅导绩效管理时，说过绩效管理的12字箴言：考什么、做什么；做什么、考什么！第二句话正好是说明了“做什么、考什么”！

没错！李经理记性很好。绩效管理跟岗位管理是密切相关的。试想一下，如果考核的内容和岗位做的工作脱节，这样考核又有什么意义呢！

卢老师

赵青松

非常有道理！天平的第三句话解释了绩效管理和薪酬激励的关系吧。

不完全是。第三句话：依据绩效和岗位价值决定薪酬分配。其实是揭示薪酬跟绩效管理和岗位管理都有关联。

卢老师

赵青松

这就是薪酬分配中“以岗定薪、按绩取酬”的八字真经吧？

是的。所以我们一直强调，薪酬的差异化分配有两个变量，一个是岗位价值的差异化，一个是绩效考核的差异化。

卢老师

冯莉莉

嗯，这个解释很通透，我们之前过分关注了绩效管理带来的薪酬差异化，忽略另外还有一个岗位价值的差异化。这才是更科学的分配模型。

卢老师

是的。

（辅导会继续进行……）

【读书笔记】

- 人力资源管理的3P：岗位（Position）、绩效（Performance）、薪酬（Payment）。
- 天平模型：岗位是基础、绩效是核心、激励是根本！
- 差异化分配的八字真经：以岗定薪、按绩取酬。
- 绩效管理要区分“六干”：干与不干、干多与干少、干好与干坏。
- 薪酬激励要实现“六能”：收入能增能减、干部能上能下、员工能进能出。
- 人力资源管理要“六同”：同工同酬、同岗同薪、同绩同奖。

1.4 如何实现3个员工拿4个人的钱干5个人的活？

故事导入

卢老师介绍的人力资源天平模型和差异化分配的八字真经给大家留下了深刻印象。糖人通讯的马清波经理提出了一个操作性的问题……

什么是天平模型的345路径？

马清波：卢老师，天平模型总结得很好！在人力资源管理中具体该怎么实践呢？

卢老师：好的，我推荐一个基于天平模型的人力资源管理的“345路径”：3个员工、拿4个人钱、干5个人的活。

马清波：这个“345路径”我在网上也看到有企业家说过，具体怎么操作呢？

冯莉莉：这个“345路径”好像正好对应天平的3P模块。

卢老师：没错！“345路径”也是天平模型的目标：岗位配置3个人、薪酬投放4个人，绩效产出5个人。

李一飞：3个员工，拿4个人的钱，员工收入高了33%！员工开心！

马清波：3个员工，干了5个人的活，组织绩效产出提高了66%！组织也开心！

赵青松：嗯，组织的投入产出比高了25%！这叫双赢！

李一飞：赵主任，这25%怎么算的呀？

赵青松：我们搞财务，经常要算投入产出比。产出是分子，提高了66%；投入是分母，提高了33%，用1.66/1.33=1.25，所以组织的投入产出比不是提高了25%吗？

卢老师

呵呵，赵主任算的是对的。一个单位不要仅仅看投入，更要看产出。我见到一些单位给员工的薪酬投入很少，结果员工的产出更少，这个组织的投入产出比并不高、并不划算！

冯莉莉

卢老师，这个理念我很认同！现在我们一些单位不是“345”，正好是反过来“543”：5个员工、拿4个人的钱、干3个人的活。

卢老师

呵呵，冯总说得对！因为薪酬总额是有限的，员工人数一多，员工拿的钱就少；然后员工心态不好，干活意愿度差；最后蛋糕做不大，分给员工的工资总额更少，员工拿得更少……这就形成了恶性循环。

赵青松

卢老师说得很形象！“543”就是马太的负效应，“345”就是马太的正效应！

卢老师

没错！马太效应就是强者恒强、弱者恒弱！越有钱的越有钱，越没钱的越没钱！

李一飞

不光是组织，个人好像也是这样的！

卢老师

是的。所以一个组织在设计人力资源管理体系时，就要按照“345路径”进行设计，避免掉入“543”的陷阱中。

马清波

那怎样做到呢？

卢老师

“345路径”的逻辑包含三个关键任务，我称之为人力资源改革的“三大战役”。第一个任务：解决3个员工的问题；第二个任务：解决4个人的薪酬投放问题；第三个任务：解决5个人的绩效产出问题。

马清波

这三个任务正好对应着天平模型3P模块？

卢老师

没错！天平的每一个模块都要精心设计。“345”是概略的俗称，如果套用很多单位规范的政策语言，我们可以重新解释一下，大家会更好理解。“3个员工”就是要瘦身健体、提质增效。按照我们人力资源的专业术语就是要定岗定编。

马清波
对，我们公司现在正在做这些事情！一方面我们感觉单位员工总量并不少，可是各部门都还说人不够用。我们也头大呀，每次跟各部门讨论人员编制，很折磨人。

卢老师
嗯，这个定岗定编的话题以后我们要专门找时间讨论。我们在咨询案例中，两类项目最多：一个是钱不会分的问题，一个是人不够用的问题。

李一飞
太好啦！看来我们公司明年还要请卢老师来辅导，哈哈！

冯莉莉
这也是我们银行的难题，我们很期待呀！请问卢老师，4个人的薪酬怎么投放？总不能所有员工普涨33%的薪酬吧？

卢老师
当然不是！普涨就是“撒胡椒面”的做法，也是新形式的大锅饭！这种普涨是没有意义的。我们主张是差异化增量！

冯莉莉
哦，怎么操作呢？

卢老师
比如一个单位有6%的薪酬增量，如果每一个员工涨薪6%，那跟没有涨差不多，大家没有太大的感觉。如果这6%的薪酬增量投放给20%的关键员工，这些人不就能涨到30%以上吗？往往一个单位80%的业绩还得看这20%的关键少数！他们才是组织做大蛋糕的关键！

冯莉莉
嗯，将有限的资源投放到少数关键人群，拉大组织的业绩，做大蛋糕，这样才能带来更多的薪酬增量，进入马太的正效应循环中！

李一飞
鼓励一部分人先富起来，然后实现共同富裕！

冯莉莉
精辟！这20%的关键少数就很重要啦！该怎么甄选呢？

卢老师
这20%的关键少数就是价值的创造者和业绩的贡献者，需要通过两个动作来识别：一个是岗位价值评价，另一个是全员业绩考核。通过岗位价值评价才能识别关键岗位；通过全员业绩考核才能找到业绩的贡献者。

冯莉莉：还是回到了差异化分配的“八字真经”：以岗定薪、按绩取酬！

卢老师：没错！

马清波：5个人的产出就是指天平的绩效管理模块，要做到全员绩效管理。

卢老师：是的。就像天平托盘两端重量要相等一样，单位给了员工相应的薪酬待遇，员工也应当做出对等的回报，这就是绩效的产出。

李一飞：不能拿着高工资不干活吧，员工也要有“对赌协议”！

卢老师：嗯，不仅是普通员工，所有的人包括管理者，都要有业绩合同、目标承诺书。所以绩效管理模块要实现全员绩效管理。

冯莉莉：这个理念非常好！可是现实中，我们银行目前对经营机构有考核指标，但是对于职能部门和员工都没有实现全员绩效管理。

卢老师：这就说明我们单位考核的最后一公里没有落地！全员绩效管理就是要实现横向到边、纵向到底，最终实现一人一表全覆盖、无死角！

冯莉莉：卢老师，这个一人一表就是业绩合同、绩效合约、目标承诺书吧？这个要是全员都构建起来很难吧？

卢老师：没错！是很难，但是一定要做。这方面糖人通讯的马经理应该有体会吧。

马清波：是的。前几年我们公司的绩效管理工作做得不好！去年在卢老师的辅导和公司领导的推动下，我们公司已经实现了一人一表全覆盖，并且上了绩效信息化系统。上个月，上级主管部门到我们公司进行“人力资源三项制度改革推进工作”专项检查，特别表扬了我们的全员绩效管理体系和信息化系统做得不错。所以我要特别感谢卢老师去年的精心辅导，我们受益良多！

卢老师：马经理客气啦，我的辅导只是一个催化剂。关键是你们公司领导很重视、中层经理们好学，而且执行力强。全员绩效管理体系做得好，可以很好保障人力资源三项制度改革的成果！

马清波：确实如此，没有考核体系作为支撑，人力资源三项制度改革的“六能机制”完全是空话！

冯莉莉：太好啦！下次找个时间到糖人通讯来专程学习绩效管理体系。也请卢老师到我们银行做专门辅导哈。

卢老师：很荣幸！

人力资源咨询的六步法是什么？

马清波：卢老师，这个天平模型的“345路径”很好，也通俗易懂，怎么落地到实际工作中呢？

卢老师：嗯，我推荐了一个基于天平模型的人力资源咨询“六步法”，这也是我们咨询公司压箱底的宝贝。请大家看下投影附图。

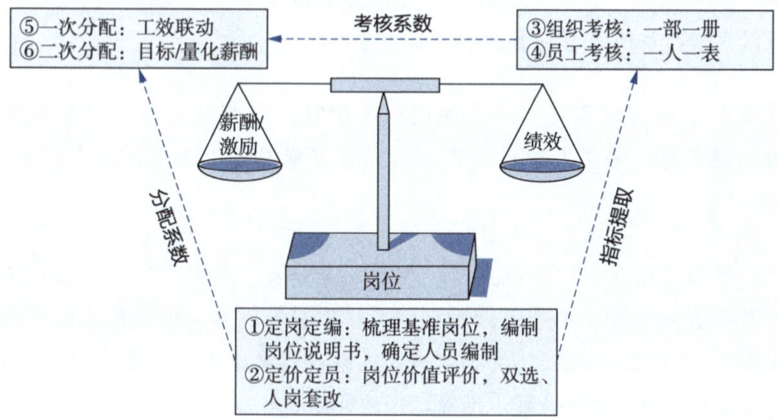

马清波：感谢卢老师的无私分享。这个“六步法”还是基于天平的3P模块来设计的。每个模块对应着两个步骤？

卢老师：没错！岗位管理是人力资源管理的基础，这里有两个步骤：步骤①，定岗定编；步骤②，定价定员。绩效管理有两个步骤：步骤③，组织考核；步骤④，员工考核。薪酬激励有两个步骤：步骤⑤，一次分配；步骤⑥，二次分配。

冯莉莉

这个“六步法”很全面，基本涵盖了人力资源核心模块的内容。这六个步骤是顺序进行的吗？

卢老师

是的。人力资源三个核心模块、六个步骤是有数据关联的，所以顺序不能乱。比如岗位管理定岗后，我们才有岗位说明书，才能启动定价的过程，也就是岗位价值评价。定价出来后，薪酬模块的宽带薪酬设计才有依据，奖金分配系数也就出来了。

马清波

如果定岗完成了，绩效考核的一人一表就可以进行设计了。考核结果出来了，薪酬设计中的一次分配和二次分配的考核系数就出来啦。对吧，卢老师？

卢老师

马经理补充得非常完整。点赞！

冯莉莉

这个“六步法”非常好！将人力资源各个模块有机关联起来。我们希望跟卢老师系统学习一下每个步骤的操作方法！

赵青松

我也希望来全面学习。只是我们医院考核与分配放到我们财务科负责，而定岗定编在人事科负责。所以我可能更关心天平的两个托盘，哈哈！

卢老师

嗯，根据我们这次的辅导主题，重点还是分钱。所以我们本次辅导主要是一次分配和二次分配，还有相关联的定价问题。因此我们侧重在步骤2、步骤5、步骤6。去年在糖人通讯我们重点辅导步骤3和步骤4，以后有机会再来辅导步骤1定岗定编的问题。

冯莉莉

太好啦！天平模型“六步法”构建了一个人力资源顶层设计框架，有了大地图，心中就有了丘壑，工作开展起来也就踏实很多！感谢卢老师！

卢老师

不客气！

（辅导会继续进行……）

【读书笔记】

- 天平模型的345路径：3个员工、拿4个人钱、干5个人的活。
- 人力资源管理的三大攻坚战：

  ✓3个员工：瘦身健体、提质增效、定岗定编。

  ✓4个人薪酬：薪酬要精准投放。鼓励一部分人富起来，最终实现共同富裕。

  ✓5个人绩效产出：全员绩效管理，横向到边、纵向到底，每个人要有一人一表（业绩合同）。
- 人力资源咨询“六步法”：

  ✓岗位管理：定岗定编；定价定员。

  ✓绩效管理：组织考核；员工考核。

  ✓薪酬激励：一次分配；二次分配。

1.5 为什么要选择有薪酬增量的时机做改革？

故事导入

通过前面的辅导，与会者了解了差异化分配的原理和基本路径，各家单位对薪酬改革有了美好的憧憬，但是马上面临了一个现实的难题……

为什么要做薪酬增量改革？

赵青松：卢老师，我在医院是负责财务的，我很关心一个问题，薪酬改革的钱从哪里来？

冯莉莉：赵主任说的问题，也是我们很关注的问题。前面也说过，员工对薪酬的态度都是就高不就低的。涨薪大家都开心，降薪大家都不开心，要做薪酬改革，势必要用增量做改革，不然改不下去呀！

李一飞：道理是这个道理。问题是单位的总蛋糕如果做不大，何来薪酬增量？

马清波：可是员工要是没有得到足够激励，也没有动力做大蛋糕呀？

卢老师：呵呵，看来大家困在“先有鸡、还是先有蛋”的悖论中啦。当然，科学的问题我们交给科学家来解决。对于这个分钱中的人性问题，我们还是要有坚定的看法。对于今天我们参与座谈的一些国有企事业单位来说，我是坚持做薪酬增量改革的。没有薪酬增量做改革，有人拿得多、有人就拿的少。

冯莉莉：我特别赞同卢老师意见！拿得多的人也不会说我们这些改革者的好话；而拿得少的人，各种不满和负能量的声音就会出来，最后改不下去啦。

赵青松

就是这个问题！甚至一些利益受损者还到处打小报告、去上访。最后改革先锋没有当成，当成了“先烈”！

马清波

赵主任说得在理！有时我们一些国企领导特别想锐意改革，开始决心也很大，后来一看阻力太大，矛盾很多，最后也就雷声大、雨点小啦。

卢老师

是啊！所以对于体制内单位，我个人建议还是坚持国家改革的总体思路“稳中求进”。一方面改革还是要平稳、照顾到大多数人的利益，尽量不降薪；另一方面，改革还是要动用薪酬增量对关键员工做精准投放，让这些员工得到实实在在的激励，从而推动单位蛋糕做大。绝对不能搞“撒胡椒面”式的普涨行为。

冯莉莉

没错！其实，每年的薪酬增量我们各家单位多少都有点，只是这几年受经济形势的影响，增量不像以前那么多。本来不多的增量，如果每个人都分一点，大家都没有感觉，还是要将有限资源投放给关键人群。

卢老师

对的。这里还有一个深层次的问题，就是开源节流。开源是通过优化考核分配机制去激发员工做大蛋糕获得进一步的薪酬增量；节流就是控制组织沉没成本的增加，间接提升薪酬增量。

赵青松

卢老师说得太好啦！开源节流要两手抓！我们医院有些科室天天喊要加人，当然有些科室确实工作需要应该增加人，而有些科室人浮于事、忙闲不均，不说减人，至少不能再增加人。节省了人工成本相当于带来了薪酬的增量。这里面完全是有空间可以运作的。

李一飞

往往那些不干活的人叫的最凶，不干事还闹事！

赵青松

可不是嘛！

马清波

看来每家单位都有类似的问题！我们企业现在历史久了，退休职工也逐步多了，这种自然减员也会给组织带来薪酬增量的空间。

卢老师

没错！薪酬改革的问题是一个全局问题，需要系统规划，人力资源各模块要一起联动。

薪酬增量怎么实现差异化?

马清波 卢老师，薪酬增量虽然不多，但我们还是有的，这个增量不能“撒胡椒面”搞普涨，那该怎么使用呢?

卢老师 我建议薪酬增量要做差异化，价值低估的员工多涨点，价值高估的员工不涨或少涨点。

马清波 我明白啦！差异化的薪酬增量，就是不降低员工的薪酬，但是员工薪酬涨多涨少不一样?

卢老师 是的。降薪会让员工不开心，普涨就是新形式的大锅饭，没有作用。所以差异化薪酬增量是更好的选择。

冯莉莉 那什么人该涨得多、什么人该涨得少呢?

卢老师 这还得用到我们前面说的薪酬分配的八字真经：以岗定薪、按绩取酬。通过岗位价值评价和全员业绩考核，识别出组织里面的关键岗位和关键人群，他们就是薪酬增量投放的重点，也是做大组织蛋糕的最强动力。

冯莉莉 有道理！通过薪酬增量的精准投放，让一部分人先富起来，然后做大组织蛋糕，最终实现共同富裕!

赵青松 哈哈，小平同志的观点被你们演绎得很贴切！薪酬分配的八字真经很重要，岗位价值评价和业绩考核我们需要好好学习一下啦!

没有薪酬增量可以做改革吗?

马清波 薪酬做增量改革的观点很重要，尤其是对于我们这样的国企就更重要，但是现在薪酬增量也不像以前那样多，卢老师，有什么好的方法呢?

卢老师 如果一年的薪酬增量不足，就分年头来实施，但是要给员工以明确的预期，什么样的岗位、什么样的员工是我们组织薪酬投放的重点，让大家看到希望和组织的决心!

冯莉莉：有道理！想想有时候挺讽刺的，有薪酬增量的时候，日子好过，我们没有想过要改革；现在没有增量啦，才想起要改革，又不好改啦！

李一飞：此情此景，让我想到电影的一句经典台词：曾经有一份大大的“增量”摆在我面前，但我没有珍惜，等到失去了我才后悔莫及。

马清波：李经理，能否不要这么搞笑吗？！

卢老师：哈哈，李经理很有趣啊！不过说真的，薪酬增量是很可贵的资源，未来会越来越稀缺，所以我建议各单位还是抓住不多的时间窗口，推动薪酬分配改革，这样可以让一个组织具备强大的活力和竞争力！

赵青松：那如果一个单位，真的就没有薪酬增量了，还能改革吗？

卢老师：还是可以改的，不过比较痛苦。后续我会在辅导一次分配时给大家介绍一下没有薪酬增量怎么做薪酬改革的两个绝招。不过也都是万不得已的做法。所以建议还是要珍惜当下！

李一飞：嗯，且行且珍惜！

赵青松：李经理太有趣啦！说实话，目前形势不得不改！有人说：改革是找死、不改革是等死！既然都是死，还不如改，没准置之死地而后生！

李一飞：佩服赵主任的改革决心与勇气！向您学习！

赵青松：呵呵，互相学习！

什么是固浮分离？

马清波：卢老师，我有一个操作问题请教一下。我们公司的员工的薪酬结构有基本工资和绩效工资，薪酬增量应该投放到绩效工资的部分吧？

卢老师：嗯，这个问题比较复杂，但是大部分单位都会选择将薪酬增量投放到绩效工资的部分，尤其在薪酬增量不多的情况下。

马清波

哦，愿闻其详！

卢老师

按照传统的薪酬理论，给员工加薪是增加员工的薪酬总额，然后根据该员工固定工资和浮动工资的比例进行切分，这样员工加薪后固定工资和浮动工资都会同步增加。

冯莉莉

那这样，两块的钱都会水涨船高？如果薪酬增量不多，好像两块涨起来都没有感觉。可否将薪酬增量只投到浮动工资呢？

卢老师

是的。所以我们大多数客户选择将薪酬增量投放到浮动工资部分，而不投入到固定工资部分。这样“利”出一孔，效果好，当然也带来了新问题。大家知道是什么问题吗？

马清波

我知道，我们公司最近就遇到这样的问题！如果薪酬增量投放到浮动工资部分，员工的固浮比关系就会发生变化；如果采取差异化增量投放策略，固浮比变化的关系就更没有规律啦，以后管理起来很麻烦。

卢老师

没错！这个问题有些单位很看重，有些单位就不是问题。

赵青松

是的。我们医院就不存在这样的问题。我们医院的工资和奖金是分开的，甚至都是两个科室在负责。人事科负责工资，依据员工的用工身份、职称、职务、工龄来确定。我们财务科负责奖金的核算。所以我们就没有固浮比例的问题。

冯莉莉

我们银行的薪酬也是两套体系，不过都是我们人力资源部在负责。基本工资是根据员工行员等级确定的，有一套独立体系。绩效奖金是另外一套体系，根据经营机构业绩、员工任务完成情况有很复杂的核算规则。

卢老师

没错！刚才两位介绍的方法也是很多单位采用的“固浮分离”的策略，或者称之为“岗绩分离”。固定工资和浮动工资分离、岗位工资和绩效工资分离。

马清波

这样做的好处是什么呢？

卢老师

这里有几个好处：第一，按照前面说的双因素理论，固定工资属于保健因素，只能多不能少；浮动工资属于激励因素，可以根据业绩考核进行有效波动。增加固定工资带不了太大的激励效果，反而提高员工的预期、带来副作用。采取固浮分离的方案，可以将组织的管理重心放到绩效工资和业绩考核上面，效果更聚焦。第二，对于国有的企事业单位来讲，固浮分离意义就更大啦。因为历史问题，很多时候员工的固定工资反映员工过往的资历、级别、职务等因素，如果动了这块蛋糕，改革阻力会很大。所以很多国有单位采用固浮分离的策略，固定工资采取不动或平滑过渡的方式，改革的重心放在浮动工资，这样矛盾会少很多。

马清波

如果采取“固浮分离”的操作模式，员工就有两个系数：一个是决定基本工资的职级系数；另一个是决定绩效工资的绩效系数或奖金系数？

卢老师

没错！第二个系数准确的说法应该是岗位价值系数，通过岗位价值评价得到的。第一个系数跟人走，跟岗位关系不大；第二个系数跟岗位走，岗变则薪变！

冯莉莉

我们银行就是用这种策略。不过对于一线员工，第二个系数也不是固定的，而是采取计价提成的方式分奖金，所以也没有相对固定的奖金系数。但是对于职能部门员工，第二个系数跟第一个系数一样，还是跟人有关，跟岗位关联度不大。

赵青松

我们医院工资和奖金一直是脱钩的，不过奖金系数的取数规则差别很大，这是我们需要改进的。

马清波

卢老师，如果我们单位基本工资和绩效工资一起改革可以吗？

卢老师

当然可以。这样需要的薪酬增量会更多！因为基本工资改革的时候原则不降低员工的薪酬预期，所以薪酬体系设计出来后，后续人岗套改时需要投入一定的薪酬增量。所以我们很多客户是分步骤推进薪酬改革的，先做绩效工资改革，后续择机启动基本薪酬体系的改革。这样改革成本分摊了，而且改革风险相对小，这也符合国家改革的主基调“稳中求进”！

马清波

这个策略对于我们国有企业非常好，固定工资求“稳”，绩效工资求“进”。

李一飞

这也特别符合卢老师去年给我们辅导的中国式绩效管理“和而不同”的核心思想。

卢老师

哈哈，难得李经理记得这么久呀！

李一飞

必须的！好句永相随嘛！各位朋友，因为时间原因，今天的第一场辅导会到此结束啦，我知道很多朋友跟我一样，今天收获满满而且意犹未尽，后期我们会建个微信群，大家有问题可以继续跟卢老师进行交流。下一场辅导会的时间是下下周六，下午2点开始，地点还是这里。请大家准时参加！谢谢卢老师今天的精心辅导！下次见哈！

（第一场辅导会结束。）

【读书笔记】

- 薪酬增量不能“撒胡椒面”，要做差异化：价值低估的员工多涨点，价值高估的员工不涨或少涨点。
- 开源节流：开源是通过优化考核分配机制去激发员工做大蛋糕获得进一步的薪酬增量；节流就是控制组织沉没成本的增加，间接提升薪酬增量。
- 薪酬增量是很可贵的资源，未来会越来越稀缺，要抓住不多的时间窗口，推动薪酬分配改革。
- 固浮分离，也称之为岗绩分离：固定工资和浮动工资分离、岗位工资和绩效工资分离。

  ✓固浮分离后：第一个系数跟人走，跟个人职位职级挂钩；第二个系数跟岗位走，岗变则薪变。

  ✓稳中求进的策略：固定工资改革求“稳”，浮动工资改革求“进”。

第2讲

为什么说岗位价值是分配的基础？

2.1 大学教授的工资为什么比大学厨师的高?

什么是岗位价值? 哪些因素会影响岗位价值? 航空公司/机场公司怎么评估岗位价值? 医院怎么评估岗位价值? 银行怎么评估岗位价值? 研发销售型企业怎么评估岗位价值? 人力资源可以成为一线吗?

2.2 岗位价值怎么评价?

岗位价值评价的方法有哪些? 两两比较法怎么操作? 分类排序法怎么操作? 因素计点法怎么操作? 岗位评价为什么不是职位评价? 哪些岗位列入岗位评价? 岗位评价前可以进行岗位归类吗? 可以按不同模块或条线分组进行岗位评价吗? 什么是超级评价? 岗位评价的尺子怎么选择和调校? 岗位评价的评委怎么选择? 岗位评价前怎样对评委进行培训? 正式岗位评价前为什么要进行标杆评价? 正式评价现场怎么组织? 评委打分数据怎么处理? 岗位评价有信息化工具支持吗?

2.3 岗位价值评价的结果怎么用?

岗位评价的结果是用绝对分还是相对分? 岗位评价结果是一岗一系数还是一类一系数? 岗位评价的结果还可以进行调校吗? 岗位评价结果如何应用在宽带薪酬设计中? 岗位价值评价结果和外部薪酬对标有冲突怎么办?

2.4 人岗如何套改?

岗位价值结果出来如何跟人挂钩? 薪酬套改求稳的三种策略如何操作? 怎样做差异化增量套改? 怎样降低薪酬套改的成本? 套改时可以用积分套档吗? 薪酬套改时，固定工资和绩效工资可以分开套吗? 薪酬套改后，如何动态调整?

2.1 大学教授的工资为什么比大学厨师的高?

故事导入

两周之后，卢老师再次来到糖人通讯，进行第二场辅导会……

第一场辅导会产生了很好的扩散效应，上一次很多与会单位强烈要求增加参会名额，会议室也坐满了。

糖人通讯大客户部经理李一飞主持了会议开场。

什么是岗位价值?

李一飞：欢迎各位再次参加卢老师的辅导会。第一场辅导让我受益匪浅，带来很大的思想冲击。今天会场坐满了人，就已经充分说明了卢老师的辅导效果。时间很宝贵，我们言归正传，看哪一位朋友先来提问?

马清波：还是我先来吧！我比较关心的问题是：岗位价值很重要，但是领导们有顾虑，担心这种分配方式对现有的薪酬体系冲击很大，没有下定决心来推动哈！

赵青松：是的，我们医院是事业单位，目前员工薪酬分配主要还是以职称定薪为主。要是改成以岗位价值作为分配的基点，还真是冲击很大！

李一飞：我觉得既然“以岗定薪”是方向，那还是要直面问题。卢老师，那什么是岗位价值？该怎么评价呢?

卢老师：好的，我们一起来看下什么是岗位价值！我们先从一个通俗易懂的案例开始。请大家看下投影附图。在一个大学校园里面，发生了这么一场争论。我们都知道大学教授的工资比大学厨师工资高很多。厨师就不乐意了：凭啥教授工资比厨师工资高那么多？教授教不好学生，无非就是误人子弟几个；而厨师岗位责任重大，我要是没有一点责任心，被一些不法之徒跑到后厨操作间，放一点毒鼠强、敌敌畏，那可不是误人几个的问题，而是成百上千人的性命都会受到威胁，所以厨师岗位的风险责任大，我的钱不应该比教授的钱少！

李一飞：这厨师有点强词夺理！教授工作明显比厨师工作复杂、学问也大。虽然某些风险责任比不上厨师，但是教授的薪酬肯定要比厨师的高呀！

赵青松：我觉得两个人讲得都有道理，这也正是我们纠结的地方！该如何回应这两个人的争论呢？

卢老师：好，回答这个问题之前，我问下大家，这样的争论是否会发生在你的组织里面呢？

冯莉莉：那可是太多了！每年我们银行调薪方案出来时，我电话都接不停！

赵青松：我们医院也是这样。每个月绩效奖金分配方案下去后，我们院长办公室门前可是“门庭若市”，一些科室主任和职工都要找院长来“谈谈心”！

马清波：呵呵，看来不是我们一个单位的问题。卢老师，对于这样的争论，该如何摆平呢？

卢老师：现在我将这个问题抛给大家。对于这个问题的回答，就涉及什么是岗位价值的问题。各位，如果你是校长，该如何平复这两个人的争论？

哪些因素会影响岗位价值?

李一飞：这个简单呀！不行让他们俩交换一下！看一下厨师能否干教授的事情，教授能否干厨师的事情?

冯莉莉：嗯，李经理这个建议很好！我们银行一些中后台岗位员工老是觉得分配不公平，老是觉得自己的工作比别人重要，可是你要让他去一线，他又不去。

赵青松：有道理，这其实就是一个替代性的问题。大学厨师岗位容易被替代，而大学教授岗位不容易被替代。

马清波：是的，也可以用岗位稀缺性和市场行情来解释这个问题。大学厨师这个岗位到社会上一招聘，一大把人来应聘；而大学教授却不容易招得到。

卢老师：大家的意见都非常好！我在授课中，也讲到一个类似观点：一个人的薪酬不是和你的工作量成正比，而是和你付出工作量的不可替代性成正比！

冯莉莉：卢老师总结太精辟了！我要记录下来，好好理解一下。

赵青松：是啊！这个世界上好多人在怨天尤人，老是在抱怨：为什么我每天干8个小时、10小时，不如别人干同样的时间拿钱多?

李一飞：按照卢老师说的，因为你工作的8小时容易被人替代，而别人的工作的8小时不容易被替代。所以你钱就会少！

卢老师：确实如此，岗位价值有一个很重要的影响因素就是替代性或市场的稀缺性。那除此之外，影响岗位价值还有哪些因素呢?

马清波：我觉得岗位价值跟岗位的培养成本也有关系。大学厨师要是培养出师，我估计3~6个月差不多了；而培养一个大学教授，没有20年下不来。

赵青松：确实如此，在我们医院里面，医生的薪酬比护士、医技人员薪酬要高，培养成本确实是一个关键因素。培养一个临床医生本科要5年，现在至少得读个硕士又3年，规培还得3年，这个成本是很高。

李一飞

我上个月跟我们一个航空公司的客户聊天，他们也说培养一个飞行员代价很高。不仅仅是前期高昂的培训成本，每年的复训、上模拟机训练都要花很多钱。因此飞行员收入高也是应该的。

卢老师

嗯，大家说得很好，岗位价值确实跟培养成本有关系。那还有其他因素吗？

冯莉莉

我觉得既然是岗位价值评价，还是要回归到岗位本身的工作内容吧！岗位价值应该跟岗位工作的复杂性有关。大学厨师的工作属于简单、重复性、以体力工作为主体的工作；而大学教授属于复杂、创新性、以脑力工作为主体的工作。

赵青松

我同意冯总这个观点。我们医院的工作也是如此，我们的临床医护岗位，不仅仅是脑力和体力的结合，还有职业感染的危险性和给病人带来的风险性。岗位的价值肯定要考虑这些因素。

马清波

我稍微总结一下哈，前面已经说了影响岗位价值的因素，有替代性、培养成本、工作的复杂性，那是否以后在我们单位里面，用这三个因素就可以把岗位价值评价出来了呢？

卢老师

呵呵，恐怕还远远不是！这三个因素固然重要，但是影响岗位价值还有更重要的因素！大家可以再回到这个案例本身来思考一下。

李一飞

我知道了，影响岗位价值最重要的因素应该是组织的使命和目标。我们这个案例讨论的是大学校园，不是五星级饭店。大学的使命目标是“教书育人”，显然教授在实现这个目标中的作用无可替代。如果这个案例换成了五星级饭店，教授去了没有任何作用，厨师的作用就显得很重要！

卢老师

非常好！给李经理点赞！这才是影响岗位价值最重要、最核心的因素！哈佛大学终身教授迈克尔·波特提出一个组织价值链的概念。将组织创造价值的活动，分成主要活动流程和支持活动流程。大学的目标是教书育人，显然教授在主价值链，而厨师在辅助价值链。

马清波

嗯，这个方法好！大学校园，若是没有教授，那还能叫大学吗？大学校园要是没有厨师，虽然也麻烦，还是可以外包，没有见过教授外包的！

赵青松

是啊，如果是五星级饭店，目标是给客户提供美食，厨师就在主价值链，所以五星级饭店需要好厨师；而五星级饭店的任何价值链都没有教授的位置，所以教授去了没有任何作用。

冯莉莉

我听说五星级酒店的行政总厨工资也很高的。人家也是一门技术活，需要考虑饭菜的色香味俱全。

李一飞

还真是这样。大学食堂的基本目标是让学生吃饱、吃得安全，其他是高级要求。而对于五星级饭店，客户花了大价钱，如果仅仅是吃饱和安全，谁会去五星级饭店吃饭？我直接去食堂吃饭呀！去高级地方吃饭，那吃的是一种享受、一种感觉！

卢老师

李经理总结得很形象！影响岗位价值最重要的因素还不是岗位的替代性、培养成本和复杂性，而是这个岗位在组织实现目标中的相对位置。我们有一些行业评估岗位价值的方法，那可是“简单、粗暴”，但是很好用！

李一飞

愿闻其详！我就喜欢简单、粗暴、好用的方法！

航空公司/机场公司怎么评估岗位价值?

卢老师

我们先分享一个航空公司、机场公司的案例！他们在评估岗位价值时有一个不成文的规矩，按离飞机的远近作为岗位价值评价的依据！我问下大家，离飞机越近的岗位，价值是越高还是越低？

李一飞

这我知道，离飞机越近，岗位价值那肯定是越高呀！我问过我们航空公司客户，他们飞行员收入最高、空姐收入其次，再后面是机务、地勤人员。

冯莉莉

嗯，这个有道理！航空公司和机场公司都是围绕飞机来创造价值，离飞机越近，某种意义上也是离组织价值创造越近。飞行员和空姐离飞机都近，但飞行员直接操控飞机，所以价值更高。机务人员离飞机也近，但是飞机停下来才能检修，所以比前两者价值要稍低点，而地勤人员比前三个岗位离飞机更远点，所以价值更低点。这个评价体系真是简单好用！

卢老师

是的。机场公司也是这样区分的。机场分场内和场外。场内管制区的岗位通常比场外同类岗位价值点高。比如，开大巴车的司机岗位，场内开摆渡车和场外开机场大巴的岗位，技能、资格要求差不多，请问大家，哪一个岗位价值点高？

李一飞

那应该是场内开摆渡车的岗位吧？因为离飞机近呀！搞不好将飞机撞了怎么办？机场大巴也可能撞车、撞人，但是风险要低。

卢老师

没错！

医院怎么评估岗位价值？

赵青松

卢老师，我们医院是否也可以这样来评估岗位价值？

卢老师

当然可以！请问赵主任，你们医院的目标是什么？

赵青松

救死扶伤，给病患者提供治疗服务呀！

卢老师

那医院各岗位离这个目标是什么样的远近关系呢？

赵青松

我明白啦！我们医院基本分类就是临床和非临床！临床岗位的奖金就比非临床岗位高。这个“床”就是病床，临床就是离病人近！离病人近就是离组织价值创造近！

卢老师

赵主任举一反三能力很强。医院有四种人群：医生、护士、医技、行政后勤人员，我们很多医院在奖金分配中有四个经验系数：1.0、0.8、0.7、0.5，这四个系数某种意义上反映了离病人或更准确地说是离价值创造远近的关系。

赵青松

卢老师对我们医院情况很熟悉呀。实不相瞒，我们医院的奖金系数就是这样定的。我开始也很困惑，问院长们：这些系数这么来的？他们回答说医院一直这么执行的。我们慢慢也习以为常啦。这个趋势我是认同的，可是为什么我们行政后勤系数是0.5，而不是0.6，这个我有点困惑？

卢老师

这就是我们岗位价值评价要解决的问题。岗位价值评价不仅仅是确定定性的趋势，还要给出定量的标准。

李一飞

我有一个问题请教一下赵主任和卢老师，医院的临床大夫，有外科大夫和内科大夫，那谁应该拿的钱多？如果按照“远近”的关系，应该是内科大夫比外科大夫薪酬更高呀？可实际上，社会上我接触的外科大夫好像比内科大夫“值钱”呀？！

赵青松

我们医院外科大夫要动手术，动手术不得走进病人？岂不是更近？

李一飞

哈哈，真是的！看来这个方法对评估组织的岗位价值很好用！简直就是一个普适标准。

马清波

我正好有一个问题。我们公司有一个医务室，也有保健医生，主要是给员工看点小病小痛、开点药。这位医生曾经是一家三级医院的副主任医生。他曾经跟我“吐槽”，说在我们公司，虽然他的收入比原来在医院时多了，但是有强烈的失落感。因为感觉不像在医院里面被重视！

赵青松

这也没错呀！医疗在我们医院是“主业”，可是到了你们企业，他就是“副业”啦！

卢老师

是的，赵主任总结得很精辟！这还是组织价值链的逻辑，医生在医院属于主价值链，但是企业的保健医生就在辅助价值链。所以评估岗位价值不是看岗位本身的价值，而是看这个岗位在组织实现使命目标中的相对位置！

马清波

明白啦！

银行怎么评估岗位价值？

冯莉莉：我们银行也可以用这样的逻辑来评估岗位价值吧？

李一飞：冯总，你们银行钱多，你们应该是按照“离钱越近”的岗位，价值更高吧！

冯莉莉：哈哈，有道理，也对，也不对！我们银行经常说的前台、中台、后台，这个“台”是指柜台，所以我们的岗位价值是以“离客户越近”作为评价标准。按照卢老师说的原则，我们银行目标是为客户提供金融服务，在此过程中创造我们的价值。我们的利润是客户为我们创造出来的。所以离客户近，就是离价值创造近。

李一飞：所以你们银行的规律是前台岗位的价值比中、后台岗位的要高？

冯莉莉：确实如此。我们银行通常给前、中、后台有系数差别，也是这个考虑。但是前面卢老师说了，这种设定部门系数的做法并不科学，我们也是觉得有问题，所以要特别请教一下卢老师呢！

卢老师：没问题。我们后面重点要讨论岗位价值的问题。你们给前台部门设定系数的做法是一种概略做法，严格上讲，前台部门也有后台岗位，价值也是不同的。所以确实需要系统评估一下岗位价值。

冯莉莉：没错！期待卢老师好好辅导一下岗位价值评价的方法。

研发销售型企业怎么评估岗位价值？

马清波：卢老师，像我们糖人通讯这种研发生产销售一条龙的企业如何评估岗位价值呢？我们领导经常在内部说一线、二线和三线。

卢老师：这跟我们之前单位的分类说法一样。你们一线、二线、三线是怎么分类的呢？

马清波：我们一线是研发和销售，二线是供应链、生产制造、质量，三线是职能管理部门。

卢老师

嗯，这个分类是合理的。像贵公司这样的企业，把产品研发出来、卖给客户才是价值创造的来源。所以你们也是以离价值创造远近的关系来区分价值的。国内有些企业的提法很形象：一线是战斗部队，冲刺在最前面；二线是支援部队，供给粮草、弹药；三线是后勤保障部队。

马清波

这个有意思！可是我还是有些不理解，我们公司在发年终奖时，也跟冯总他们银行一样，本来有三条线奖金系数的差别。结果去年领导还把一线奖金系数单独又调高了点，说一线很不容易，要倾斜一下。你说本来就有差别，这一倾斜差别不就更大了吗？

冯莉莉

这事我们银行领导也经常说，要向前台员工倾斜。

赵青松

我们医院领导也经常说要向临床倾斜！

李一飞

嘻嘻，莫非咱们这些单位的领导都是一家子，或者都是卢老师给辅导的？怎么套路都一样。

卢老师

呵呵，还真不是。那是因为组织运行有其必然的规律。一线是做大蛋糕的地方，资源只有往一线倾斜了，蛋糕做大了，三线系数1.0才能有价值；如果总蛋糕没有做大，即便是给你三线1.5的系数，也没有价值。正所谓：多即是少、少即是多！

马清波

太有哲学思想啦！虽然三线系数低，但是这个策略能促使总蛋糕做大，反而低系数对应价值更大，这就是“少即是多”；反过来，如果三条线系数一样高，最后总蛋糕做不大，即便再高的三线系数也没有价值，这就是“多即是少”！太棒啦！

李一飞

马经理总结得很好！公司对我们一线是有倾斜，可是我们一线压力也大呀！任务没有完成，考核结果也很难看的。

马清波

呵呵，欢迎李经理转岗到我们三线！

李一飞

算了吧，我还是待在一线吧，收益与风险并担！哈哈！

人力资源可以成为一线吗？

冯莉莉

卢老师，我有一个困惑，您前面关于组织里面岗位价值的评定标准，我是认同的，也确实应该这样，可是我们作为人力资源部员工接受起来还是有点困难。人力资源管理工作虽然不是一线为组织直接创造价值，但人力资源工作也很不容易，而且是单位主要领导直接分管，领导要求也高，您说我们何时也可以变成一线呀？

赵青松

冯总说得一点没错，我深有同感！

卢老师

完全理解。我在企业干了10年人力资源管理，刚进去的前几年，我也很不理解这种分类方法。当年校园招聘时，公司招聘要求非常高，都要求名牌大学、研究生学历。我的同学有的进了一线部门，有的进了二线部门，结果我进了人力资源部——三线部门。钱少点也罢了，更重要的是职业发展也比别人慢。当时我也不是很理解，后来逐渐理解老板这样做的目的，尤其是自己后来创业，当了总经理才彻底理解了。因为一线是做大蛋糕的地方，资源倾斜到一线才能做大蛋糕，二三线才能受益。当时我们老板也是特别鼓励我们三线的员工积极投奔一线。后来我发现人力资源工作还是很有挑战性的，所以我也没有去公司的一线，而是将我在公司的三线做成了一线！

李一飞

我知道了！于是卢老师自己出来创业，成立了一家人力资源管理咨询公司。在人力资源咨询公司，您就在一线，而如果在我们任何一家企事业单位中，人力资源就是三线！

卢老师

没错！李经理理解得很准确。所以我前面反复强调，岗位价值不是岗位的重要性问题，而是你这个岗位在组织使命中的相对位置。在我们人力资源咨询公司中，人力资源工作就在主价值链，直接创造价值。但我要在你们任何一家单位继续做人力资源管理工作，我就在辅助价值链。

冯莉莉

理解了。看来我们要实现个人价值，要么去到我们银行的一线部门，要么到卢老师这样的人力资源咨询公司。卢老师，我先挂个号哈！

卢老师：哈哈，好啊，热烈欢迎冯总！我们公司很多合伙人都是企业的人力资源总监和人力资源部经理。大家从三线变成了一线，人力资源也从辅助价值链转到了主价值链；同时我们也是将自己多年的经验服务于更多企事业单位，这也是一件很有成就感和使命感的事情！

冯莉莉：确实如此！

（辅导会继续进行……）

【读书笔记】

- 一个人的薪酬不是和你的工作量成正比，而是和你付出工作量的不可替代性成正比！
- 影响岗位价值的因素很多，有岗位替代性、培养成本、复杂性，但最重要的是组织的使命和目标。在实现组织目标过程中，主价值链的岗位价值比辅助价值链的要高。

  ✓民航评估岗位价值：按离飞机的远近。

  ✓医院评估岗位价值：按离病人的远近。

  ✓银行评估岗位价值：按离客户的远近。

  ✓研发企业评估岗位价值：按创造价值的远近。
- 部门分类：一线是战斗部队，冲刺在最前面；二线是支援部队，供给粮草、弹药；三线是后勤保障部队。
- 一线是做大蛋糕的地方，资源只有往一线倾斜，把蛋糕做大了，三线系数1.0才能有价值；如果总蛋糕没有做大，即便是给三线1.5的系数，也没有价值。正所谓：多即是少、少即是多！
- 人力资源在企事业单位是三线，但在人力资源咨询公司却是一线，因为组织目标发生了变化。

2.2 岗位价值怎么评价？

故事导入

通过案例的解析，大家对岗位价值的影响因素有了深刻认识。尤其是对卢老师说的“多即是少、少即是多”的理念产生了强烈的共鸣。岗位价值既然这么重要，究竟该如何评价呢？

岗位价值评价的方法有哪些？

马清波：卢老师，经您前面一分析，我们对岗位价值评价的意义和影响因素有了深刻认识，那岗位价值究竟该怎么评价呢？

卢老师：好的。我们先来看下岗位价值的定义。请大家看下投影附图。

- 岗位评价（Job Evaluation）是通过一套具有逻辑性和系统化的方法去分析个别岗位的重要性和组织结构的关系，能有效地评估不同岗位的“相对价值”，从而为建立组织合理的薪酬体系奠定基础。
- 岗位评价是为确定一个岗位相对于其他岗位所做的正式的、系统的多因素比较。

马清波：这个岗位价值评价评的是“相对价值”。那怎么换算薪酬呢？

卢老师：岗位价值系数都是相对值，而且是相对于组织使命目标的关系。如果要换算薪酬，通常要用岗位价值系数乘以薪酬基数。

冯莉莉：我们银行也是这么用的，相对价值系数处理起来比较灵活。总行每月将绩效奖金打包分给部门，部门根据这个奖金包核算奖金基数，然后再根据每个员工的岗位系数和考核系数计算每个人的绩效奖金。

赵青松

我们医院也是这样做奖金切块的，将奖金分到各科室，只不过我们二次分配不是岗位价值系数，而是每个人的职称系数。

卢老师

是的。这就是问题所在，我们需要用岗位系数代替职务、职级和职称系数。

冯莉莉

卢老师，怎么理解这个岗位价值定义中的“多因素比较”？

卢老师

回到刚才那个大学厨师和大学教授的案例。厨师和教授岗位都有其亮点，但是每个岗位都拿自己的亮点因素去和别人比，这怎么比呢？所以实际岗位评价时是多因素评价的结果，而不是某1~2个因素，这样更全面！

冯莉莉

嗯，理解了！

李一飞

那用什么方法做岗位价值评价呢？

卢老师

岗位价值评价我们通常推荐三个方法。请大家看下投影附图。

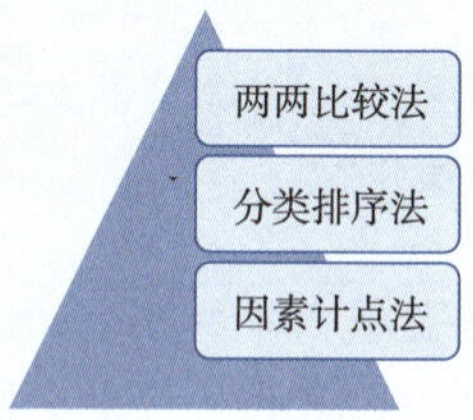

马清波

这三个方法我之前在人力资源教科书里面看到过，是岗位评价比较常用的方法论。卢老师您用金字塔来表达，是第三个方法用得最多吗？

卢老师

是的。有一定规模的企事业单位，如果要系统、科学地做岗位价值评价，通常会用“因素计点法”。但是这个方法操作起来会比较复杂。而前两个方法操作很便捷，但是精准度不高。

李一飞：看来万事万物一个道理：简单不好用、好用不简单！既然前两个方法不太精准，那是否可以直接用第三个方法？

卢老师：那也不是。前两个方法精准度差点，但是操作简单，所以适用于一个部门或小单位的场景。而第三个方法适用于大单位的场景。

李一飞：怎么讲？

卢老师：比如，我们现在很多单位一次分配将薪酬打包给了部门，部门经理怎么来做二次分配？如果想用岗位价值系数代替职称和职级系数，但是整个单位没有做岗位价值评价，这时候就可以用前两个方法进行部门内部的岗位价值评价。

赵青松：这个有道理！我们医院作为事业单位，主要还是以职称、职务来分钱。我们要是全面用“以岗定薪”代替“以职定薪”，还需要好好统一一下各级领导的思想。医院将奖金包都分到科室了，我们鼓励各科室用更科学的方法来分钱，所以各科室可以自行做岗位价值评价。

李一飞：明白了！我们作为部门经理，看来这三个方法都得好好学习一下！

两两比较法怎么操作？

赵青松：卢老师，两两比较法怎么操作？

卢老师：两两比较法是三个方法里面最简单的一个，请大家看下投影附表。这个方法的操作要领是：部门内部先梳理出岗位ABCD，在表格的横向和纵向都展示出来。本岗位自身不用比，所以A—A、B—B、C—C、D—D等单元格是空白的。每个岗位去和别的岗位做两两比较。如果重要就赋值2，不重要就赋值1。比如岗位A比岗位B重要，所以A—B赋值就是2，反过来，B比A就是1……然后横向加和，得到A=5、B=4、C=6、D=3，全部除以2，得到相对系数。这就是岗位价值系数。

	岗位A	岗位B	岗位C	岗位D	合计	相对系数
岗位A		2	1	2	5	2.5
岗位B	1		1	2	4	2.0
岗位C	2	2		2	6	3.0
岗位D	1	1	1		3	1.5
						[除以2]

李一飞：为什么要全部除以2？

卢老师：其实除以哪个数都可以。因为岗位价值评价最后都是相对系数。

马清波：这个方法确实很简单，部门负责人一个人就可以搞定。但是确实不太精准。比如这个案例中，部门负责人认为岗位A比B重要，可是换一个经理未必这么看待，这是部门经理在“搞一言堂”。

冯莉莉：是的。而且还有一个问题，为什么重要赋值2，而不是1.5？有点粗放。

卢老师：没错！这个方法比较简单、粗糙，但是在一些小部门场景中是可以使用的。

马清波：卢老师，这个方法是否可以增加评委呢？部门经理一个人说得算固然可以，但是经理要面对员工质疑的压力。如果增加其他评委，是否数据全面性更好？员工质疑相对会减少？

卢老师：是的。这就是岗位价值评价中第二个方法：分类排序法。

分类排序法怎么操作？

冯莉莉：卢老师，分类排序法怎么操作呢？

卢老师：请大家看下投影附表。分类排序法操作步骤：部门内部先梳理出岗位1

到N，表格中纵向排列；邀请评委1到N，表格中横向排列；请评委对所有岗位进行分类，本案例中给了ABC三类；然后将案例中A=3、B=2、C=1代入加和，再换算岗位系数。

岗位	评委1	评委2	评委3	…	评委N	合计	相对系数
岗位1	A	B	A		B	25	2.5
岗位2	B	A	C		A	20	2.0
岗位3	C	A	B		B	21	2.1
岗位4	C	C	C		B	16	1.6
…							
岗位N	B	C	B		C	18	1.8

$$\left.\begin{array}{l}A=3\\B=2\\C=1\end{array}\right\}\text{分类}$$

李一飞：这个案例在换算岗位系数时，统一除以10？

卢老师：是的。跟前面一样，就是为了得到相对系数。

马清波：嗯，这个方法相对于刚才的两两比较法，增加了很多评委，代表性增强了。评委可以选择什么人？

卢老师：评委除了本部门经理外，也可以邀请其他部门经理或者部门内部骨干员工。但是要求选择的评委对被评价岗位要比较熟悉。

冯莉莉：这个案例中有ABC三个分类，分别赋值321。刚才的两两比较法只有1和2两个分类。这里是否可以增加到ABCD四个分类，然后赋值4321？

卢老师：当然可以！每个单位可以根据需要来调整。

赵青松：卢老师，我刚才思考了一下，这两个方法固然操作简单，但都是对一个岗位进行笼统评价和分类，并没有像我们前面分析的，对岗位的工作细节进行评价？比如替代性、培养成本、工作复杂性等。

为赵主任点赞！您发现了问题所在。这两个方法操作很简单，但是并不精准，毕竟岗位价值评价我们还是需要针对一个岗位进行深入分析。所以企事业单位如果要科学地评价岗位价值，我们还是推荐用业内公认的“因素计点法”。 卢老师

因素计点法怎么操作？

马清波 因素计点法我在读书时有学过，一般做薪酬体系改革都会用到这个方法。

是的。因素计点法请大家看下投影附图。这个方法的基本原理是：通过不同维度不同因素对一个岗位进行详细分析，然后按照一定逻辑计算价值分数。 卢老师

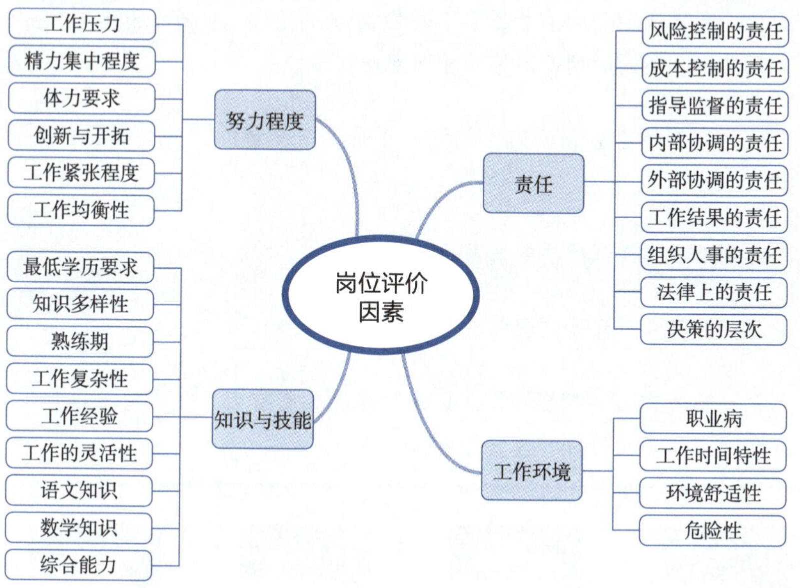

李一飞 好比用很多尺子从不同角度去测量同一个岗位？

没错！岗位评价俗称为“岗位称重”。称物体重量需要一杆秤；测量物 卢老师

体长短需要一把尺子。而我们这里不是一把尺子，是有很多把尺子：这把尺子测量高度，那把尺子测量深度，第三把尺子测量长度……

马清波

卢老师，附图这个因素计点法有四个维度近三十个因素。我们在单位实际应用中，可以增加或减少因素吗？有些因素感觉在我们单位用不上。

卢老师

我个人建议评价因素要根据单位的实际情况进行灵活调整。当然有些咨询公司并不主张这样，他们希望一张表打天下！

冯莉莉

嗯，我之前接触过几家咨询公司，他们的岗位评价因素是固定的，不能修改。我自己也困惑这个问题。比如今天我们这几家单位，行业跨度很大，如果用一张表来评价，好像并不合理呀？

马清波

是的。即便是同一个单位，不同发展时期，关注点也有所不同，因素和权重也应该有所区别吧？

卢老师

对的。所以我们公司在协助各单位做岗位评价时，倾向于为不同行业、不同单位、不同时期定制不同的因素表。

赵青松

那这样定制要求就很高吧？毕竟尺子是用来测量的，首先需要将尺子调校准确。

卢老师

没错！后面我会详细讲解尺子的调校流程。

马清波

卢老师，因素计点法应该怎么操作呢？

卢老师

好的，请大家看下投影附图。因素计点法通常有四个步骤：工作分析、评价准备、正式评价和数据处理。

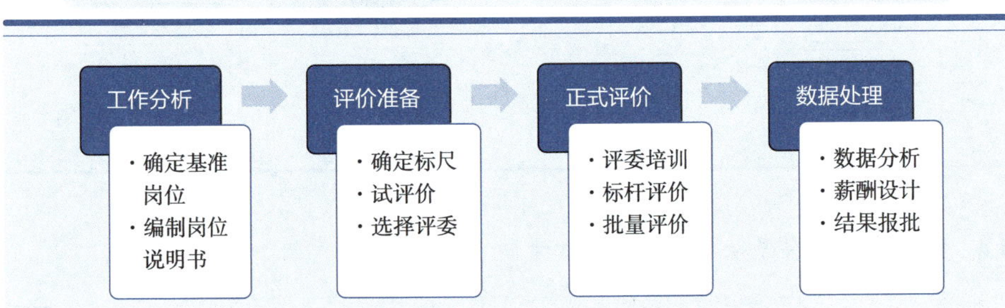

冯莉莉

第一步是工作分析，这是人力资源的基础工作。那什么是基准岗位？这个基准岗位和我们平时说的岗位、职位、职务、职级、职称有什么关系呢？

卢老师

冯总的问题很好！我先拿你们银行来举例，先说下岗位和职位的关系。比如银行客户经理就是一个基准岗位，很多银行会根据客户经理的贡献度和能力分为高级客户经理、中级客户经理、客户经理等职位。职位也就是基准岗位+职务/职级的结合。高级客户经理（职位）=客户经理（基准岗位）+高级（职务/职级）。

冯莉莉

我明白了。职位=基准岗位+职务/职级。那像我们银行“人力资源部总经理”“计划财务部总经理”和“一级支行行长”是岗位还是职位？

卢老师

这三个既是岗位、也是职位，不过它们的职务/职级都是总经理级。

冯莉莉

也就是说，我们这三个岗位的职务/职级一样，但是岗位不一样？所以岗位价值也可能不一样？

卢老师

是的。这也是我们前面为什么强调要用“以岗定薪”代替“以职定薪”的原因！

马清波

卢老师，我们公司有大量的软件开发人员，我们也会分为软件开发主任工程师、软件开发高级工程师、软件开发工程师，这些其实都是职位。“软件开发”就是基准岗位，“主任工程师”是职务/职级？

卢老师

大逻辑是这样的。但是基准岗位不一定是叫“软件开发”。因为你们公司软件人员多，软件开发还是要细分下，比如“系统架构开发”“算法开发”“数据库管理”等。这些岗位的价值还是有差异的。

马清波

确实如此。这些岗位在社会上薪酬差距还不小！我还有一个问题，我们现在也在参照互联网大厂内部设置的职级代号P3、P4、P5；T4、T5、T6。这些应该就是传统行业的职务/职级吧？

卢老师

没错！换了一个说法而已。

赵青松

卢老师，我们医院是事业单位，我们医护人员内部经常说的“主任医师”“副主任医师”等这些都不是岗位，而是职称吧？那什么是我们的基准岗位？

卢老师

我们国家很多事业单位，医院、学校、研究机构等还是习惯以职称定薪，建议逐步要过渡到以岗定薪，这样更科学。我们以某医院的“神经内科”为例，张主任是医院神经内科的科主任。“神经内科科主任”是一个基准岗位，也是一个职位，这位张主任的职称是主任医师，职务是科主任。这个神经内科下面分了很多专业组：重症专业组、癫痫专业组、肌肉专业组等。每个专业组都有主诊医生、副主诊医生、住院医生等。“癫痫专业组住院医生”和“肌肉专业组住院医生”就是两个不同岗位，因为岗位价值有不同。而“癫痫专业组主诊医生”和“癫痫专业组住院医生”也是不同岗位，准确讲，是同一个基准岗位，但是不同职位！

赵青松

卢老师对我们医院行业很熟悉！这个案例也将我们的岗位、职位、职务、职称都说清楚了。

岗位评价为什么不是职位评价？

马清波

我有一个新问题，岗位评价更准确讲应该是职位评价？

卢老师

马经理说的是对的。岗位评价其实应该是职位评价。国外一些人力资源书籍都说的是职位评价。“软件开发主任工程师”和“软件开发工程师”，基准岗位都是“软件开发”，但其实是两个职位，最后价值点是有区别的。因此在进行岗位称重时，本来都应进行评价，但是实际进行岗位评价时，我们通常选典型职位进行评价。

冯莉莉

我大概知道这样做的原因是什么了，卢老师，您看我说得对不对哈！如果严格按照职位评价，像我们“客户经理”这个基准岗位下面有4个职位：资深客户经理、高级客户经理、中级客户经理、客户经理等。这样我们需要准备四份岗位说明书，其实是职位说明书。这会把我们人力资源部同事和直线经理们给折磨死的！我们银行之前请别的咨询公司做过这事，太费劲啦！

赵青松：啊，要写四份岗位说明书，有区别吗？

卢老师：嗯，没错！这四个职位的基准岗位都是“客户经理”，但职位说明书还是有区别的，通常表现在工作内容、动词方面有差别。比如，高级别的客户经理通常是策划、指导、牵头等动词；低级别的通常是执行、实施、操作等动词。

赵青松：还真是这样，我们医院里面高级别医生相对于低级别医生，工作内容也有很大不同，还会有门诊、带教、科研等工作。这么说来，岗位说明书也应该体现差别。

马清波：理该如此！可是要这样编制岗位说明书就太费劲了。而且这么多岗位都去做岗位评价，不仅工作量大，评委到时也会晕掉的！

卢老师：是的。所以在进行岗位评价时，我们并不建议将组织所有岗位都纳入岗位评价。

哪些岗位列入岗位评价？

马清波：那哪些岗位列入岗位评价？筛选原则是什么？那些没有被列入的岗位该怎么处理呢？

卢老师：好的，马经理不要着急哈。我们讲几条筛选原则。第一，管理岗位的正职通常要列入岗位评价，副职岗位一般不列入评价。

马清波：如果管理副职不参与评价，那这些岗位的价值怎么确定呢？

卢老师：管理副职岗位的价值系数通常取正职岗位价值系数的70%~80%，各个单位可以根据实际执行情况做调整。

马清波：如果一个部门两个副职，分管内容不同，最后岗位价值系数是一样的啦？这样是否没有体现副职分工的不同？

卢老师：嗯，马经理的思考有深度！这样处理的方法，不是很精准，但是比较好落地。

冯莉莉

我同意这样的处理方式！如果所有管理副职参评，工作量很大。更重要的是，根据我们在银行的经验，同一个部门两个副职，虽然分管内容不同，但是岗位价值不会差距很大。而我们更需要关注的是两个不同部门的副职应该体现差别。因为管理正职都参加岗位评价了，所以按照80%的折算原则，各自的副职其实已经体现了差别。

卢老师

冯总讲的是对的。还有一点，岗位价值后期通常要进行数据分类处理，有些岗位价值系数差距不大的，通常会合并成一类，系数取成一样。这样原始岗位价值评价的细小差别并不重要了。

赵青松

我有一个新问题：如果两个不同部门正职岗位的价值系数差距在1.5倍以上，即便副职按70%折算，是否会存在高价值部门副职的系数（1.5×70%=1.05）比低价值部门正职的系数（1.0）还高？对于像我们医院一直按职称/职务定薪的单位来说，难以想象呀！

冯莉莉

赵主任不愧是搞财务的，算得真快！不过这个现象在我们银行这种市场化组织中可是很正常的。我们也觉得这样的“以岗定薪”比“以职定薪”要合理很多。

马清波

是的。我们公司虽然是国企，也早就打破行政级别界限了。卢老师，除了副职不参与岗位评价，其他哪些岗位也不参加评价呢？

卢老师

参与岗位评价的第二个筛选条件：同一个基准岗位不同职级，比如软件开发工程师、中级工程师、高级工程师、主任工程师。如果选一个职位参评，我们通常选中间级别的“软件开发中级工程师”参与岗位评价，其他职位通过价值系数上下浮动来处理。如果选两个岗位参评，我们通常选最高和最低两个级别，中间的岗位采取插值法处理。

赵青松

那我们医院里面的主诊医生、副主诊医生、住院医生是否也可以这样处理？

卢老师

是的。根据我们在医院的实施经验，主诊医生和住院医生这两个岗位差别比较大，我们通常建议都参评，而副主诊医生可以按主诊医生取一个折算系数。

赵青松：明白啦，这种处理方式简单可靠！

岗位评价前可以进行岗位归类吗？

冯莉莉：卢老师，我有一个问题，我们银行的岗位特别多，我们曾经梳理过，不考虑职级的差异，基准岗位都有几百个。这些岗位如果都参与岗位评价，工作量很大，有没有好的处理方式？

卢老师：是的，这不光是工作量大的问题，而且实际意义也不大。因为即便将这些岗位纳入评价，很多岗位的价值系数差别也不大，而且最后在处理数据时也经常将系数接近的岗位合并处理了。所以我们通常建议对于岗位很多的单位在开始正式评价前做岗位归类处理。

马清波：相当于是做一个岗位预评价？那该怎么进行归类呢？

卢老师：这个问题抛给大家，看一下如何用前面讲到的方法进行岗位归类？

李一飞：我知道怎么处理啦。可以先在每个部门内部用因素计点法做一次岗位预评价。然后将价值相近的岗位进行归类。

卢老师：为李经理点赞！看你一直没有发言，还以为你是因为涉及人力资源专业话题而参与度不高了，没想到还在积极“吸收”知识！

李一飞：那是必须的。去年您辅导中说过，直线经理的第一角色是人力资源经理。我们直线经理们当然要好好学习这些方法，真的很有帮助。卢老师，我刚才说的岗位归类方法可行吗？

卢老师：嗯，方向是对的，方法上要微调下。对于岗位很多的单位，通常建议以部门为单元先进行岗位预评价，不过预评价不建议用因素计点法，而用前面我们介绍的两两比较法和分类排序法。

马清波：嗯，这是对的！这两个方法更适合部门内部进行岗位评价，操作起来也相对容易。那怎么组织这项工作呢？每个部门都来进行评价工作量也不小！

是的。通常建议人力资源部组织各部门负责人进行培训，介绍预评价的意义、方法、流程和评价模板。然后由各部门自己组织评价。过程中人力资源部要给予辅导。最后各部门提交原始的评价结果和岗位归类意见。

卢老师

冯莉莉

卢老师，这里有一个问题。我们银行之前也让部门做过预评价，出现过两种极端情况，有的部门领导内心不想做岗位评价，最后报上来整个部门只有一个岗位类别。有的部门领导不想得罪人，干脆将部门所有岗位都报上来参加正式岗位评价，这些情况该怎么处理呢？

很明显，这说明我们一些管理干部思想上还是有“疙瘩”，需要进行说服教育，实在不行，需要动用上级领导的力量进行干预。

卢老师

马清波

卢老师，有一个技术问题，每个部门报出的岗位数量多少合理呢？

这个没有定数。根据各部门岗位预评价归类的结果，通常建议各部门的岗位归类到2~5个岗位类别，每个类别至少有一个岗位。每个类别要指定一个典型岗位参加单位的正式岗位评价。

卢老师

马清波

这个典型岗位有什么要求？

典型岗位由各部门在每个类别中指定一个，通常要选择大家都比较熟悉的岗位，这样单位的评委在正式评价环节做评价时更精准。

卢老师

冯莉莉

我们各部门都有文秘岗位，好像岗位价值也差不多，如果各部门都申报了这个典型岗位，是否可以只评价一个？

是的，还必须这样！最后进入单位正式评价的岗位，需要人力资源部进行最后的筛选。当然，有些部门的文秘如果还有其他职责的工作（时间占比超过30%），可能还是要单独参与评价。

卢老师

冯莉莉

明白了。如果典型岗位评价结果出来了，那其所属类别的其他岗位是否取同样的岗位系数？

是的。这也就是做部门岗位预评价的目的所在。对于规模大、岗位多的单位，这是很实用的处理方式。而对于岗位数量不多的单位，我们

卢老师

通常建议大部分岗位都参与评价。

马清波

卢老师，我总结一下，看是否正确？参与单位正式评价的岗位筛选原则：第一，管理副职通常不参与评价，最后按对应正职的岗位系数进行折算。第二，同一个基准岗位不同职级的，通常取中间档职位进行评价或者取一头一尾的职位进行评价，其他职级的岗位价值系数按一定规律展开或插入。第三，岗位特别多的单位可以先进行部门内部岗位预评价，选出各类别典型岗位参与单位正式评价，同一类别取一样的岗位价值系数。

卢老师

马经理总结得非常完整！谢谢您！

可以按不同模块或条线分组进行岗位评价吗？

赵青松

卢老师，刚才说到部门预评价时，我想到一个问题：是否可以按业务条线分组进行岗位评价？我们医院近期正在考虑推护理人员的垂直化管理。原来医院将奖金包核算给临床科室，然后科室再分钱给医生和护士。现在我们医院准备将医生和护士分开核算奖金包。我在思考能否将护理岗位单独进行评价？这样给各护理单元核算奖金包时更科学。毕竟别的条线的评委对护理岗位未必都熟悉。

卢老师

赵主任说的护理垂直化管理，也叫“医护分家”，现在很多医院都在做这个事情。形象地说，就是原来医生和护士在一个锅里吃饭，现在变成了两个锅吃饭。

李一飞

如果这样，“医护分家”不是影响团结了吗？

卢老师

这不是影响团结，而是促进了团结。原来一个锅里面吃饭、分钱，医护矛盾很多，医生觉得护士拿多了，护士觉得医生拿多了，不好平衡。更重要的是，因为很多医院对临床科室采用收支差模型核算奖金包，使得不同科室护士奖金差距很大，护士也都开始挑肥拣瘦。医护分锅吃饭后，护士的奖金可以全院统筹发放。有些医院做得更彻底的“医护分家”是按住院楼层划分护理单元，一个护理单元对着一个或几个临床科室，这样医院在床位资源协调、护士资源调度时更高效，人员复用率会提高。

赵青松 卢老师真厉害！对我们医院情况非常熟悉！我们医院就是基于这些考虑，逐步在推行“医护分家”。所以我的问题是：可否将全院的护理岗位单独组团评价，对于行政后勤岗位也单独评价？

冯莉莉 我们银行也有同样的问题。我们在一线的岗位，比如客户经理、柜员等，现在也是将一些分配权收到总行的条线管理部门，条线采取垂直化管理和统一考核分配的模式，这样可以保证条线动作在基层不变形，对基层员工利益更有保障。所以也需要采取条线分组评价的模式。

卢老师 分组评价当然是可以的。比如我们在医院做项目，通常会分四个组团来评价，医生、护理、医技、行政后勤等。我们在银行做条线考核穿越项目时，通常会按公司条线、零售条线、运营条线、风险条线等来进行岗位评价。

赵青松 如果分组团评价，评委是否就是本组团相关领导？

卢老师 每个组团评委可以不同。比如护理岗位评价，评委可以是分管护理的副院长、护理部主任、各护理单元护士长等。行政职能科室岗位评价，评委可以是院领导和各职能科室主任。

马清波 卢老师，分组评价可能带来一个问题：如果各组团评委不同，岗位价值系数在一个组团内使用没有问题，跨组团使用是否就有问题了？毕竟各组团评委不同，就像您去年在辅导我们绩效考核项目时说到的，不同管理者打分的松紧程度不一样？

卢老师 给马经理点个赞！思考很有深度！一些企事业单位在分钱时，是先打包给一个组团，然后组团内部再分配，这时以组团为单位进行岗位价值评价，是可以的。但是跨组团使用就有问题了，因为数据逻辑不同。这时就需要拉通各组团的岗位价值系数。

赵青松 这样做的意义何在呢？可否详细解释一下？

卢老师：好的，我们就以医院为例。很多医院在给医生、护士、医技、行政职能科室四个组团进行奖金切块时会依据人均奖金系数做预算，比如医生1.0、护士0.8、医技0.7、行政后勤0.5，这四个系数怎么来的呢？其实，内在逻辑就是岗位价值。

赵青松：一语点醒梦中人！这么说起来，我们还是应该将全院的所有岗位放在一块评估岗位价值？这样数据逻辑才是一致的？

卢老师：也不尽然。通常来说，对于一些规模不是很大的单位，我们建议岗位价值一起评，一帮评委一次过。如果岗位比较多的单位可以用前面的方法做预先归类处理。如果类似你们医院已经做了分组团评价，需要将各组团数据拉通，构建一样的数据逻辑，我们通常建议单位再组织一次“超级评价”。

什么是超级评价?

马清波：超级评价这个概念有点意思，什么是超级评价呢？。

卢老师：所谓超级评价，就是为了解决各组团进行岗位评价后数据的横向比较问题。通常做法是，将各组团的典型岗位汇总到一起，再进行一次评价。

马清波：那这个典型岗位怎么选择？

卢老师：每个组团典型岗位一般选3~9个，这些岗位的价值在原来组团中代表高中低几个区间。同时，这些典型岗位一定是大家耳熟能详的。

冯莉莉：超级评价的评委怎么选择呢？这个很重要。

卢老师：是的。超级评委通常是从原来各组团的评委中选择更有权威性的评委参加。比如单位领导、重要部门的负责人等。当然，评委有一个基本要求，就是要有点大局观。

马清波：卢老师，这里好像有一个技术难题：某岗位A在组团评价时如果是4.0系数，但是在超级评价时系数是3.6。那最后用哪一个数字呢？

冯莉莉

那肯定是要用超级评价的系数3.6吧？不然，为什么叫“超级评价”？

卢老师

是的。如果要拉通所有组团的岗位价值数据，要用超级评价的系数。如果只是在组团内部分钱，用原来组团数据也可以。

马清波

明白了。还有一个问题。组团里面没有参与超级评价的岗位，价值系数怎么调校呢？按等比例伸缩？比如上面案例中岗位A所在组团的伸缩系数是3.6/4.0=0.9。问题是一个组团有几个典型岗位，意味着有几个不同的伸缩系数，该怎么处理？

卢老师

简单方法，就是取组团参与超级评价的典型岗位的平均伸缩系数，作为该组团的岗位价值伸缩系数。处理得更科学的方法，是将组团参与超级评价的典型岗位的价值系数和原数据做拟合，得到更合理的伸缩系数。当然，这种拟合需要参与评价的典型岗位要多选一些。

马清波

这种超级评价+数据拟合就可以将不同组团岗位评价数据统一起来啦？

卢老师

是的。这种组合方法的好处是评委对组团内部岗位更熟悉，评出的岗位价值更合理。再通过超级评价将不同组团数据进行拉通！

马清波

那要是对于规模不大、岗位不多的单位，是否还是所有岗位统一评价、一组评委一次评价全部搞定？

卢老师

是的。即便是岗位很多的单位，也可以用前面讲的方法，事先在部门内部做岗位归类、再挑选典型岗位进入最后的岗位评价。

马清波

明白啦！

岗位评价的尺子怎么选择和调校？

冯莉莉

卢老师，前面辅导中您说到岗位评价用的因素计点法，需要对评价尺子进行调校？

卢老师

是的。岗位评价我们一般用因素计点法，这些因素就是评价尺子。有一些咨询公司，通常用固定的尺子去度量，实际操作中，很多客户提出质疑，行业不同、单位不同、所处发展阶段不同，怎么能用一把尺子去度量呢？所以我们在实际操作中，还是倾向于用更加符合本单位的评价尺子。

冯莉莉

嗯，这个有道理。那评价尺子该怎么选择呢？

卢老师

请大家看下投影附图。这个图前面给大家展示过。我们通常是用这个因素计点法，里面有4个维度、近30个因素。每家单位可以根据自己的需要进行增删。

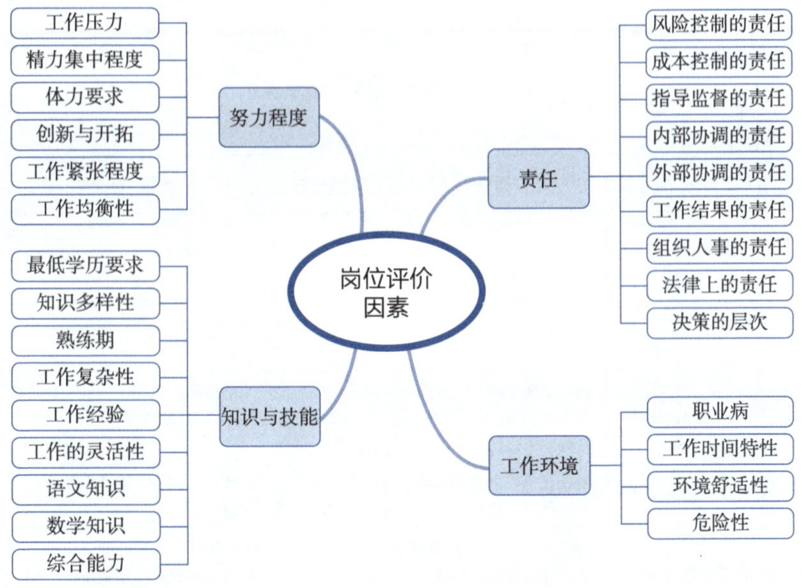

马清波

之前我们在大学学习人力资源专业课时，老师教过这个方法。可是我们各单位情况不同，怎么选择这些因素？谁来选择？

冯莉莉

对，这是核心问题。正是因为岗位评价很重要，所以这个评价尺子选择就很重要！比如“知识与技能”维度中，“语文知识”在我们银行不是关键因素，我们现在更看重外语水平和计算机水平。再比如“工作环境”维度中“危险性”在我们行业也不是很突出，可能有的行业这是关键因素。

卢老师

冯总说的是对的！所以我们一直强调岗位评价尺子各单位还是要根据自身情况做合理调校。具体调校方法是采用前面岗位评价方法介绍的"分类排序法"。

马清波

"分类排序法"当时是对岗位进行排序，这里是否将岗位换成因素？

卢老师

是的，马经理反应很快！请大家参见投影附表。这个表中，列出维度、因素和定义，让评委进行分类。我们通常建议是A类5个因素、B类10个因素，剩下因素就是C类。

岗位价值评价因素选择表

姓名：＿＿＿＿＿＿＿＿　　职务：＿＿＿＿＿＿＿＿

选择说明：请从以下因素中按因素的重要性填写A（最重要5个）、B（次重要10个）

维度	因素	定义	选择（A、B）
责任因素	1. 风险控制的责任	指在不确定条件下，为保证各项工作顺利进行，并维持组织合法权益所担负的责任。该责任的大小以失败后损失影响的大小作为判断基准	
	2. 成本控制的责任	指在正确状态下，因个人工作疏忽而可能造成的成本、费用、利息等额外损失时所承担的责任，其责任的大小由可能造成损失的严重性或损失金额（人民币）作为判断基准	
	3. 指导监督的责任	指在正常权力范围内所拥有的正式指导监督的责任。其责任的大小根据所直接监督指导人员的数量和层次进行判断	
	4. 内部协调的责任	指在正常工作中，需要内部人员合作共同顺利开展业务的协调活动。其责任的大小依据所协调对象的层次、数量、频繁程度和失调后果作为判断基准	
	5. 外部协调的责任	指在正常工作中需与外部进行密切联系，以便顺利开展工作所负有的责任。其责任依据联系频率及对单位的影响作为判断基准	
	6. 工作结果的责任	指对工作结果承担多大责任。以工作结果对组织影响的大小作为判断责任大小的基准	
	7. 组织人事的责任	指在正常工作中，对人员的推荐、任用、考核、工作分配、激励等具有法定的权力	
	8. 法律上的责任	指在工作中需要拟定和签署具有法律效力的合同，并对合同结果负有相应的责任。其责任的大小视签约、合同的重要性及后果的严重性作为判断基准	
	9. 决策的层次	指在正常的工作中需要参与决策，其责任的大小根据所参与决策的层次高低作为判断基准	

冯莉莉

这个表的原始因素是否可以增加？

卢老师

当然可以。一般由咨询公司和人力资源部先将这个表完善，然后再给到相关评委来进行分类。

冯莉莉

这个评委怎么选择？

卢老师

因素选择的评委我们通常建议是单位领导和主要部门负责人。可以对评委打分进行加权处理，比如单位领导可以权重高些，其他人权重低些。

马清波

评委对候选因素进行分类后，怎么筛选因素呢？

卢老师

按照“分类排序法”，我们可以设定A/B/C三类的分值分别对应5/3/1分。这样通过评委加权后算出各候选因素的得分和排序。通常排名前10~20名的因素会被选择作为评价尺子。

马清波

没有被选上的因素就不考虑了吗？

卢老师

也不全是，我们通常也会将没有选上的因素合并到已选择的相近的因素中。这通常需要有经验的咨询顾问和人力资源专业人士参与调整。

马清波

假如我们选了15个岗位评价因素，这些因素的权重怎么确定呢？

卢老师

这就简单了。先将这15个因素的分类排序得分加和，再算出每个因素的相对占比（如5.2%），然后换算成1000分制下的一个数字，通常取5的倍数，这里就是50分。

马清波

我明白了。如果尺子总分是1000分，这个因素最高就是50分！那这个因素评委届时该怎么打分呢？拍脑袋确定一个数字？

卢老师

当然不是。我们还需要对每一个因素进行分级，请大家参见投影附表。

	1. 风险控制的责任	50
	指在不确定条件下，为保证分公司发展、业务收入、市场拓展、网络安全、队伍建设、产品开发及其他项目顺利进行，并维持企业合法权益所担负的责任。该责任的大小以失败后损失影响的大小作为判断基准	
①	一般情况下无风险。	0
②	仅有一些小的风险。一旦发生问题，不会给公司造成多大影响。	10
③	有一定的风险。一旦发生问题，给公司所造成的影响能明显感觉到。	20
④	有较大的风险。一旦发生问题，会给公司带来较严重的损害。	35
⑤	有极大风险。一旦发生问题，对公司造成的影响不仅不可挽回，而且会致使公司运营危机。	50

马清波：我明白了，评委是每个因素按级别进行对照选择打分。经过这套流程下来，某个单位的岗位评价尺子都是"量身定制"的了。

卢老师：是的。

岗位评价的评委怎么选择?

冯莉莉：卢老师，岗位确定了，尺子也确定了，下面就应该确定岗位评价的评委了吧?

卢老师：是的。岗位评价中评委很重要。

冯莉莉：评委一般选择哪些人?评委人数上有要求吗?

卢老师：评委我们通常建议是单位的领导和中层干部，评委人数建议在10~30人。

冯莉莉：按照这个定义，我们单位评委会比较多，那就要筛选了，筛选依据是什么呢?

卢老师：如果评委人数多，一般会对评委中的中层干部进行筛选，两条筛选原则:

一是评委要有代表性，比如前中后台部门都要均匀选择，不能偏颇；而是评委要有点大局观，不要选哪些只是考虑部门利益的中层干部。

冯莉莉：老师说得对！这样的干部还真有！

卢老师：**建议人力资源部先罗列一个评委名单，请单位主要领导来确认。**

马清波：公司领导可以来当评委吗？

卢老师：可以的。我个人非常建议领导来参加，这样可以让领导对岗位评价的流程有一定的共识。即便领导无暇参加，我们通常建议岗位评价培训时主要领导要出席并动员一下，毕竟岗位评价的影响面很大。

赵青松：单位的职工代表可以当评委吗？我们医院涉及职工利益的改革都是要上职代会的。

冯莉莉：我也有此困惑。上次我们单位做薪酬项目时，工会主席专门提过这个问题。

卢老师：这个我不建议。岗位评价的结果以及后续相关的薪酬应用方案，在很多单位一定是要过职代会的。而且不仅是职代会，很多单位还要过党委会、董事会、班子会等。但是岗位评价的评委我并不主张职工代表参加。因为有些基层的职工代表可能熟悉基层某些岗位，对于组织的全岗位基本是不熟悉的，届时参加岗位评价时，数据偏离会很大。试想下，如果评委对要评价的岗位完全不熟悉，怎么评价呢？

马清波：我同意卢老师意见。这里有一个问题，岗位评价的评委可以邀请兄弟单位或同行单位的领导来担任吗？

卢老师：这是可以的，我也推荐这样做。外部评委没有利益冲突，他们会更中立一些。缺点是要选择对岗位了解的人，否则就没有意义。同时外部评委的人数要控制在总人数的30%以内，还是要以内部评委为主。

冯莉莉：如果我们银行只做总行部门的岗位评价，这个评委除了行领导和部门老总，是否也可以选同级别的分支行行长？

当然可以。对于总行岗位评价项目来说，分支行长就是外部评委了，而且我相信你们很多分支行行长是总行交流出去的干部，所以对总行情况也熟悉，这样的评委就非常好！ 卢老师

冯莉莉 明白了。我们正在筹划总行的岗位评价事宜，怎么选评委我心里有数了。

赵青松 卢老师，我们医院也在筹划“医护分家”，准备在护理单元做绩效改革，如果护理组团单独组织岗位评价，那评委就应该是分管护理的院领导、护理部主任、副主任、各病区护士长，按您所说，也可以增加一些外部评委，比如兄弟医院的护理部主任？

完全正确！ 卢老师

岗位评价前怎样对评委进行培训？

马清波 卢老师，按照前面您介绍的流程，正式岗位评价前，需要对评委进行培训，是吧？

是的，岗位评价培训很重要。这样做有两个目的：一是统一思想，让参与评委认识到岗位评价的意义，增强使命感；二是统一评委打分的尺度。我们很多评委拿到评价因素分级定义表后，每个人打分尺度是松紧不一的。 卢老师

冯莉莉 还真是这样的。我看前面因素分级定义表，很多内容都不是量化的，每个评委对于同一个因素的分级会有不同的理解，这样打分就会出现尺度不一的问题，其实我们在考核中也有这类问题。

没错。所以正式岗位评价前的培训很重要。 卢老师

马清波 那具体怎么组织这个培训呢？今年我们公司肯定要启动岗位评价工作，我很关心这个细节呀。是否可以将培训和正式评价同时来组织？要是分两次，这些评委都是领导，可不太好召集呀！

确实如此。我们在实践中，通常是将评委召集起来，先安排1~2个小 卢老师

时的培训，然后直接进入正式评价。

马清波

谁来做这个培训？

培训时首先请单位主要领导，最好是一把手，来进行岗位评价动员。站在组织层面，给大家讲解岗位评价的意义、目的，对评委提出要求。接着建议请专业咨询公司的资深顾问介绍岗位评价的方法、流程，重点介绍本单位因素定义表的由来、各因素定义以及评分的方法等。

卢老师

冯莉莉

我认同这个方法论，岗位评价还是要请专业咨询公司来组织。

马清波

我也赞同。一方面咨询公司更专业，另一方面，我们人力部门也是当事部门，我们要是组织这个评价流程，结果再科学，人家也会质疑你。

确实如此。大部分单位组织岗位评价都会请咨询公司，除了专业外、还需要一个相对中立的角色。我经常跟客户说一个观点：有些你们不好说的话请咨询公司来说；有些你们不好做的事请咨询公司来做！

卢老师

赵青松

这段话讲得太经典啦！回头我也给我们医院院长建议一下。有些事情不是我们偷懒、不想干，确实角色定位调整一下，会干得更好。

李一飞

嗯，外来的和尚好念经！哈哈！

马清波

李经理，你要么不发言，一发言就很到位！

李一飞

嘿嘿！

正式岗位评价前为什么要进行标杆评价？

马清波

评委培训后可以马上进行正式评价吗？

还不行，正式评价前我们通常建议做标杆评价。

卢老师

马清波

什么是标杆评价？

所谓标杆评价就是从待评价岗位中选择标杆岗位进行评价。这样做可以使得评委进行正式评价前有一个准星，避免后期出现系统偏差。 卢老师

马清波 我知道啦，这好比是我们国家国庆阅兵分列式行进开始前，有一个“标兵就位”的动作，排头兵看着标兵走，其余人看着排头兵走，这样队形很整齐。

马经理这个比喻很恰当！标杆评价大家也可以理解为正式评价前对评委的一次实战练兵，这样正式评价时评委尺度把握地更准确。 卢老师

冯莉莉 那标杆岗位怎么选择呢？应该不是随机选择的吧？

当然！标杆岗位事先要精心挑选。首先，数量上我们通常建议选6~8个岗位，不用太多岗位；其次，标杆岗位选择要有代表性，一般根据每个单位特点，按照前、中、后台或一线、二线、三线的关系选择3或4组岗位，每组2个岗位。 卢老师

冯莉莉 每组的两个岗位应该也有讲究吧？

是的。同一组的两个岗位一般是同一部门的。通常我们建议选择部门负责人和一个典型员工岗位。比如后台部门选两个标杆岗位，我们可以选择“人力资源部总经理”和“薪酬福利岗”两个标杆岗位。 卢老师

冯莉莉 我明白标杆评价的意图了！不同部门可以横向对比；同一部门不同岗位可以纵向对比，这样就形成了一个网状标杆图，其余岗位都在网状结构中。很高明的方法！

冯总总结得很好！标杆评价既是对评委的实战培训，更是让评委在正式评价时有横纵向的标尺，打分时不至于偏差太大。 卢老师

正式评价现场怎么组织？

马清波 卢老师，标杆评价后就应该是正式评价了吧？

是的。评委培训和标杆评价结束后，马上就进入正式评价。这样可以 卢老师

一气呵成，评委时间也可以集中一次完成。

马清波：正式评价时我们人力资源部要提前做些什么准备？

卢老师：首先是评价地点要相对独立，有条件的话，可以远离办公场所。其次时间上要选择连续的1~2天时间，时间上不能间断。根据岗位数量多少，必要情况下选择晚上和周末时间。再次，如果借助于信息化工具评价，要准备好笔记本电脑和无线网络。如果是纸质评价，要安排一组人做数据处理。最后，人力部要做好后勤服务，多备点茶、咖啡和点心等。

马清波：还要准备点心？

冯莉莉：是的。这个我有体会，我们银行之前做过岗位评价，一两百个岗位评价下来，评委后面大脑极度“缺氧”，要给大家提提神、补充能量！

马清波：这个是小CASE。难得将这些大佬们聚集起来，我们人力资源部做好全方位服务！

赵青松：卢老师，我理解正式评价时这个评委不能中途请假或换人吧？

卢老师：是的。原则上不能请假或换人，不然评价尺度容易出现前后不一致。

赵青松：这对组织部门挑战不小！必要时还是要请单位领导来提要求。

卢老师：是的。单位领导必须要重视。同时组织者事先要做好岗位梳理和分类，这样参与正式评价的岗位少，评委时间占用也会少点。

马清波：正式评价的岗位顺序怎么确定？

卢老师：一般顺序是先将“管理者岗位”进行评价，比如中层岗位、基层岗位。再评价员工岗位。员工岗位按照部门来，部门顺序可以按照前、中、后台的顺序。

马清波：正式评价流程怎么执行呢？谁来主持？

卢老师：正式评价的现场主持人通常是请咨询公司顾问老师担任。没有请咨询公司的，一般是人力资源部主持。正式流程：首先是主持人介绍要评价的一个或一组岗位，投影岗位说明书或发放纸面材料；评委可以提出对岗位的疑问，评委中相关部门做出回答；然后评委按因素定义表进行评价。

马清波

具体到部门的岗位评价时，可以由部门负责人介绍部门的岗位情况吗？毕竟他们更熟悉。

卢老师

完全可以。现实中我们也是这样干的。部门负责人可以准备一个PPT，介绍部门岗位设置，本次参与正式评价的岗位，展示岗位说明书、介绍岗位工作特点，回答大家对于岗位的疑惑。

冯莉莉

如果部门负责人在介绍岗位时有拉票嫌疑，比如强调自己部门某某岗位很重要等。怎么办？

卢老师

现实中很难避免，这个就需要第三方主持人来进行控场了。我们咨询公司作为主持人，通常强调部门负责人要陈述客观事实，不要做主观引导，相信评委的专业判断。如果太过的，我们就要请下去了哈！

冯莉莉

所以，正式岗位评价还是你们第三方来组织比较好！卢老师，我有一个问题，评委在进行岗位评价时，会时不时地想到这个岗位是谁在干，而现在岗位的人干得好与不好，会影响到岗位价值的结果，这个问题该怎么解决呢？

卢老师

没错，这个问题在岗位评价时很突出。所以我们作为现场主持人，要反复像和尚念经一样，提醒评委：我们评的是岗位的价值，不要去关注这个岗位是谁在做。

冯莉莉

嗯，岗位评价是对事不对人的。

评委打分数据怎么处理？

马清波

卢老师，我有一个问题：岗位评价的评委在进行评分时，有些评委在对自己岗位或本部门员工岗位进行评价时，有可能会打高分，这种情况怎么处理呢？

冯莉莉：马经理，其实相反情况也有。有些评委对某些岗位有个人偏见，也有可能会打超低分的情况。

卢老师：是的，这两种情况都可能发生！一方面，我们选择评委时要选择有大局观和使命感的评委；另一方面，培训时还是要给评委强调要依据因素定义分级表来评价，不能随心所欲。

冯莉莉：其实我们单位的干部都有任期，也要轮岗的。你今天给自己部门打高分、给B部门的岗位打低分，没准哪一天你调到B部门了！

马清波：哈哈！替别人做了嫁衣！

卢老师：嗯，为了避免这些问题，评委评价的数据我们是需要做些处理的。我们通常要去掉每个因素评委评价的最高分和最低分，以规避异常分的问题。

赵青松：嗯，这样比较合理。电视上一些综艺选秀节目，好像也是用这种方法来处理的。那去掉最高分和最低分之后的分数就是该岗位的最终得分吗？

卢老师：那还不是的，我们需要对评价分数做两级偏差验证才能确认分数的有效性。

马清波：两级偏差？这好像是统计学的概念？

卢老师：没错！我们先来看下第一级偏差：总分偏差。请大家看下投影附图。

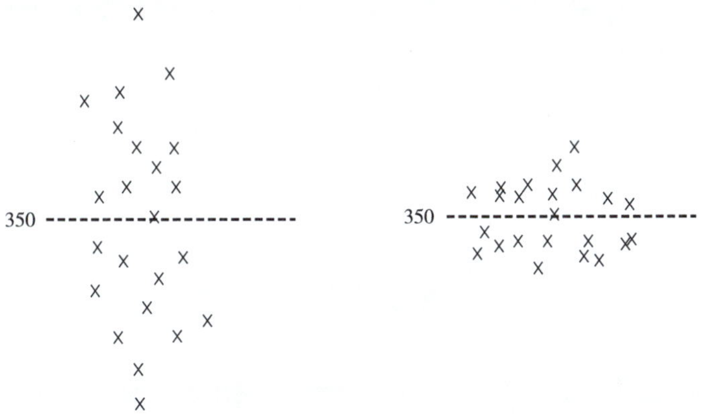

卢老师：左边是某一岗位评委打分的散点分布，去掉最高分和最低分后的平均分是350分；右边是另外一个岗位评委打分的散点分布，去掉最高分和最低分后的平均分也是350，大家看下左右两组数据，哪组数据质量更好呢？

（大家异口同声说右边好！）

马清波：是啊！比如左边两个评委，一个打500分，一个打200分，平均分是350分；右边两个评委，一个打360分，一个打340分，平均分也是350分。左边显然是“被平均”的结果，右边数据说明评委意见更收敛。

卢老师：是的。岗位评价时我们不能只看平均分，还有看原始数据质量如何。为了达到右边数据收敛的效果，我们需要统计评委打分的“离散度”，按照统计学的说法，就是要计算数据的相对标准偏差。

马清波：这个之前在学校学过，好久不用了，好像是挺复杂的一个公式？

卢老师：是的。公式不难，大家网上搜索一下。先计算标准偏差，再用标准偏差除以平均分，就是相对标准偏差，一般是一个百分率。

马清波：那什么样的相对标准偏差才认为评委的数据是有效的呢？

卢老师：问得好！心理测量学有一个韦伯定律，说的就是人们对差异的敏感程度。在人力资源管理中，经常用到的韦伯常数是15%。如果评委打分的相对标准偏差小于15%（有些单位会放大到20%），我们认为评委意见一致性较高，岗位评价结果数据是可以采信的；如果高于15%，那说明评委意见分歧较大，需要重新组织评价。

马清波：嗯，这个还是比较科学的，有一个相对量化的衡量标准进行取舍。那什么是二级偏差呢？

卢老师：刚才说的一级偏差是针对评委打的总分。二级偏差是针对每个评价因素的。因为岗位评价我们通常用因素计点法，假如我们有15个因素进行评价，我们需要计算每个因素中评委的相对标准偏差，通常阈值会放大到30%：如果超过阈值，说明评委对这个因素的理解分歧比较大，就要在下一组岗位评价前，对评委进行随堂培训。

马清波

我明白了。一级偏差是总分偏差，决定评价数据是否能用；二级偏差是因素偏差，决定了评委培训的要点。两者结合起来，评委打分时不至于偏离太大。

赵青松

看来岗位评价还是很科学的。我第一次接触岗位评价，还以为是随随便便找一组评委，找一把尺子，打完分平均一下就搞定了。看来岗位评价还是有很多讲究的。

卢老师

那是必须的。岗位评价有四个要点要做好：第一，评委是经过组织精心挑选的；第二，评委打分的尺子要针对本组织进行调校；第三，评委要经过培训；第四，评委打分要收敛。具备这四个条件，岗位评价结果出来去报批和应用时，就会有共识、后期阻力也会少很多。

赵青松

嗯，很有道理！

岗位评价有信息化工具支持吗？

马清波

卢老师，岗位评价工作量不少，还要对评价数据进行两级偏差分析，如果线下做，工作量很大呀，是否有岗位评价的信息化系统呢？

冯莉莉

是啊。我们银行之前做过一次岗位价值评价，评委是线下纸质打分，我们人力资源部专门安排一组人录入数据，另一组人复核数据，然后再通过EXCEL模板统计数据，工作量大不说，还容易出错。要是有信息化系统，可以减少不少工作量呀！

卢老师

是的。之前我们公司参与的岗位价值评价项目也都是线下的，工作量很大，更关键是计算两级偏差时要等数据录入完才能出来结果，不能起到及时纠偏的作用。我们的IT团队研发了一套岗位价值评价系统JESS，用了很多年，非常好用。

赵青松

那太好啦！请问一下卢老师，你们这个系统需要单独安装软件吗？支持评委手机来评价吗？我们医院如果组织岗位评价，不一定有这么多的笔记本电脑，我们台式机很多。

卢老师

JESS系统是一个公有云服务，不需要安装软件。只要能连互联网，后台配置好项目管理账号就可以使用。同时系统支持PC、IPAD和手机多种接入模式，可以根据终端属性自动切换页面样式。

马清波

这个系统可以支持导入岗位目录吗？我们公司岗位数量很多。一个个录入很费时间。

卢老师

完全支持！不仅支持批量导入岗位清单，还可以批量导入岗位说明书，这样评委评价时，可以方便评委查阅岗位说明书。

冯莉莉

这可太好啦。之前我们做岗位评价时，要将岗位说明书事先打印好给到评委，密密麻麻，工作量大也不环保。这样省了不少事情。卢老师，我咨询一下，评委打分时应该是实名的吧？我们以前线下评价时都要求评委在评价表上签名，有些评委意愿度还不是很高。

卢老师

我们系统给每个评委设置一个随机账号和密码，现场组织者可以随机发给评委，也可以发给指定评委。这取决于各单位的做法。我们通常建议采取后者、实名制方式，每个人还是需要对自己打的分负责任。当然，评委相互之间都是背靠背的，每个评委并不知道别人的评价结果。

赵青松

嗯，这个好！你们这个系统需要我们事先设置好岗位评价因素表吗？

卢老师

是的。就像我们前面建议，岗位评价我还是建议每个单位要自己定制评价因素表，这样更合理。当然，为了减轻大家工作量，我们系统提供因素库模板和行业模板。比如我们有医院模板，贵医院如果要启动岗位价值评价，可以在医院模板中修改，这样效率会很高！

马清波

太好啦！这个系统支持核算两级偏差吧？

卢老师

必须的。评委通过我们系统进行评价后，我们可以很容易知道哪些评委评价完成，哪些还没有评价完，可以进行定向跟催。同时评委打分过程，系统会实时计算已提交评委的两级偏差，一旦超过阈值，系统会以红色数字予以报警提示。

马清波

嗯，这样效率确实比线下高多了。如果是超出了一级偏差，这次评价就无效了，要重新评价是吧？

卢老师

是的。我们系统有一个比较有意思的“重评价”功能：这个功能也不要求评委对每个因素重新打分，我们系统会将评价因素中评委分歧比较大的因素用红色标识出来，这样评委可以重点关注分歧大的因素。

马清波

嗯，这个功能比较实用，有助于减少岗位评价时评委的分歧，可以更好地收敛结果。

冯莉莉

这套岗位价值评价信息化系统很好，可以减少工作量，提高效率，更关键是这样设计很科学。我们银行今年也有计划要做新的岗位价值评价工作，届时可以用一下这个工具。

卢老师

好啊，欢迎大家来使用！

（辅导会中场休息……）

【读书笔记】

- 岗位评价评的是相对价值，不是绝对价值。岗位评价是多因素比较，不是单因素比较。
- 岗位评价的方法：两两比较法、分类排序法、因素计点法。
- 因素计点法四个步骤：工作分析、评价准备、正式评价和数据处理。
- 岗位和职位的差别：职位＝基准岗位＋职务/职级。
- 参与正式评价的岗位筛选原则：第一，管理副职通常不参与评价；第二，同一个基准岗位不同职级，通常取中间档或者取一头一尾的职位进行评价；第三，岗位特别多的单位先在部门内部做岗位预评价，选出各类别典型岗位参与正式评价。

- 条线管理和分配分开的单位可以分组团评价，评委就是条线相关领导。如要拉通不同组团数据需要做一次超级评价：每个组团选择典型岗位再评价后，跟原数据做拟合。超级评价的评委是更高级别的评委。
- 岗位评价的因素要根据不同行业、不同单位做调校。
- 岗位评价评委选择10~30人，以中高层领导为主。可以有第三方评委。评委要有代表性和大局观。
- 评委打分要去掉最高分和最低分。评委分数要统计两级相对偏差：总分偏差和因素偏差。
- 外来和尚好念经：有些不好说的话请咨询公司来说；有些不好做的事请咨询公司来做！

2.3 岗位价值评价的结果怎么用?

故事导入

稍事休息后，辅导会继续进行……

经过卢老师的辅导，大家发现岗位价值评价并不是想象的那么难，评价过程还是很有章法的。大家现在更关心的是岗位价值结果怎么应用到工作中。

岗位评价的结果是用绝对分还是相对分?

马清波：卢老师，请问一下，岗位评价原始数据出来后，该怎么处理？是用绝对值还是相对值？

卢老师：按照我们前面介绍的因素计点法，假如某个单位所有评价因素总分是1000分，其中A和B两个岗位评价结果分别是600分和350分。这时绝对分是没有意义的，我们要计算相对系数。

冯莉莉：嗯，这是对的。前面卢老师说过，岗位评价评的是相对值，而不是绝对值。那怎么转换成相对值呢？

卢老师：最简单的方法，将所有岗位的评价结果除以一个固定数字，比如50，这样A岗位价值系数是600/50=12.0，B岗位价值系数是350/50=7.0。

冯莉莉：懂了。我们银行有行员等级系数，严格意义上讲，行员等级系数和岗位系数逻辑上应该是一致的吧？

卢老师：没错！如果你们银行采用的薪酬设计理念是“以岗定级、以级定薪”，那么行员等级系数就应该以岗位价值评价结果作为重要依据，当然还有别的考量。

赵青松：我们医院员工的工资和奖金是两套规则。这个转换后的岗位价值系数主要是用在奖金的计算吧？

卢老师：本来岗位价值系数应该是影响全薪的。但是我们一些体制内的客户，类似你们医院、事业单位、国企等，会普遍采用固浮分离（也称为岗绩分离）的策略。按照这个分离逻辑，岗位评价出来的结果可以只对奖金或绩效工资产生影响。

赵青松：我明白了。我们目前的做法是医院给科室核算奖金包，然后科室内部二次分配给员工。那岗位价值系数就是二次分配的依据？

卢老师：是的。如果采取目标薪酬模型做二次分配，除了岗位价值系数外，还有每个人每个月的考核系数。

马清波：这个考核系数就是去年您在我们公司辅导一人一表的考核得分转换的系数吧？

卢老师：没错！

赵青松：我明白了，岗位、绩效、薪酬三个模块要合理联动。

岗位评价结果是一岗一系数还是一类一系数？

冯莉莉：卢老师，我有一个具体问题，我们银行岗位很多，假如有200个岗位参加岗位价值评价，是否最后每个岗位一个系数？

卢老师：冯总这个问题很好！这里有两种处理方法：一种是一岗一系数；另一种是一类一系数。前者就是按照岗位价值评价的原始数据换算对应系数；后者是根据岗位价值评价结果进行归类，然后取这类别岗位的平均系数。前者一般适用于规模小、岗位少的单位；后者一般适用于大单位。

马清波：我记得卢老师前面说过，在一些大单位、岗位多的，也不是所有岗位都参与岗位评价，在岗位评价前也会进行岗位分组分类。岗位评价后还需要分类吗？

卢老师

那就没有必要了。如果前后都进行分类，岗位类别颗粒度会比较大、区分性就不足。所以我们在大单位进行岗位价值评价的项目时，一般策略是：前分组后规整。

马清波

什么是规整？

卢老师

所谓规整，就是将岗位价值评价后的数据进行类似“四舍五入”处理。比如A、B两个岗位评价后转换的相对系数分别是3.11和3.13，我们一般建议这两个岗位规整到3.1系数。

冯莉莉

嗯，这种做法是合理的！我们银行之前做过岗位价值评价，采取一岗一系数，人力资源管理工作量较大，这还是其次，更重要的是有些员工会相互攀比：我们两个岗位内容差不多，为什么他岗位系数比我高0.01 ？我感觉这是人为制造了“内部矛盾”。如果采取规整策略，在尊重岗位价值评价结果的情况下，体现了一定的和谐性！

马清波

是的，这也体现了卢老师之前在我们公司辅导绩效管理时提的中国式绩效管理“和而不同”的思想。

赵青松

卢老师，今天您谈到的岗位价值评价对我启发很大，也很有冲击。可是毕竟我们医院属于事业单位，我还是有顾虑的，担心大家对岗位价值的接受度，毕竟我们习惯了传统上以职务、职称定薪的逻辑。所以我有一个不成熟的想法请教一下：是否在岗位价值评价结果出来后，再做分类？而且分类可以粗一点？

卢老师

完全可以。我一直提倡的理念是薪酬改革要循序渐进，拐大弯、别拐急弯。拐急弯会翻车的，反而推不下去。拐大弯，虽然路远点，但是能更平稳到达目的地。因此在一些体制类单位做岗位价值评价，我们主张先评价出原始数据，让大家知道岗位是有价值差异的。实际执行中，我们将一些差别不是很大的岗位价值再规整到一个系数上，变成一个类别。

赵青松

能具体说明一下吗？

卢老师

好的。我们曾经在一个事业单位做岗位价值评价项目，本部15个职能部门主任的岗位，评出来有15个系数，我们最后在实际应用中，将这15个中层岗位规整成4类：每一个类别对应一个系数。

赵青松

理解啦！这方法在我们医院也可行。既体现岗位价值的差别，又能保持和谐性，符合国家提倡的“稳中求进”的思想！

卢老师

没错。岗位价值数据后期应用地越精准细致，对前期岗位梳理的完备性、岗位评价的严谨性、岗位的稳定性都会提出很大的挑战，所以对岗位评价结果进行后期归类或规整处理是必要的。

赵青松

确实如此！

岗位评价的结果还可以进行调校吗？

马清波

卢老师，我有一个问题，如果岗位价值评价的结果和我们预期有较大差距，这个数据还可以调校吗？

卢老师

这要分三种情况看：第一种是趋势不对；第二种是趋势对，但数据存在整体偏移；第三种是趋势对、数据没有整体偏移，但是个别岗位数据有问题。

马清波

第一种“趋势不对”，这是什么情况呢？

卢老师

其实岗位评价前，单位领导、人力资源部以及第三方参与的咨询公司都会有一个大致的岗位价值数据分布预期，如果实际岗位评价的结果与这个预期趋势是反向或者趋势特征不明显，那就是说明这次岗位评价结果是有问题的，这就不是数据调校的问题啦！

冯莉莉

如果出现这样的局面，说明这次岗位评价数据整体就不能用，岗位评价就是失败的。

马清波

那还挺打击人的！辛辛苦苦准备了这么久，动用这么多人力、物力，结果泡汤了。

卢老师

是的。所以说岗位评价前期的组织策划是很重要的。当然大家也不要过于担心，将前面说的几个关键节点—评委选择、评委培训、因素表调校、数据收敛等做到位，同时找到实操经验丰富的咨询机构来支撑，这种情况是完全可以避免的。

马清波

确实如此。那第二种情况：数据趋势对、但是数据整体偏移是什么情况呢？

卢老师

这种情况又分成两种类型：整体偏高和整体偏低。整体偏高一般是指岗位评价数据趋势合理，但是比现状或预期整体都偏高；整体偏低正好相反。

马清波

这是什么原因引发的，有什么具体案例吗？

卢老师

好的，我分享一家三甲医院某科室的案例。这家医院有一个知名科室规模很大，员工有近400人，岗位有管理岗位（科主任、副主任、科护士长等）、医疗（不同专业的主诊医生、副主诊医生、住院医生）、护理（不同护理单元护士长、责任护士）、医技、科研、秘书等岗位。按前面所述流程组织完岗位价值评价后，形成了岗位价值曲线，从趋势上看还是比较合理的，但是出现整体偏高的情况：岗位价值最高的“科室主任”和最低的“门诊导诊护士”差了近5倍，而现实中奖金差距只有两倍。这就是趋势合理、整体偏高的现象。科主任很纠结：如果拉出5倍差距，担心应用起来会有难度。

冯莉莉

我认为这不是岗位价值评价的问题吧。这是现状有问题，一个著名科室主任，往往也都是大咖级专家，与普通岗位差了两倍，完全没有体现价值差异。这才是我们要做岗位价值评价的意义所在呀！

赵青松

卢老师说医院的案例，太亲切啦。不瞒大家说，这个问题在我们医院也经常发生。因为我们是事业单位，以前习惯于按职称定薪，不是按岗位定薪，所以引入岗位价值评价确实有必要。但是我也理解他们为什么纠结原因，将2倍差距拉大到5倍，这可要考验科室主任的智慧了。你们后来是怎么处理的呢？

卢老师

这里有两个策略。一个是薪酬增量改革，后续我会说到这个策略；另一个是数据整体压缩或扩大。这个科室岗位评价的趋势是合理的，但高低差异是5倍，现实高低差异是两倍。最后科室几位领导合议选择的高低差异是3倍，我们就需要设置转换公式进行压缩。如投影附图所示。

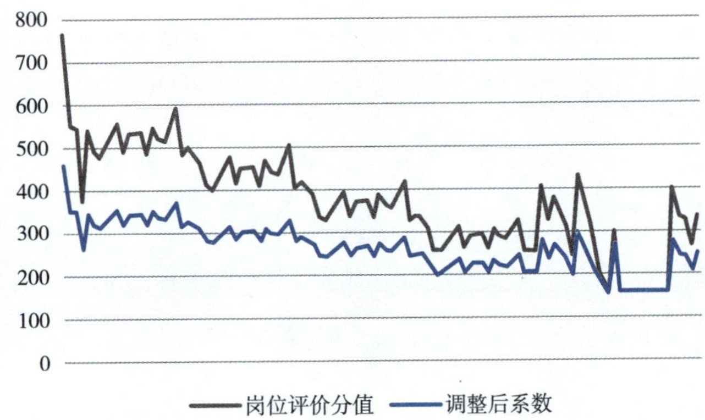

赵青松

我明白了，这种数据压缩策略既尊重岗位价值原有趋势关系，又兼顾单位的现状，是一个很好落地的方法，充分体现了前面辅导中说的"稳中求进""和而不同"的管理思想！

冯莉莉

非常好！

马清波

卢老师，如果出现相反情况：岗位价值评价的结果差距没有预期那么大，但是趋势也是合理的，是否要做反向数据扩充？

卢老师

这种情况也出现过，相对于要压缩的情况较少。这种情形往往是因为评委培训和尺子调校不到位造成的，评委在评价时偏"和谐"了。解决这个问题，需要设置公式做数据扩充。其实我们咨询公司在实际操作数据压缩或扩充时，是用同一个数据模板，调整其中的参数就可以压缩或扩充啦。如果你们有兴趣，我可以将数据处理模板发给大家。

马清波

太好了！我也认真学习一下。

冯莉莉

卢老师，前面介绍了岗位价值评价结果是否需要调校的两种处理方法，那第三种情况——趋势对、也没有整体偏移、但是个别岗位数据有问题，该怎么处理呢？

好的，其实冯总说的第三种情况才是现实当中最多见的。通常我们建议单位的高层领导对于个别岗位的价值数据进行合议调整。比如通过总经理（行长/院长）办公会、薪酬委员会专项会议等场合来决策。一般是人力资源部做一个岗位价值评价结果的专题汇报，单位领导来合议决策，包括需要调整的岗位。 卢老师

冯莉莉 嗯，我们银行之前也是这样执行的。有一个具体问题：领导们在决策调整数据时有什么原则可参考吗？

我们通常建议用“两个15%”的原则：要调整的岗位总数不要超过总岗位数的15%；某一岗位数据调整的幅度不超过评价数据的±15%。 卢老师

马清波 这“两个15%”的原理好像跟前面说的“韦伯定律”是一个思想？

没错！即便是管理层在调整数据时，通常也是在岗位评价的基础上调整，要尊重原有的评价流程和结果。 卢老师

冯莉莉 我完全赞同这个思想！所以岗位评价的关键还是前面的组织工作要做好，包括卢老师重点提示的四个方面：评委选择、因素调校、评委培训和数据收敛。这四个关键动作做好了，岗位价值的科学性就保障了，剩下的艺术性交给领导来把握！

马清波 哈哈，冯总总结得很精辟！职能部门负责管理的科学性、领导负责管理的艺术性。

岗位评价结果如何应用在宽带薪酬设计中？

马清波 卢老师，我有一个问题，岗位价值出来了，是否这个岗位员工的薪酬永远只有这一个系数呢？而只有换岗位时才易岗易薪？

不是这样的。其实岗位价值出来后，大部分单位在设计薪酬体系时都会采取“宽带薪酬体系”。 卢老师

冯莉莉 是的，我们银行就是采取宽带薪酬体系。一个岗位并不是对应一个薪

酬点位，而是一个薪酬宽带。

卢老师：没错！宽带薪酬是现在比较流行的设计思路，也是合理的。如果一个岗位永远只有一个薪酬点位，今年干、明年干没有任何的薪酬增长空间，人是无法得到充分激励的。人往高处走，如果想要更高的薪酬，必须更换岗位，这对组织也不利。

马清波：确实如此，我们要鼓励员工“干一行、爱一行、专一行”，员工频繁换岗，不利于员工经验与技能的沉淀。

冯莉莉：宽带薪酬对于员工招聘也是有好处的。比如一个岗位采用宽带薪酬，外招或内招时，没有经验的新员工可以从宽带低点开始，有经验的员工可以从宽带的中点开始。这样各得其所、相对也公平！

赵青松：宽带薪酬这个概念很新颖！这个宽带薪酬的带宽究竟应该多宽呢？应该不是没有限制的吧？

卢老师：那是必须的。我们有些单位的薪酬带宽“从地到天”，那辛辛苦苦评出的岗位价值也就失去意义啦。

马清波：实话讲，我们公司现在就有这样的问题。那薪酬带宽什么范围是合理的呢？

卢老师：这要区分具体情况啦，一般而言，如果单位的员工职业通道采用的是“双通道”方式，“管理通道”岗位的薪酬带宽会比较窄，如3级宽带；专业通道岗位的薪酬带宽会比较宽，可能是5级或7级宽带。

冯莉莉：嗯，我们银行目前也是执行这么一套薪酬宽带策略。比如我们总行的公司业务部总经理，薪酬宽带是19~21级；我是人力资源部总经理，薪酬宽带是17~19级。而我们的员工岗位，比如客户经理，又分成好几个等级：一星级、二星级……五星级，宽带从5~19级。

马清波：冯总，你们五星级客户经理可以达到总行部门老总的薪酬区间呀？

冯莉莉：是的。我们行领导一直强调一个观点，薪酬要跟价值创造匹配。我们有些负责战略客户的客户经理，对组织价值贡献很大，他们的薪酬跟他们支行行长都是平齐的。当然这样的人很少，也有量化的评估标准和动态升降规则。

马清波

你们银行的市场化程度很高呀！

赵青松

其实我们医院里，一些医疗大咖和学科带头人收入也比我们院长高很多。我们还是很尊重知识的。只是我们没有建立起一套动态评估体系，这是需要改进的。

卢老师

冯总介绍的薪酬宽带策略是比较合理的做法，薪酬宽带首先要体现岗位价值，比如公司业务部总经理比人力资源部总经理薪酬宽带整体要高，这是岗位价值评价的结果。其次，薪酬宽带要体现该岗位具体人的经验与技能。比如一个有经验的人力资源部总经理的实际薪酬可能不比新任的公司业务部总经理低。

马清波

嗯，这个观点我特别认同。岗位的薪酬宽带低不代表具体人的薪酬会低！

卢老师

是的。再次，薪酬宽带可以给任职者有上升的空间和动力。尤其是对于员工岗位，要给员工看到广阔的空间，当然要有一套好操作的评审标准和升降规则。最后，薪酬宽带可以实现“先岗后人”的薪酬套改策略：根据岗位找到薪酬宽带，再根据具体人的经验和技能找到具体薪级和薪档。

赵青松

这个“先岗后人”理念非常好！我们现在是“先人后岗”：薪酬跟人的职务、职称、资历有关，跟岗位的关联度不大，这是有问题的。

卢老师

没错！所以岗位价值评价结果出来后，一个重要的应用就是薪酬宽带设计。

马清波

那岗位价值怎么设计薪酬宽带呢？

卢老师

哦，这是我们咨询公司经常要做的流程，大致是这样：先评估岗位价值，换算系数；设计薪级薪档系数表，比如薪级从低到高1~23级，每级五档ABCDE等，对应一定规律的等比或等差系数；然后根据岗位价值系数匹配薪档系数，画出岗位价值地图，找到具体点位，比如5级C档；再以此为价值中点拉出该岗位薪酬宽带，三级宽带4~6级，五级宽带3~7级等。

马清波：大致明白了，这个过程还得请专业公司来参与具体设计和测算。

卢老师：是的。专业的人做专业的事情嘛！

岗位价值评价结果和外部薪酬对标有冲突怎么办？

冯莉莉：卢老师，我有一个具体问题：我们之前在做薪酬项目时，除了岗位价值评价，还要找专业数据调查公司做了行业薪酬对标。那这样一个岗位就有两个薪酬数据：岗位价值对应的薪酬和外部对标的薪酬，究竟以哪个为准呢？

卢老师：冯总这个问题非常好、很专业！薪酬设计中我们有两个核心设计原理：对外要有竞争性、对内要有公平性。岗位价值评价主要体现内部的公平性，而薪酬对标主要体现外部的竞争性。通常在薪酬设计中，要统筹两者的关系。请大家看下投影附图。

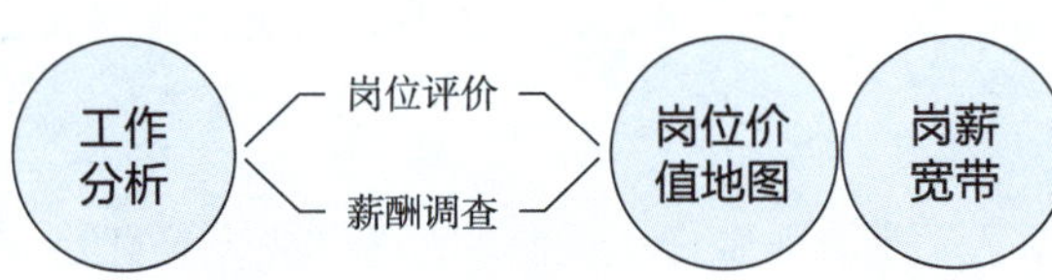

马清波：卢老师前面介绍了薪酬宽带设计流程，也就是说岗位价值地图需要综合考虑岗位价值评价和薪酬调查结果？我提一个想法，是否可以将岗位价值系数和薪酬调查系数加权处理呢？

卢老师：冯经理说的是对的，现实中我们还真是这样处理的！通常我们以岗位价值系数为基准，薪酬调查数据作为参考，如果要加权，可能也是82开或73开。大家知道为什么要这样处理吗？

马清波

我同意这个思路，前面我们也讨论过这个问题，内部的公平性比外部的竞争性对组织的杀伤力更大。

赵青松

薪酬毕竟是在内部使用的，又不宜对外去公开。岗位价值既然已经反映了内部评委的主流意见，推翻是不合理的，就没有群众基础了，所以应该以内部为主、外部作为参考。

冯莉莉

我再补充一个现实问题：外部数据的可靠性。我们之前做薪酬调查，找了几个渠道对比，发现不同渠道数据差别很大。有时我们也是无所适从，不知道这些数据能不能用？

卢老师

没错！冯总讲的也是实际情况。薪酬调查数据的可靠性取决薪酬样本的广度和数据来源的可靠性，不同渠道数据确实差距会很大。而且薪酬报告提供的并不是某一个岗位的具体薪酬点，而是一个薪酬范围。总体来讲，这个范围还是具有一定的参考性的。所以我们在现实的薪酬设计中，主要以岗位价值系数作为主基调，但是会参考外部薪酬数据。

马清波

那该怎么将两者数据结合起来？

卢老师

具体流程是这样的：①组织先确定薪酬策略的分位值：50分位值（行业平均水平）、75分位值（行业前75%）或90分位值（行业前90%）。②根据分位值找到外部薪酬数据中对应岗位的具体薪酬点位。③将岗位价值点位和外部调查薪酬点位进行加权，一般82、73、64组合，得到新的岗位薪酬点位。④再走报批流程。

马清波

我明白了，这种做法还是以岗位价值为基础，外部薪酬调查数据作为修正。

卢老师

是的。

（辅导会继续进行……）

【读书笔记】

- 岗位评价结果是相对系数，不是绝对系数。结果可以是一岗一系数，也可以是一类一系数。
- 岗位评价结果的调校方法：

  ✓岗位评价趋势不对，重新做岗位评价。

  ✓趋势对、数据整体偏离，可以采取伸缩或扩大方法。

  ✓趋势对、数据没有偏离，个别数据有问题：调校不超过“两个15%”。
- 职能部门负责管理的科学性，领导负责管理的艺术性！
- 宽带薪酬设计流程：工作分析—岗位价值评价和薪酬对标—设计岗位价值地图—薪酬宽带。
- 宽带薪酬有利于员工干一行专一行。宽带薪酬和“双通道”结合，有利于拓展员工发展空间。
- 岗位价值评价结果和薪酬对标数据采取82、73或64加权。

2.4 人岗如何套改?

故事导入

岗位价值结果出来之后怎么用，大家经过讨论形成了一定的共识，但是岗位价值的结果怎么跟现在的员工挂钩，这才是难题的开始。

岗位价值结果出来如何跟人挂钩?

冯莉莉：卢老师，岗位价值结果出来了，怎么做人岗套改呢？我感觉这才是难点呀！

卢老师：冯总这个问题很好！其实，按照我前面说的岗位评价流程，如果都做到位了，岗位评价并不难，难在如何将岗位评价的结果和现在的员工一一对应起来。

马清波：嗯，这确实是难点！毕竟岗位价值影响员工的薪酬，这是很敏感的。人岗套改有什么好的策略呢？

卢老师：这要分两种情形：新入岗套级和原岗套级。新入岗套级是指某岗位通过外部招聘、内部调动或竞聘方式选聘新人定薪级的流程。原岗套级是指原来岗位的员工如何套入新的薪级的流程。

马清波：我明白了，新入岗套级是“老岗+新人”，原岗套级是“老岗+老人”？

卢老师：没错。总结到位！

冯莉莉：我们银行领导改革决心很大，最希望人岗套改方案是“全部起立、再坐下”，搞“双选”。如果这样，那就是新入岗套级啦。

赵青松 什么是“双选”？

冯莉莉 管理者选员工，员工选管理者。双向选择的简称！

赵青松 冯总，你们领导魄力是真大！我们单位肯定不敢干这事。所以我们要搞，肯定是老岗、老人的方案啦！

马清波 我们公司的方法要折中一些。我们是将高价值岗位拿出来竞聘，其余岗位还基本是老人，所以我们需要两种套改策略。

卢老师 根据我们的辅导经验，即便是双选，大部分员工还是套入原来的岗位。所以冯总你们银行这两种套改情况都要考虑。

冯莉莉 嗯，卢老师非常有经验，一语中的！具体来说，如何进行套改呢？

卢老师 套改的基本原则是“先岗后人”：先根据岗位找到岗薪宽带，再根据人的具体情况确定具体的薪级和薪档。

冯莉莉 卢老师，“先岗后人”这个原则很好，问题是岗薪是一个宽带，具体到某一个员工，究竟是套入薪酬宽带的低点、中点还是高点呢？这个问题我们内部讨论过很多次，发现有点挠头呀！

卢老师 这还要看我们单位薪酬改革的策略是“求稳”还是“求进”。

薪酬套改求稳的三种策略如何操作？

冯莉莉 “稳”怎么说？“进”怎么讲？

卢老师 我们先说下“求稳”的策略。简单地说，人岗套改时，不低于该员工原来的薪酬。具体来讲，有三种套改形式：高岗低套、低岗高套、中岗就近。

冯莉莉 有点意思，能否具体说明下？

卢老师 好，请大家看下投影附图。假如某一个岗位通过岗位价值评价后，岗薪宽带是4000元到6000元间。现在这个岗位有三个员工ABC，实际薪酬分别是7000元、5000元、3000元？如何将这三个员工套入新的岗薪宽带呢？先问下大家，谁最欢迎这次变革？

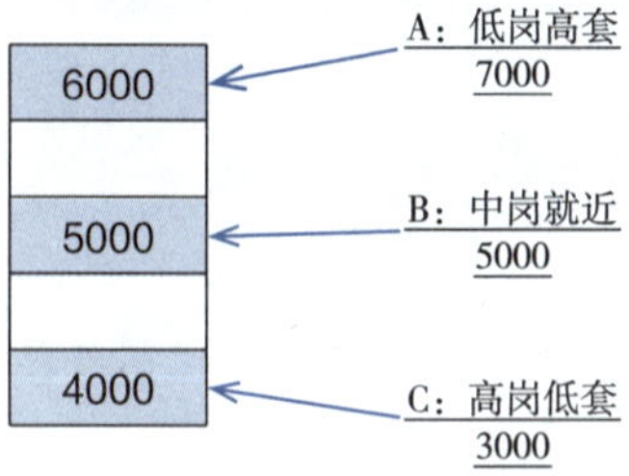

赵青松

那肯定是C员工呀。C员工现在薪酬是3000元，而这个岗位薪酬宽带最低都是4000元，对于C员工来讲，这种套改意味着加薪。

卢老师

是的。这时对C员工采取的套改策略就是“高岗低套”：岗位价值高了，薪酬套在宽带的低点，所以就是4000元。

赵青松

为什么C员工不套到5000元或6000元呢？

冯莉莉

C员工套到4000元，加薪1000元，如果套到5000元或6000元，那就要加薪2000元或3000元。组织的改革成本过高呀！

马清波

这里还有一个问题，如果高套了，C员工以后的加薪空间就会受限制，遇到天花板了。

卢老师

嗯，冯总和马经理说的是对的。人岗套改时要考虑套改成本和以后的激励空间问题。

马清波

卢老师，这个案例中B员工采取“中岗就近”的策略，原来是5000元就直接套在5000元这一薪档吗？如果岗薪宽带没有5000元这一薪档，但是有4900元和5100元薪档，应该套哪一档？

卢老师

我大部分客户这时都会选择“就近、就高”原则，也就是套在5100元这档。

马清波

也对，我们单位以前也是这样操作的，薪酬尽量不要让员工感觉利益受损，员工往往都是就高不就低的。

赵青松

冯经理说得对。我想这里套改最麻烦的应该是A员工吧？现在7000元，可是岗薪宽带最高才6000元，说明他占组织便宜了！

卢老师

没错！A员工我们采取的套改策略就是“低岗高套”：岗位价值低了，薪酬套在宽带的高点，所以就是6000元。

赵青松

那A员工就要降薪1000元？！这在我们体制类单位可是行不通的，搞不好有些员工来找领导“拼命”了！

冯莉莉

我们银行也是如此，我们以前改革中有些利益受损的员工，上访告状的不少。

卢老师

没错！对于国有的企事业单位，薪酬套改时我们是不主张硬降的，本案例中A类员工，我们在“低岗高套”策略上，通常还要加一个“保留工资”的策略：薪酬套改时还是套在6000元，但是工资条后面增加一个“保留工资”条目，数字是1000元。

赵青松

这样还是给A员工发6000+1000=7000元，那不是跟原来一样的吗？改革没有意义呀？

冯莉莉

赵主任，不是这样的！这7000元跟原来7000元数字一样，内涵可就不一样啦。原来给员工7000元，员工还觉得不够；现在还是给员工6000+1000元，但是告诉员工一个信号：你这个岗位最高值6000元，但是考虑历史沿革，这次套改保留了1000元，这样是降低员工的期望。

马清波

冯总非常有经验！我想“保留工资”的做法，是否还有一个好处是以后加薪的问题。套改之前加薪，A员工可能加得比别人还多；套改之后再加薪，得先把保留工资消化完，才有加薪的机会。

卢老师

没错，冯总和马经理的总结很到位。在薪酬套改时，直接硬降问题是很多的，所以还是需要有些“平稳”的处理方式。

怎样做差异化增量套改？

赵青松：各位，按照前述的套改策略，我们来算一下账哈。C员工套改加了1000元，B员工就近套改没有变，A员工本来应该降1000元，保留工资后实际上也没有降。那这三个人套改成功，组织付出了1000元的改革成本？

卢老师：赵主任不愧是财务科主任，账算得很对！所以我们一直强调薪酬改革要做增量改革，就是这个意思。但是这个增量不能普涨，不是每个人增加333元或增加相同的比例，我们提倡“差异化增量”改革！

赵青松：嗯，这个“差异化增量”提法很好，价值被低估的员工多增点、价值被高估的员工，也没有降。这以后在我们医院薪酬改革时是一个可以借鉴的思路。

冯莉莉：差异化增量思路确实很好，可是，我们银行属于充分市场化的行业，现在竞争压力更大了，增量也不是很多，卢老师，有什么好的建议吗？

卢老师：好的。先提一个具体建议。在薪酬套改时，人力资源部需要做一个比较精细的调薪人数分布范围的统计。我问大家一个问题：在上面图示案例中，我们通常会让ABC这三类人群哪一个占比数量最大？

冯莉莉：那肯定让B类人数占比最大呀。C类是要加薪的，人数占比不能大，本来增量就不多；A类是要降薪的，人数占比也不能大，不然改革风险大、改不下去啦。所以只能是让B类人数占比最大。

卢老师：没错！所以我们在薪酬套改时，建议人力资源部门在EXCEL表格中做一个公式模板，通过修改薪酬基数来换算岗薪宽带，然后计算ABC三类人群占比的比例和加薪总额度。通过修改这个基数，去寻找加薪总额度相对较低、同时B类人群占比数量最大的时候。

冯莉莉：我明白了，套改时需要这个公式模板去多次试算。

怎样降低薪酬套改的成本？

马清波

卢老师，还有别的办法来减少改革成本吗？

卢老师

可以尝试“小步快跑”和“逐年消化”的策略。比如上图案例中，C员工本来要加1000元的，可以分两年增加，一年加500元，这就属于“小步快跑”。

马清波

嗯，这是可行的，毕竟员工每年在增加收入，还是开心的。那A员工是要采取“逐年消化”策略？

卢老师

是的。逐年消化策略通常和“保留工资”策略一起使用。比如A员工，可以第一年保留1000元，第二年保留500，第三年不再保留啦。

冯莉莉

这个操作好！给员工有两年的过渡期，也降低了改革的成本。

卢老师

是的。当然这个方法后面还是有震动，组织需要事先做好评估。

马清波

卢老师，刚才说的都还是有增量的情况。那如果实在没有薪酬增量，还能做薪酬改革吗？

冯莉莉

是啊！我们很多单位，有薪酬增量、日子好过时，没有想过要做薪酬改革；往往是日子不好过了，没有增量才想到做薪酬改革，却又不好改了，还有什么好招吗？

卢老师

办法总还是有的，只是会比较痛苦，也需要多动点脑筋！后面我们专题辅导一次分配时，会讲到没有增量做改革的一些方法！

冯莉莉

好啊，非常期待！

套改时可以用积分套档吗？

马清波

卢老师，刚才说的人岗套改的三种策略总体都还是平稳的方法，员工的薪酬基本都没有降低，也遵照了以前的历史，承认了现状，同时也继承了一些不合理的内容。有没有办法跟过去说拜拜，用更合理的规则来进行套改呢？

卢老师

也是有的，我们一些客户会用到比较激进的方法来做人岗套改，通常会用到积分套档的办法。

马清波

积分套档？具体怎么操作呢？

卢老师

积分套档流程是这样：根据员工适配的岗位找到对应的薪酬宽带。再根据员工的入档积分确定薪酬宽带中具体的薪档位置。

马清波

还是要遵循“先岗后人”原则？

卢老师

嗯，这是必须的！

马清波

那这样套档下来，员工的薪酬和原来大概率就不一样啦，这个震动确实会比较大。不过相对也更合理些。

赵青松

是的，不过这个入档积分的规则就很重要了。入档积分包括哪些内容呢？

卢老师

一般入档积分包括考核积分、学历积分、岗位年限、学习积分等。

赵青松

我明白了，这有点类似我们医院评职称的积分。先制定好积分规则，再统计每个人的积分。问题是积分出来怎么对应薪酬宽带的档位，低档、中档还是高档？

卢老师

积分入档时通常不建议超过宽带上部50%或75%档位。因为套到高档，这个员工以后没有上升空间了，不利于后期的激励。

马清波

有道理！那积分套档具体怎么操作？

卢老师

请大家看下投影附表。假如某岗位的薪酬宽带5~7级共有15档：5a~5e、6a~6e、7a~7e，从宽带起点（5a）到宽带2/3位置（6e），一共有10档。我们制定积分入档规则，假如积分总分有100分。那么0~10分对应5a档，10~20分对应5b档，以此类推。我们在组织人岗套改时核算每个员工的入档积分，这样就可以找到该员工对应的档位。

岗薪宽带		积分入档
7级	7e	
	7d	
	7c	
	7b	
	7a	
6级	6e	90~100分
	6d	80~90分
	6c	70~80分
	6b	60~70分
	6a	50~60分
5级	5e	40~50分
	5d	30~40分
	5c	20~30分
	5b	10~20分
	5a	0~10分

积分规则	
考核积分	50分
学历积分	20分
岗位年限	20分
学习积分	10分
总积分	100分

马清波：嗯，这个还是非常合理和公平的。关键是积分入档规则怎么制定地更合理。

冯莉莉：没错！这个积分入档相当是做了一次“全部起立、再坐下”的过程。不过这样操作确实比较“激进”一些。我感觉我们领导就是希望这样的操作模式。

卢老师：是的。岗位价值评价其实不难，难点还是人岗套改。每个单位历史、文化不同、薪酬增量多少也不同，薪酬套改时是采取“求稳”的策略还是“求进”的策略，需要各单位领导和人力资源部好好评估一下，不能一概而论。

冯莉莉：严重赞同！

薪酬套改时，固定工资和绩效工资可以分开套吗？

赵青松：卢老师，我在思考一个问题，我们医院的工资和奖金是分离的。前面说的薪酬套改策略，我理解适合我们的工资部分套改，奖金部分也需要套改吧？这个奖金系数怎么确定呢？

冯莉莉

我们银行也是采取“固浮分离”的策略。基本工资采取宽带薪酬、先岗后人的策略都非常合理，但是绩效工资也采取宽带薪酬策略吗？如果不是，该怎样套改呢？

马清波

我们公司就没有这个困惑。我们科技型企业基本采取“全薪”套改方式。岗位价值宽带直接影响员工全部薪酬，然后按照不同层级会有一个固浮比，将岗位工资和绩效工资分开了。

赵青松

马经理，能具体说一下你们全薪套改的操作吗？

马清波

是这样的。比如某一个员工薪酬套改后月薪10000元，这个员工岗位固浮比是4：6，那这个员工每月岗位工资4000元，绩效工资就是6000元。

赵青松

我懂了，你们员工的固定工资和浮动工资都是用一样的宽带逻辑。我们有一些同行医院现在试点目标年薪制，也是这样操作的。比如某个医生目标年薪40万元，采取月度预发+年底清算模式，月度预发部分也按一定比例拆分成基本工资+月度奖金。但是我们大部分医院工资和奖金是分离的，而且员工奖金多少取决于医院给科室分多少奖金包。所以我们员工采用的是奖金系数，这个奖金系数以前是职称或职务系数，前面听下来，感觉这个岗位价值系数更合理，问题是奖金系数直接取岗位价值系数还是也搞一个宽带后再确定系数？

卢老师

大家的问题都非常好，这也是我们在给客户做咨询项目中，经常遇到的问题。岗位价值如何应用薪酬中，有几种常见情况：第一种，应用到全薪，然后按固浮比例切分；第二种，固定工资（或基本工资或岗位工资）用岗薪宽带，绩效工资用岗位价值评价单点系数；第三种，固定工资用大宽带、绩效工资用小宽带；第四种，固定工资用原来的职务或职称系数，绩效工资用岗位价值单点系数或小宽带。

马清波

我们公司就是第一种情况。

赵青松

我们医院大概率会采用第四种情况，也可能后面推动人事薪酬制度改革后，会逐步过渡到第二种或第三种情况。

冯莉莉

我们银行现在纠结是用第二种，还是第三种方式。我们有些领导建议用第二种方案，认为基本工资要综合体现员工的岗位和能力经验，但是绩效工资应该锁定岗位价值，不用搞宽带。但是我们人力资源部担心一些岗位人特别多，比如客户经理、柜员等，如果一个岗位用一个绩效系数好像也不合理？

卢老师

是的，如果岗位人比较多，我们通常建议按之前说的“职位”概念来处理。比如高级客户经理、客户经理属于同一个基准岗位，但是属于不同职位，岗位评价后我们可以给出每个职位的中点系数。这样基本工资用宽带，绩效工资用职位的单点系数。

冯莉莉

我明白了，这倒是一个不错的建议。谢谢卢老师！

卢老师

不客气！

薪酬套改后，如何动态调整？

马清波

卢老师，如果人岗薪酬套改完成后，后续员工薪酬怎么动态调整呢？

卢老师

好的，我先问下你们单位以前是怎么操作的？

马清波

我们公司在《薪酬管理办法》中，明确当年考核为A档的员工可以薪酬晋档，但是A档的比例毕竟比较少，所以有些考核B档员工老是没有晋档机会就有意见。后来我们一些部门管理者为了让一些员工有晋档机会，在部门内部考核时搞“轮流坐庄”，将要晋档的员工评为A档。

冯莉莉

呵呵，这种事情我们单位的管理者也没有少干。我们银行以前的晋档方式是优秀员工每年晋档，其他员工每两年也有晋档机会。以前我们银行效益好，薪酬增量还是可以支撑。现在行业竞争压力大、增量不多，每两年普涨的方式让薪酬增量压力很大，我们领导也希望要改变这种“靠年资普涨”的局面。所以也正想请教一下老师是否有高招？

卢老师

好的，这里我们推荐一个“积分调薪档”的方法：给每个员工创建一个“积分账户”，每年往账户上存积分，再用积分进行晋档。

冯莉莉　哈哈，像我们银行一样，先存钱、再取钱！这个积分规则是什么呢？跟之前说的积分入档规则类似吗？

类似，但更简单！套改入档的积分要考虑员工历史的很多问题，规则比较复杂。而我们积分调薪档积分简单很多，有些单位只有一个业绩积分。比如年度考核A档（优秀）积5分、B档（良好）积3分、C档（称职）积1分、D档（不称职）积-3分等。晋档规则是：满5分升一薪档、满-5分降一薪档。　卢老师

冯莉莉　这个设计挺合理的。优秀员工当年可以升档、不用熬日子。良好员工也有机会晋档，一些不是太优秀员工也可以晋档但时间会更长。而且还有降档机制，很好！

马清波　确实不错！这种积分算法是连续的，可以很好解决很多中间档员工的晋档问题。再请教一下，如果员工升档后，对应积分要清零吧？

是的。清零之后员工要重新开始积分，这样可以让员工不断去追求更好的业绩。　卢老师

马清波　哈哈，这是典型的游戏化设计思维，让员工不断地积分－消费－再积分－再消费！

赵青松　这个做法有点意思。我想请问一下卢老师，这个积分可以增加工龄或档龄积分吗？我们医院以前有工龄工资，属于到期普涨的，大家还是习惯于这种方式。

员工积分账户中可以加入工龄积分，但是分值一般比较低，比如一年积1分。同时升档要求往往也要提高。我们还是要突出业绩导向。　卢老师

马清波　顺便问一下，这个积分账户中可以加入荣誉积分或特殊贡献积分吗？

我不是太建议，因为这种积分随意性会比较大，无法穷尽，而且各个部门都想往里面加入积分，以后就不好管理啦！通常对于荣誉或特殊贡献建议单位一次性给予奖励的方式处理。　卢老师

冯莉莉　我同意这个观点，从领导专项基金中一次性奖励较好。因为员工升档

后会抬高后期整个薪酬成本，不如一事一议。

卢老师

是的。

马清波

各位朋友，今天的第二场辅导会到此结束啦，今天内容信息量很大，我们收获很多，回去我们再好好消化一下。下一场辅导会的时间是两周后的周六，下午2点开始。谢谢卢老师今天的精心辅导！下次见哈！

（第二场辅导会结束。）

【读书笔记】

- 人岗套改基本原则：先岗后人而不是先人后岗。先根据岗位找到岗薪宽带，再根据人的技能和经验确定具体的薪级和薪档。
- “求稳”的套改策略：不低于该员工原来的薪酬：
  - ✓高岗低套：小步快跑、逐年消化。
  - ✓低岗高套：保留工资、逐年消化。
  - ✓中岗就近：人数占比最大。
- 差异化增量：价值被低估的员工多增点、价值被高估的员工不降或少增。增量不能普涨。
- 激进套改策略：全部起立再坐下。积分套档，动态调档。
  - ✓入档积分：考核积分、学历积分、岗位年限、学习积分等。
  - ✓动态积分：每个人有积分账户，包括考核积分、档龄积分。
- 岗位价值应用到薪酬中，常见情况：
  - ✓第一种，应用到全薪，然后按固浮比切分。
  - ✓第二种，固定工资用大宽带，绩效工资用岗位价值评价单点系数。
  - ✓第三种，固定工资用大宽带、绩效工资用小宽带。
  - ✓第四种，固定工资用原来的职务或职称系数，绩效工资用岗位价值单点系数或小宽带。

第3讲

一次分配

3.1 什么是一次分配和二次分配?

一二次分配是什么关系?　什么是工效联动?　可以将一二次分配打通吗?　划小核算单元的小CEO是否要赋予分配权?　一次分配和专项奖是什么关系?　一次分配有哪些模型?

3.2 怎样用人员结构模型做一次分配?

人员结构模型的基本原理　人员结构模型的案例解析　一次分配中为什么要设计蓄水池?　怎样评估部门系数?　可以通过人员结构模型实现增人不增资减人不减资吗?　部门考核结果怎样应用到一次分配中?

3.3 怎样用效益量化模型做一次分配?

效益量化模型的基本原理　效益量化模型案例解析　医院收支差提成属于什么模型?　效益量化模型还可以用哪些量化指标?　怎样通过效益量化模型做人员编制管控?　效益量化模型是否会导致强者恒强、弱者恒弱?

3.4 怎样用混合模型做一次分配?

为什么要用混合模型做一次分配?　一次分配的混合模型怎么操作?　两个分配模型混合是否有叠加效应?　可以做乘法混合吗?　一次分配案例解析

3.5 工效联动为什么常用增量调节方法?

工效联动可以不动存量、动增量吗?　工效联动为什么要以上年工资总额作为基数?　固定工资也可以做工效联动吗?　做工效联动时需要对下属单位做分类管理吗?　经营型单位怎么做工效联动?　保障型单位怎么做工效联动?　综合型单位怎么做工效联动?

3.1 什么是一次分配和二次分配?

故事导入

两周之后，第三场辅导会如期召开……

糖人通讯人力资源部经理马清波主持了会议开场。

一二次分配是什么关系?

马清波：各位朋友好！欢迎大家再次光临糖人通讯！今天下午是我们薪酬分配的第三场专题辅导会。我们公司大客户部的李一飞经理出差中，委托我来主持今天下午的辅导会，首先请大家掌声欢迎人力资源管理的资深专家卢锐军老师！（掌声响起）

卢老师：马经理好，各位朋友好！很高兴再次见到大家。前两场辅导会后，很多朋友加我微信留言，说收获很大，我也很高兴。上两场辅导会我们辅导了分配的顶层设计逻辑和岗位价值评价的方法，本场辅导会我们重点说下一次分配，看哪一位朋友先抛砖引玉?

马清波：卢老师，还是我先来吧！什么是一次分配，什么是二次分配?

卢老师：一次分配是上级组织将工资总额切分给下级组织，二次分配是组织将薪酬分给员工。简单地说，一次分配是到组织，二次分配是到个人。

赵青松：卢老师，我们医院有些科室下面设了医疗组，有些科室主任也会将奖金包分给医疗组长，再给医生分配，那科室分到医疗组算一次分配还是二次分配呢?

卢老师：这还是一次分配。因为科室到医疗组还是分配到组织，不是分配到个人。只要是一次分配，都有共同的分配模型；而二次分配是另外的分配模型。

冯莉莉 这个概念倒是好理解。我们银行下面层级很多，我们是总行，下面有一级分行，分行下面有支行，有的大支行下面还带有网点。这么说来，我们的一次分配就有很多层级？

卢老师 是的。一些规模大的单位，一次分配有很多层级。但是二次分配只有一级。

马清波 如果一次分配有很多层级，那我们人力资源部岂不是要管得很细？

卢老师 那倒不用。虽然层级多，但是很多单位都是采取分级管理，你们总部人力资源部只需管下一级的一次分配，下一级再管下下一级的。

马清波 那倒确实是的，总部手不能伸得太长，应该尊重下一级的分配权。这样也带来另外一个问题，每一层级的领导是否都要掌握一次分配的方法？

冯莉莉 这是必须的！我们领导反复强调各级机构负责人要有经营的意识。但实话讲，我们很多干部都是从业务干起来的，业务上是好手，管理和经营方面差距还不小，很多领导不会分钱，有的就搞大锅饭。所以很有必要请卢老师给我们干部们讲一下分钱的技巧。

赵青松 是啊，我们医院科室主任们也是如此，很多都是医疗专家，但是怎么分钱却是在摸索中，八仙过海各显神通，有一些科室主任分钱搞和谐，结果科室员工意见很大。

卢老师 是的，各级管理者均需要学习一下一、二次分配的技巧，这是管理者的基本功！

什么是工效联动？

马清波 卢老师，国资委近期在推动对国有企业工资总额管理采用工效联动的方案。这个工效联动也属于一次分配的范畴吧？

卢老师

没错。工效联动属于典型的一次分配。工效联动是指单位的工资总额要跟单位的效益实现联动：单位效益提高了，工资总额可以增加；反过来，单位效益降低了，工资总额也要下降。工效联动广泛应用于上级组织对下级单位工资总额的管理模式。

冯莉莉

我们银行业属于高度竞争行业，总行对下面分支行的薪酬总包一直采取类似工效联动方式。因为下面分支行的效益差距很大，所以员工的人均薪酬也差距很大，近期我们还遇到不少的问题，领导也头大，想做些改革。

赵青松

我们医院属于事业单位，工资和奖金是分两条线管理的，工资部分没有搞工效联动，但是奖金部门还一直用类似工效联动方式。我们的工效联动的效益指标就是各科室的收支差，类似一个毛利的概念。现在问题也是多多。一些科室比如儿科很辛苦，但是不赚钱；一些科室属于公共卫生部门，不仅不赚钱还要亏钱。所以我们医院现在也在思考如何合理调整和优化科室奖金包的分配模式。

卢老师

工效联动是目前很多单位普遍采用的一次分配模式，现在国家对于国有企事业单位，尤其是企业属性的单位大力推动工效联动，这对于打破大锅饭、破除旱涝保收的痼疾很有好处，让员工薪酬和组织效益紧密挂钩，对建立“收入能增能减”的机制很有帮助。

马清波

工效联动这个理念很好。只是我们公司有一个尴尬局面：一方面，我们行业前几年很景气，公司业绩很好，品牌和规模效应都不错，所以工资总额增幅是低于效益增幅的；另一方面，我们属于高科技行业，技术人才比较多，薪酬策略都是随行就市，薪酬总额也是按需配置，所以我们一直以来没有做严格的工资总额管控。目前我们行业景气度下降，加上竞争压力加大，我们感觉保持原有的效益增量是有难度的，所以工资总额管理未来会成为问题。公司领导也是希望给员工灌输工效联动的概念。

卢老师

确实应该这样，没有永远的上坡路！建立好的机制才能“长治久安”。

马清波

是的，我非常认同这个观点。卢老师，我有一个具体问题，这个工效联动的“效”就是效益指标吗？可以有别的内容吗？

这个问题提得很好！以前传统上“效”就是指效益，很多单位取利润、EVA（经济增加值）等指标。后来发现一些行业和单位的情况差距很大，不能一概而论。比如有些事业单位或公益性的企业，用利润指标做工效联动就不合理，不能反映员工的实际付出，因此可以用别的指标，如服务、生产等业务量指标来代替利润指标，或者将这些业务量指标和利润指标进行多指标加权处理。 卢老师

马清波 我明白了。这种处理方式相当于扩大了“效益”的内涵？

是的。这样就可以将工效联动的方式应用到更多类型单位，也更符合实际。 卢老师

赵青松 我们医院是公益性单位，不能单纯看效益，还是要看下我们的服务量，比如门急诊量、出院人数等。

没错！很多医院在给科室做一次分配时，单纯用收入减支出来核算科室奖金包的做法，是会引发很多问题的。因此建议我们医院作为公益性单位在给科室做一次分配时，要将效益内涵扩大，不仅要关注经济效益，而且要关注社会效益和业务量。 卢老师

赵青松 太好啦！卢老师对我们医院情况看得很准，这正是我们医院的问题所在，后面我要好好请教一下。

可以将一二次分配打通吗？

冯莉莉 卢老师，我们银行最近一直在争论一个问题，是否可以将一次、二次分配打通？

哈哈！冯总用到了“争论”一词，看来矛盾不小哈，能否具体说一下你们的问题是什么呢？ 卢老师

冯莉莉 我们银行一直采取一次分配到分支行，二次分配由分支行分配给员工的模式。运营了若干年后，现在发现这种模式问题很大：我们一些基层管理者，尤其是一些网点负责人，管理经验太少，不会分钱，我们

人力资源部去调研中发现员工意见很大。另外我们总行一些业务条线部门，为了强化他们条线指标推动力，希望将绩效奖金直接分配到条线员工。目前将奖金包打包给分支行再进行二次分配模式，他们担心这个奖金会被“和谐”掉，没有激励到应该激励的员工。所以总行一些领导和条线部门领导强烈希望将一二次分配打通。

卢老师

冯总的问题我在银行做项目时经常遇到，而且我猜的没错的话，分支行行长应该普遍反对这个方法吧？

冯莉莉

是的。分支行行长会觉得这样分配后他们“大权”旁落，如果总行条线部门将绩效奖金直接分到员工啦，员工也不用听他们指挥啦。谁分钱就听谁的嘛！而且，分支行行长也认为不同部门之间是需要协同的，不能切的太清楚，否则会影响队伍团结。

赵青松

冯总的问题，在我们医院是一样一样的。我们医院一直是医院到科室一次分配，科室到员工二次分配，结果发现我们一次分配花了很多心思，到了二次分配时，有些科主任给员工分配搞“大锅饭”处理了。所以我们也在思考是否需要将奖金直接分给员工。

马清波

各位，我们的问题正好相反！我们公司一直没有做一次分配，而是直接做二次分配。我们对下面的部门没有切分工资总额，而是通过对部门考核和员工考核，将绩效工资直接分到员工。

赵青松

那你们公司的工资总额怎么进行管控？

冯莉莉

马经理，你们这样操作就需要严格控制人员编制吧？

马清波

没错！前几年公司业绩很好，业务的增速明显高于工资总额的增速，所以我们工资总额的管控压力没有那么大。平时我们对人员编制控制倒是比较紧，再加上公司很重视考核，总体问题不大。现在因为市场竞争压力加大，公司发展开始进入瓶颈期，我们明显感觉工资总额管控将是大问题。现在一些部门还在到处喊要人，所以公司领导想采取“增人不增资、减人不增资”的方式，将奖金包切给部门，部门再做二次分配。

卢老师：呵呵！看来你们几家单位进入了“围城”状态：城里的人想出来，城外的人想进去！

冯莉莉：是啊！我们也是很纠结，究竟用哪一种方式更好呢？一二次分配联动？还是将一二次分配直接打通？

卢老师：其实，这个没有定论，还是看每家单位的核心诉求是什么。根据我们的辅导经验，如果一家单位，下属部门经理管理成熟度比较高，比如都是“王熙凤”式会持家的人物，我建议采取授权模式：一次分配到部门，授权部门进行二次分配。反过来，如果下属经理都是“林黛玉”式的人物，我建议采取穿透模式，将一二次分配直接打通。

冯莉莉：卢老师这个比喻比较形象！看来用什么模式主要取决于下属管理者的成熟度？

卢老师：嗯，这是核心要素。除此之外，还有一些其他管理因素需要考虑，比如一个单位想要控制工资总额和人员过快增长，就会倾向于用一二次分配联动模式。而如果一个单位想要强化战略穿透力，会采取穿透式考核分配模式，将一二次分配打通。

冯莉莉：卢老师总结得太好啦！有一个新问题：前面您也说了，这种穿透式考核分配模式会触犯管理者的“权力”，是否可以将奖金穿透一部分，授权一部分呢？

卢老师：当然是可以的。我很多客户就是这样干的。比如预算奖金包的70%穿透分配给员工，30%授权给部门进行二次分配。

赵青松：嗯。这个混合思路比较好！我们医院临床大夫有一线、二线。一线医生干活、二线医生在指导，如果钱直接分给干活的一线，二线没有钱，这个会有问题，不利于队伍的培养和团结。

卢老师：是的。

划小核算单元的小CEO是否要赋予分配权？

马清波

卢老师，一次分配是将薪酬包分到组织，如果一个单位层级众多，岂不是有很多层级的一次分配？

卢老师

理论上是这样的，但是很多单位不一定会将一次分配权给到每一层级。

马清波

正好我有一个具体问题想请教：我们公司领导有意向在基层单位推行划小核算单元，每个小核算单位选拔小CEO，我们想给小CEO赋予独立的用人权和考核分配权。这样是否一次分配要到小的核算单元？

卢老师

你们这种划小核算单元的方式有点类似于由稻盛和夫提出的“阿米巴经营”，也有点类似于我们国家改革初期提的“包产到户”。这种方法核心是为了释放基层生产力。

马清波

是的，领导就是这种考虑。给基层赋能，让基层有活力。但是我们很困扰一个问题，现在我们很多小CEO都是从基层员工或班组长中提拔的，他们很多没有团队管理，更没有经营的能力，如果一开始就给小CEO赋予了分配权，我们担心效果适得其反。

赵青松

我们医院现在也有这个问题。一些大的科室，科主任为了激发医疗骨干的积极性、创造良性的竞争氛围，也设置了医疗组。科主任也想将分配权给到医疗组长，可是医疗组长根本就不会分钱，这里面还是有很多学问的。

卢老师

没错。还是我们前面说的问题，如果小CEO们或班组长们都是“王熙凤”式的人物，应该给他们更多授权去当家作主。反过来，这个薪酬包下去了，对于基层管理者来讲，就是一个烫手的山芋。

冯莉莉

马经理，你们这个CEO有点类似我们的网点经理。我们之前也有这个问题，后来采取的策略：一是培训他们掌握基本的团队管理和经营技能，二是给他们做一些考核分配的模板，让他们去参考使用。

卢老师

嗯，冯总银行的经验是可取的。小CEO或基层管理者，不能仅仅是选拔他们，还要给他们培养和赋能。俗语说得好：扶上马、还要送一程！

马清波

我懂了，这还是一个管理者的成熟度问题。初期还是要以上级单位来定分配规则或分配模板，等这些小CEO或基层管理者成长起来，就可以逐步授权，让他们来进行分配。

卢老师

没错！

一次分配和专项奖是什么关系？

冯莉莉

卢老师，我们银行除了传统的一次分配、二次分配外，还有很多条线部门的专项奖，而且名目繁多，如全员营销奖、开门红奖、超越奖、行长特别奖励等。这种专项奖和一次分配是什么关系？

卢老师

专项奖最终要发给员工，所以还是属于员工工资总额的范畴，最后都要从人工成本支出。而一次分配的钱也属于工资总额的范畴。因此专项奖和一次分配的钱是同源的。如果工资总额是固定的，专项奖多了，一次分配钱就会少。所以在一个单位的分配体系中，一次分配是主流，专项奖是补充，不能反客为主。

马清波

我们公司之前专项奖的比例有点过高，差不多占到工资总额的20%。结果有些业务条线部门，为了好推动部门的业务工作，搞出了各种名目的专项奖，有些甚至是本职工作内容，为了自己部门也能参与分钱，变着花样立项搞专项奖。后来领导发现这个苗头不对，这几年大幅降低专项奖额度，并且提高了立项标准。

冯莉莉

看来我跟马经理是同病相怜。我们银行也是这个问题，各个业务条线部门都打着“促进业务”名头申请专项奖，可是工资总额是有限的。好像没有钱就不能干活一样的？！

卢老师

确实，两位反映的专项奖问题还是很普遍的。从我们咨询实践看，也是不建议搞太多专项奖。原因如下：第一，专项奖多了，会影响一次分配总额度，员工的感知会差；第二，很多专项奖的规则随意性很大，不如一、二次分配规则的系统化和专业化。如果专项奖金额过高，会破坏一次分配的公平性；第三，专项奖多了后，大家都“认钱干活”，没有奖励就不干活了，这个导向很坏。

冯莉莉

我非常同意卢老师意见。当然，现实工作中，专项奖也有实际的意义，那设计时要注意什么问题呢？

卢老师

我的建议是：第一，分配体系还是要以一、二次分配为主流，专项奖是点缀。所以专项奖总额度不能太高，建议控制在工资总额的5%~10%；第二，如要设立专项奖的，最好事先定好规则，并且是有连续性的，比如一些单位常年都有的安全奖、开门红奖、全员营销奖等。有些突发性的专项奖，也可以一事一议，比如2020年“新冠肺炎疫情”，一些医院专门给医护人员发放的“抗疫奖金”，这都是合理的，但都是个案；第三，专项奖的设立、评审要有流程和详细规则，不能随意，更不能将本该是正常流程和本职工作的事情设立专项奖，那专项奖就变味啦。

马清波

卢老师，我们公司有总经理基金，也会给一些特殊荣誉的员工发放奖金，这也属于专项奖吧？

卢老师

是的。总经理基金的奖项会有一定弹性，而且很多具有一事一议的特点。所以我们建议总经理基金的使用要建立好议事规则，且一定要最高领导层参与评审，这样可以大幅度减少随意性。

马清波

所以分钱的主逻辑还是以一次分配为主，一次分配的科学性就很重要了。

卢老师

那是必须的。

一次分配有哪些模型？

马清波

卢老师，如果采用一、二次分配联动的方式，这一次分配该怎么做呢？有哪些因素需要考虑的？

卢老师

好的，对下级组织进行一次分配有两个大的模型：人员结构模型和效益量化模型，很多单位也会将两者结合起来，做成混合分配模型。请大家看下投影附图。

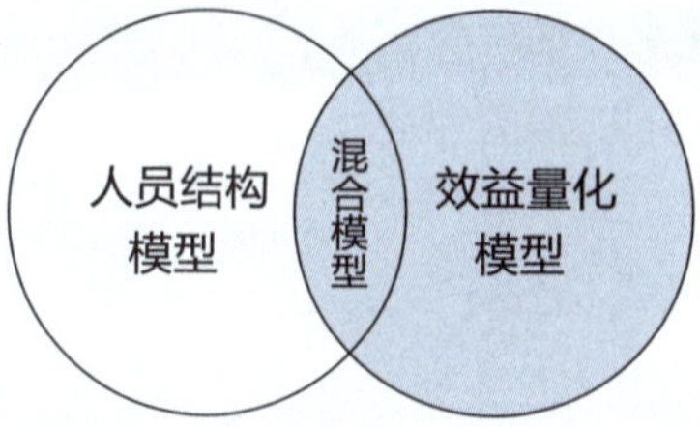

马清波

这几种一次分配模型分别应用什么场景或组织呢？

卢老师

通常来说，人员结构模型是普适模型，无论下级组织是分/子公司、事业部、营销部门、生产部门，还是职能部门都可以用。所以也是“万金油”模型！

赵青松

万金油是优点、恐怕也是缺点。人员结构模型可能有些组织用起来就不会那么对症吧？

卢老师

没错！赵主任不愧做财务工作，马上发现问题啦。人员结构模型的问题也是在这里。比如对于一个单位下的一线组织，尤其是竞争行业下的分/子公司、事业部、营销部门等，用人员结构模型就没有那么解渴，所以就会用到效益量化模型进行一次分配。

冯莉莉

我明白了，一线部门用效益量化模型，二线部门用人员结构模型。

卢老师

大致是这个方向。

冯莉莉

那什么情况用混合模型？

卢老师

有些一线单位，完全用效益量化模型会出问题，我们就将这两个模型结合起来，因为效益量化模型和人员结构模型可以进行互补。

赵青松

这个是我最关心的。目前我们医院对科室核算奖金包就是用的收支差提成，我想这就是效益量化模型吧？目前出了一堆的问题，我们财务科就在负责这个一次分配，头大呀。

赵主任说的情况正是一次分配模型引发的问题，所以后面我们要展开说说这些一次分配模型的优缺点。

卢老师

赵青松

非常期待！

（辅导会继续进行……）

【读书笔记】

- 一次分配是到组织，二次分配是到个人。
- 工效联动：单位效益提高，工资总额可以增加；单位效益降低，工资总额也要下降。
- 如果下属部门经理管理成熟度高，采取授权模式：一次分配到部门，授权部门进行二次分配；如果下属经理成熟度不足，采取穿透模式：将一、二次分配打通。
- 专项奖不能太多，否则大家都“认钱干活”。更不能将本该是正常流程和本职工作的事情设立专项奖。
- 一次分配模型：

  ✓人员结构模型：万金油模型，各种部门都能用；

  ✓效益量化模型：适用于一线部门，如分子公司、经营机构、事业部、营销、生产、服务部门等；

  ✓混合模型：适用于一线部门，将人员结构模型和效益量化模型结合起来。

3.2 怎样用人员结构模型做一次分配？

故事导入

前面辅导中卢老师说到人员结构模型是一次分配的“万金油”模型，马清波经理很有兴趣，迫切希望学到一个“一劳永逸”的方法。

人员结构模型的基本原理

马清波：卢老师，一次分配如果用人员结构模型，应该怎样操作呢？

卢老师：好的，请大家看下投影附图。人员结构模型由几个变量构成。主变量是人员编制，组织需要对各部门做人员编制核定；辅助变量1是岗位价值，要对各部门员工岗位做岗位称重；辅助变量2是组织考核结果，组织要对各部门进行部门考核；最后一个调节变量是部门系数，有些组织会给不同性质部门设定一个系数，比如一线部门1.1、二线部门1.0等，不过我并不建议这个系数，尤其是做了全面岗位价值评价的单位，我就更不主张用部门系数啦。

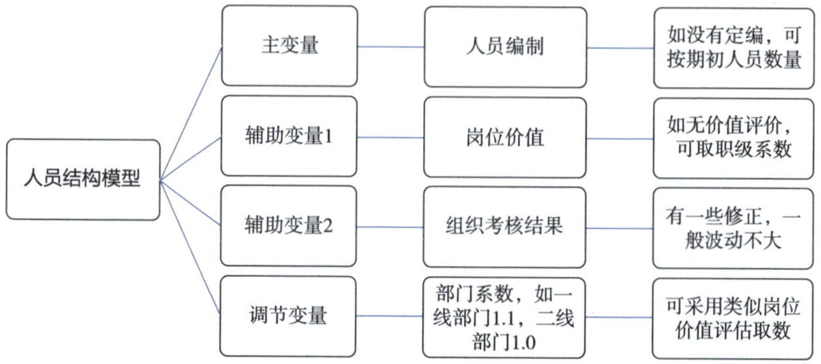

马清波

嗯，我记得卢老师前面说过，部门系数并不是专业的处理方法，更科学的还是岗位价值系数。不过，我们很多单位并没有做岗位价值评价，还是习惯用部门系数去代替？

卢老师

没错！这是我前面反复强调的问题。岗位价值系数是一次分配的基点、也是二次分配的重要系数。只是我们一些单位担心岗位价值评价矛盾太多，所以希望用部门系数来简单地代替岗位系数。其实部门系数可以通过岗位价值系数推导出来。

马清波

啊，还有这种“神操作”呀？怎么推导呢？

卢老师

待会我们讲具体案例时可以给大家说一下部门系数的推导方法。

马清波

太好啦！

人员结构模型的案例解析

卢老师

下面我们来讲一个人员结构模型做一次分配的具体案例。假如有100万薪酬包，要分给A和B两个部门，该怎么分配呢？

冯莉莉

那肯定是没有办法分配呀？A和B两个部门有多少员工都不知道。

卢老师

冯总说得没错！这就是一个很简单的一次分配问题。依据人员结构模型来做一次分配，我们就需要第一个变量，部门人数，准确说应该是人员编制数。假如A部门10人，B部门10人，应该怎么分配呢？

赵青松

既然人数一样，那就各50万呗！

冯莉莉

不对，这还需要了解一下，A和B是什么性质的部门：前台、中台还是后台部门？

卢老师

好，假如A是前台部门（一线部门），B是后台部门（二线部门）。该怎么分配？

马清波

我们公司以前的处理方法是就是设定部门系数：A部门如果是前台部门，

给1.2系数，B是后台部门，给1.0系数。然后按系数占比将100万分别分给A部门（54.5万=100万×1.2/2.2）和B部门45.5万（=100万×1.0/2.2）。

冯莉莉

我们银行以前就这么干的。不过按照卢老师说法，这个确实有问题：如果前台部门给1.2系数，无形中将前台部门的所有岗位都给了1.2系数，这个确实不太科学，准确做法应该是岗位价值评价吧？

卢老师

是的。假如对A和B两个部门的岗位都做了价值评价，A部门10个员工所在岗位价值系数之和是60，B部门10个员工岗位价值系数之和是40。该这么分配呢？

马清波

我想不应该是简单A部门60万和B部门40万。还要考虑第三个变量：部门考核结果？

卢老师

没错。部门考核变量不能少。假如这个案例中A部门考核分是90分，B部门考核分是110分，应该怎么分呢？

马清波

那A部门分60×90%=54万，B部门分40×110%=44万。

卢老师

简单处理是可以这样做的，现实中部门考核结果应用到一次分配中会比较复杂，我们后面再说其他算法。现在我们来总结一下这个案例，请大家看下投影附图。

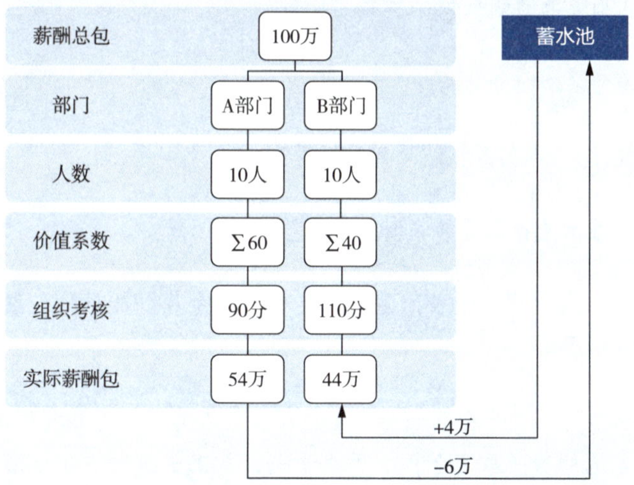

马清波：嗯，这个图将人员结构模型描述得很清晰。

一次分配中为什么要设计蓄水池？

冯莉莉：卢老师，我有一个问题：这个图中，蓄水池是干嘛用的？

卢老师：问得好！在一次分配中，蓄水池设计是很重要的。蓄水池有一个作用就是根据考核结果来调节薪酬包，类似水库的调节功能。比如本案例中，A部门考核结果不好，抽水6万到蓄水池啦。B部门考核结果好，从蓄水池补水4万。

马清波：我还以为是A部门扣的钱给到B部门了！

冯莉莉：可不能这样干，我们以前的考核分配机制就有这个问题，结果A和B两个部门整天吵架、相互“挖坑”！我的幸福建立在你的痛苦之上，这不是好招！

卢老师：是的。蓄水池设计就是为了避免这个问题。我们要尽量避免“你死我活”的“零和”博弈，而是要设计“非零和”博弈。

马清波：我明白了，“非零和”博弈就是让蓄水池大于零。这个案例中，看上去上级组织是拿100万来分配，其实上级组织可能在蓄水池放了20万，总共有120万的薪酬总包。

卢老师：是这个意思。

赵青松：如果A和B两个部门考核结果都很好呢？

卢老师：没问题，蓄水池留下足够额度来调节补水。

赵青松：还有一个问题，那这个蓄水池会不会有“小金库”的风险，现在上级单位审计很严格。

卢老师：这个蓄水池可不是小金库。小金库是极少数人为了个人私利而设置的。这个蓄水池的钱是取之于民、用之于民，从工资总额中切出来的，最后一定要在年底清算时，以年终奖方式或者其他方式清算给员工。

马清波：现在我们允许工资总额三年滚动使用了。因为有些行业有“大年”和“小年”规律。我们可以将“大年”的盈余留到“小年”去补差。只要这个蓄水池的钱用到员工身上，规则透明，是经得起审计的。

卢老师：没错！

怎样评估部门系数？

马清波：卢老师，前面您提到可以通过岗位系数来推导部门系数，刚才这个案例中，A和B两个部门的系数怎么推导呢？

卢老师：好的。我们来看一下：A部门有10人，员工的岗位价值系数之和是60，所以A部门员工的人均价值系数是6；B部门也有10人，员工岗位价值系数之和是40，所以B部门人均价值系数是4。因此，A部门的人均价值系数是B部门的6/4=1.5倍。

马清波：我明白了。如果B部门假定一个部门系数是1.0，那么A部门的价值系数就是1.5？

卢老师：没错。这就是为什么传统的人力资源教科书中，通常不提部门系数的原因。因为岗位价值评价结果出来，就可以更好地解决分配的基点问题。而且部门系数也可以通过岗位价值系数来进行推导。

冯莉莉：这个观点我是赞同的。卢老师之前说过：前台部门里面还有后台岗位嘛！以前我们给前台部门1.2系数，给后台部门1.0系数。这无形之中，将前台的所有岗位都加了1.2系数，这好像是说前台部门的一个文秘岗好像比后台部门的文秘岗要重要一样的。其实都是文秘岗位，没有本质的区别。但是通过岗位价值就可以很好处理这个问题啦。

马清波：冯总说得在理！可我还是有一个困惑，毕竟做岗位价值有点复杂，牵扯面也广，有没有简单方法做部门系数评定呢？

卢老师

马经理的问题很务实。理论上我们不建议评定部门系数，但现实中这种场景需求很多。如果要评定部门系数，我们通常建议参考岗位价值评价的因素计点法做一个简易的部门或组织评价模型，一般设计几个评价因素，如组织贡献度、组织复杂度、失效风险、管理幅度等。如果针对分子公司或经营性机构，通常会用量化指标来建模核算。

冯莉莉

我们银行之前对一级支行进行归类分等级行时，也做了一个简单的评价模型，包括支行的利润、存款、贷款、资产规模等。

马清波

请教一下冯总，你们这个对支行的评价结果是否会影响支行行长的年薪基准值？

冯莉莉

是的。我们通过上述方法将支行分成一类行、二类行、三类行，每类行的行长基准年薪是不一样的。

马清波

明白了，这个也合理。规模大、贡献大的组织负责人，责任也大，年薪基数高是应该的。我想他们的考核指标也高吧？

冯莉莉

那是必须的，权力和责任要对等。一类行行长如果经营指标完成得不理想，可能最后实际年薪不如指标完成特别好的二类行行长年薪高。

马清波

你们银行倒是把卢老师说的“以岗定薪、按绩取酬”理念演绎得淋漓尽致。

冯莉莉

是啊！我们银行市场化程度很高，竞争压力很大！

赵青松

各位，听到大家的讨论，我有一个想法，是否可以用类似的方法对我们医院临床科室进行科室价值评价，然后确定科室主任的年薪？

卢老师

赵主任举一反三能力很强！确实可以这样做。实际上现在有一些医院搞院长年薪制，也是这样确定的。上级卫生主管部门根据医院的每年出院人数、门急症人数、医院等级和性质等确定医院院长的年薪基准值。这个思路也可以用到对临床科室科主任的年薪和科室系数确定。

马清波

卢老师，这种量化的组织系数评估模型对分子公司、好量化部门还可以用，但是对职能部门就不好用吧？

卢老师 是的。如果对分子公司和经营机构用一套评价方法，对职能部门用另一套评价方法，一二三线或前中后台部门间的平衡就找不到啦。所以我们建议还是要用到全面岗位价值评价，因为一把尺子才能统一比较。

马清波 嗯，看来岗位价值评价才是正途。

可以通过人员结构模型实现增人不增资减人不减资吗？

冯莉莉 卢老师，刚才介绍的人员结构模型做一次分配，主变量是部门人数。会不会导致这样的情况：各部门为了要增加薪酬总额，而不停增加人员？

卢老师 肯定会的，要人为了要钱嘛。但是大家注意看下我们前面展示的人员结构模型，主变量是人员编制，而不是现有人数。

冯莉莉 也就是说，通过人员结构模型做一次分配要先确定人员编制？

卢老师 没错！前面说过，人力资源天平模型是一个系统工程，各模块之间需要衔接好。

冯莉莉 前段时间我们行领导提出一个想法，希望对总行的职能部室做薪酬总包管控，增人不增资、减人不减资。我们可否以各部门现有人数为基准做一次分配呢？

马清波 冯总，我估计你们单位也是各部门都喊要加人吧？我们公司之前做过这事。但是这里有一个大坑。比如AB两个部门都是10人，以现有人数去核定薪酬总包控制人员编制。A部门的领导是很会争取资源的领导，部门人员贮备充足，A部门少一人不伤筋骨；而B部门领导实在点，员工数量刚刚好，B部门要减掉一人有难度呀。如果以现有人数作为薪酬总额管控的基准，这样是否对B部门就不公平了？

卢老师 是的。所以我们建议如果用人员结构模型核定薪酬总包来控制人员编制的增加，前期还是要对各部门做初始化定编。不然，老实人吃亏呀！

冯莉莉

不过，职能部门定编可是一个老大难的问题呀！

没错！如何对职能部门做初始化定编，我们还是有一些经验可以分享的，回头我们可以再交流。

卢老师

马清波

嗯，关于定岗定编的主题，后期还要再请卢老师给我们做专题辅导！

冯莉莉

太好啦！

部门考核结果怎样应用到一次分配中？

马清波

卢老师，用人员结构模型做一次分配时，部门考核结果如何带入计算？案例中我是直接用部门原始考核分除以100带入计算。我记得您说有更好的算法，是什么呢？

马经理记性很好！在一次分配中，部门考核结果我们通常不建议用原始考核分带入计算，而是采取收敛算法，也就是去年我给你们公司辅导绩效管理时说的弱相关关系。一般规律是：部门考核结果跟部门负责人的绩效工资做强相关关联，跟部门的奖金包（或薪酬包）做弱相关关联。

卢老师

马清波

能具体说明下吗？

好的。比如一个部门的考核得分是110分，部门负责人的绩效工资我们通常用1.1去计算，而部门的奖金包我们通常用1.05去计算；反过来，如果部门的考核得分是90分，部门负责人的绩效工资我们通常用0.9去计算，而部门的奖金包我们会用0.95去计算。这就是收敛算法。

卢老师

马清波

收敛公式是怎样的？

这个收敛公式很简单，请大家看下投影附图。收敛系数每个单位可以自己选择，在0~1之间取数。刚才案例中收敛系数是0.5。

卢老师

$$考核系数=1+\left(\frac{原考核分}{100}-1\right)\times 收敛系数$$

赵青松：卢老师，我有一个问题：为什么计算奖金包时要收敛呢？跟部门领导一样“同甘共苦”不行吗？

卢老师：这还真不行。因为奖金包或薪酬包涉及全体员工的整体利益，薪酬毕竟是有“保健”作用的。一个部门考核结果不好，有可能是部门领导的问题，也可能是部门其他员工的问题，部门的整体薪酬包要跟着部门考核结果联动，但不能联动得太强烈。不能让大部分的员工为少数人的“过错”来买全单。

赵青松：我懂了。有过失的人买大单，其他人买小单。最后总的薪酬包就会采取收敛算法？

卢老师：是的。其实对于你们国有企事业单位，工效联动或一次分配时用的更多的算法是“非对称收敛”！涨得多、降得少！

冯莉莉：嗯，这个是合理的。员工的心态都是就高不就低的。

马清波：如果搞“非对称收敛”，是否要设两个收敛系数？

卢老师：是的。比如正向收敛系数是0.5，负向收敛系数是0.3，刚才案例中考核原始分110分，考核系数就是1.05；如果原始考核分是90分，考核系数就是0.97，而不是0.95啦。

马清波：明白了，看来这里门道不少，以前我们做得太粗糙了！

（辅导会继续进行……）

【读书笔记】

- 人员结构模型变量：人员编制、岗位价值、部门考核；不建议用部门系数。
- 一次分配要设计蓄水池，类似水库的调节功能，要设计“非零和”博弈。
- 通过岗位价值系数可以推导出部门系数。
- 通过人员结构模型核定薪酬总包来控制人员编制，前期还是要对各部门做初始化定编。不能让老实人吃亏！
- 部门考核结果跟部门负责人的绩效工资做强相关关联，跟部门的奖金包（或薪酬包）做弱相关关联。不能让大部分的员工为少数人的“过错”来买全单。
- 国有企事业单位的工效联动算法建议用非对称收敛：涨得多、降得少！

3.3 怎样用效益量化模型做一次分配？

故事导入

用人员结构模型做一次分配四平八稳，但是不够刺激，本地城商银行人力资源部总经理冯莉莉提出了她的想法。

效益量化模型的基本原理

冯莉莉：卢老师，刚才介绍的一次分配的人员结构模型是以人数或编制数为主变量，有没有一种模型跟人数脱钩来核算一次分配薪酬包呢？

卢老师：有的。这就是效益量化模型。请大家看下投影附图。效益量化模型一般以效益指标或其他量化指标为主指标，也可以多个指标加权。

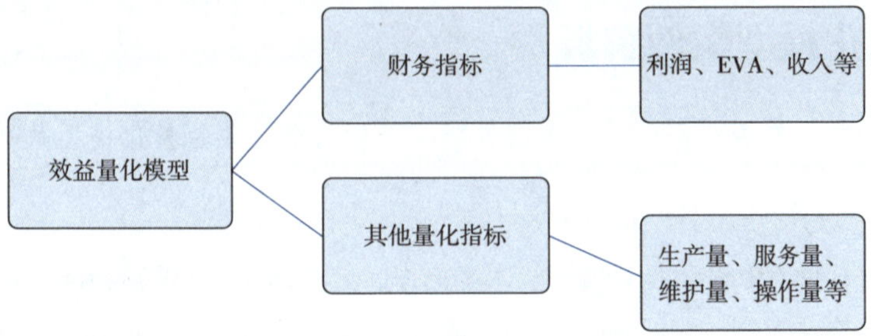

马清波：这个财务指标好理解，其他量化指标是什么用途呢？

卢老师：财务指标一般应用于分子公司、经营机构或事业部等组织。其他量化指标一般应用于财务指标并不突出、但是有明确生产量、服务量、维护量、操作量的组织。比如你们的生产部门可以用产品数量或产品发货额作为主指标，客服部门可以用客户数量、服务单数作为主指标等。

马清波

我明白了，效益量化模型主要针对一线的经营、生产、服务、维护等单位，有量化指标可以衡量，而人员结构模型主要用于职能部门等不好量化的单位。

卢老师

人员结构模型是“万金油”，一线单位也可以用。而效益量化模型只能用于一线单位。

冯莉莉

卢老师，刚才介绍的效益量化模型，可否用多指标加权。比如我们对下属支行，既要关注利润指标，也想关注存款指标？

卢老师

当然可以。现实当中我们经常这样操作。比如两个财务指标加权，也可以一个财务指标、一个业务量指标加权。其实，工效联动中的“效”不仅仅是效益指标，也可以包含其他业务量指标，这个内涵是广义的。有些公益、民生的行业（医院、民航、公交、地铁等），利润可能不是唯一的考量指标，一些业务量、服务量更能反映员工实际的劳动付出。所以薪酬总额核算时需要对这些指标综合加权。

冯莉莉

有道理！

效益量化模型案例解析

赵青松

卢老师，能否举一个具体案例说明一下如何通过效益量化模型做一次分配？

卢老师

好的，请大家看下投影附图。本案例中，薪酬总包1200万给A和B两个经营单位来分。A和B两个单位的员工人数分别是60人和40人，但利润贡献分别是400万和600万。如果按照前面说的人员结构模型该怎么分薪酬包呢？

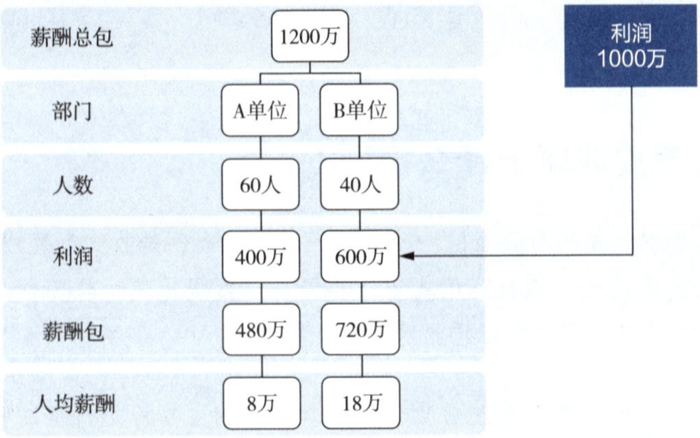

赵青松：那应该是A单位分的薪酬包多。因为人员结构模型是以人数为主变量，A单位人数比B单位人数多了50%，所以A单位分的多。可是这个案例中，薪酬包多少跟单位人数没有关系，而是根据两个单位的利润贡献占比来分配薪酬包的。对吧，卢老师？

卢老师：没错！效益量化模型跟人数没有关系，而是跟我们设定的效益或量化指标有关。

冯莉莉：这个案例中B单位的人均薪酬比A单位高了两倍多，实话讲，作为银行这种充分竞争的行业，我们是很认同这种做法的。企业肯定是要讲投入产出比的。A单位配置60个人，贡献了40%利润；而B单位40人，却贡献了60%利润。那当然B单位拿的钱比A单位多是合理的。

马清波：冯总，我对这个观点有不同意见。我记得卢老师去年给我们公司辅导时，讲到过肥田与瘦地的案例。分子公司、经营单位资源禀赋差异很大，有些单位，就如本案例的B单位，人数不多，但是创效很好，而A单位正好是相反的，从价值贡献角度，我承认要给B单位员工多发些薪酬，但是如果远高于A单位的，我觉得也有问题。

赵青松：这个问题我也有同感。我们医院科室也有肥田和瘦地问题。如果肥田分得太多，瘦地分得太少，瘦地员工会大量流失的。

赵主任，可以介绍一下你们医院对科室的一次分配模型吗？我们正好可以结合这个模型讨论一下。

卢老师

医院收支差提成属于什么模型？

赵青松

我们医院对科室进行奖金的一次分配，目前采取的是收支差提成模型：就是用科室的收入减科室的支出，再给一个提成比例，作为奖金总包给到科室主任，科室主任再给医务人员分奖金。

马清波

赵主任，你们这明显是效益量化模型。模型的主指标是科室的收入减支出，就是一个毛利的概念嘛！

冯莉莉

我还以为就我们这种市场化程度高的行业才用效益量化模型，医院居然也用这个模型。怪不得媒体上听到一些患者投诉“大处方”“大检查”等过度医疗的问题。

马清波

是啊，我有一个亲戚去一家医院住院，医生要求做心脏支架，还热情推荐了几个品牌。后来我们亲戚家找了一些医生朋友咨询后，选择了其他治疗方式。后来，他自己说连病房护士对他都不如以前热情了。看来这背后都是经济利益在驱动呀。

我做了很多医院的项目，就我了解的信息，大家说的一些现象确实存在，但是我接触的一些医务人员，绝大部分还是非常职业化的，他们以治病救人为天职，兢兢业业。当然很多医院的一次分配模型确实有必要做些优化，因为不同的分配模型会给员工带来不同的行为导向。

卢老师

赵青松

感谢卢老师对我们医务人员的认可！我们的一次分配确实也需要改进。一方面，国家卫生主管部门提出来“九不准”，排在第一第二的要求就是不准拿药品、检查收入和开单提成给医务人员分奖金。另外一方面，我们确实也发现收支差提成模型带来内部科室“肥田瘦地”的不均衡问题。

冯莉莉

赵主任可以具体说下吗？我对这个问题也感兴趣。

赵青松
我们医院有些科室，如健康管理中心（以前是体检科）、影像科、肿瘤科等比较赚钱，按收支差提成模型核算下来，人均奖金就很高；而像儿科这样的科室，就不怎么赚钱，员工人均奖金就很少，所以儿科医生留不住。我们医院还有一些新设立的科室，收支差还是亏损的，你也不能倒扣奖金吧？毕竟我们还要扶持这些科室。

冯莉莉
前段时间网上看到一个新闻，说某医院儿科医生要求集体转岗，估计也是这个分配模型导致的问题吧？！我觉得你们医院应该会对收支差的提成比例做调节吧？就像我们银行，其实对“肥田瘦地”有不同的调节系数。

赵青松
是的。虽然我们是不同的行业，但是问题真的很相似。我们给每个科室的提成比例就是不同的，对于创收少或亏损的科室，我们都调高了系数或者给了扶持政策。但是这个系数怎么给？如何让大家相对都满意，还是挺难的。

卢老师
这个调节系数倒是有办法调节，可以参考岗位价值来调整。因为奖金包分到员工后，最终的人均多少还是要回归到岗位价值。因为岗位价值反映的是一个岗位在组织里的相对位置，以及这个岗位的综合素养和技能要求。比如很多大医院的体检科，创收是很多，主要原因还是公立医院依托国家背书的公信力、民众健康素养的提升以及临床科室强大的技术支持所导致的。试想一下，如果医院只保留体检科，撤掉所有临床科室，体检科还会赚钱吗？答案一定是否定的。这就说明体检科赚的钱，有一部分应该给临床科室来分！

赵青松
是的，前面卢老师辅导岗位价值对我触动很大，也击中我们当前分配的要害。所以我们医院现在的收支差提成模型确实需要优化。我们也去别的医院学习，发现有些医院改成了RBRVs和DRGs模型来分配。卢老师，您怎么看呢？

卢老师
这两个模型确实对传统的收支差提成模型做了优化，但本质上还是效益量化模型，用得还是效益指标，只是对收入指标做了优化。

赵青松
是的。我们看完后，感觉还是换汤不换药。前面您辅导的一次分配的人员结构模型，我觉得挺好的，也很均衡，只是这个模型要核定人员编制，又是一个老大难问题。有没有办法继续用效益量化模型，不用效益指标呢？

卢老师

可以呀。那就在效益量化模型中，用其他量化指标代替效益指标。

效益量化模型还可以用哪些量化指标？

赵青松

卢老师，类似我们医院这个行业，效益量化模型如果不用收支差这种效益指标，可以用哪些量化指标来代替呢？

卢老师

比如说，外科科室跟手术量、手术级别和病人数量挂钩，内科科室跟住院病人床日数挂钩，医技科室跟检查、检验数量挂钩等。

赵青松

那行政后勤科室怎么挂钩呢？

卢老师

医院的行政后勤科室和企业的职能管理部门一样，一般而言，是不能用效益量化模型来做一次分配的。因为无论是效益指标和量化指标都不好找。但是有几个特殊的部门却可以用效益量化模型做一次分配。比如医院的收费处、银行的票据中心、企业的财务共享中心和人事共享中心等，虽然归属职能部门序列或在职能部门下面，其实不属于职能部门，而是操作单位。

赵青松

嗯，我们医院收费处是我们财务科下属的二级科室，确实工作比较好量化。那如果用效益量化模型给收费处做一次分配，该用什么指标呢？显然不能用收费指标吧？

卢老师

是的。虽然收费处跟钱打交道，收钱不少，但给他们做一次分配，更重要的是业务笔数，而不是收费金额。有的项目收费100元，有的项目收费1000元，工作量差别却不大。

赵青松

确实如此。我们收费处的工作量差别更重要的是收费内容不同，有的是挂号，有的是检查药品收费，有的是入、出院手续。如果用收费项目多少做量化指标，不同项目怎么统一到一个量化指标中呢。

问题非常好！这就需要做积分建模，来统一不同收费项目。积分建模的方法后续我会在二次分配中重点辅导一下。大致的思路是通过建模给不同收费项目不同的积分，如挂号1分，收费2分，住院手续5分等。 卢老师

赵青松 然后再根据收费处每月的积分总分来核算奖金包？

是的。通常会根据历史奖金包换算每一分的单价，然后计算科室奖金包=积分单价×当月积分总额×科室考核系数。 卢老师

赵青松 明白了，用这个效益量化方法核算奖金包，就跟人员编制脱钩了，反过来还可以控制人员编制，起到“增人不增资、减人不减资”的作用。非常棒！

马清波 卢老师，那我们也可以用这个模型对我们生产单位、服务单位、维护单位做薪酬总包管控啦？

当然可以！效益量化模型就是针对一线单位做一次分配用的。对于分子公司、销售单位，我们通常选择效益指标（收入、利润指标等），而对于生产单位，我们会选择生产指标、服务单位会选择服务量、维护单位会选择维护指标等。 卢老师

赵青松 卢老师，我想到一个问题，我们医院给科室分奖金包时，可以用收支差提成模型和工作量指标进行混合吗？

当然可以，我们很多医院就是这么干的。这样混合，既能体现财务指标敏感性（比如成本管控的问题），又能反映工作量多少。其实我们有些单位还会增加人员结构模型进行混合。这就是我们后面说的一次分配中的混合分配模型。 卢老师

赵青松 看来分钱真的有很多学问呀！

怎样通过效益量化模型做人员编制管控？

冯莉莉 卢老师，我有一个想法，效益量化模型主变量是效益或量化指标，是

否可以通过效益量化模型做人员编制的管控，来实现增人不增资、减人不减资？

卢老师：当然可以。这个思路就是通过薪酬杠杆来代替行政杠杆解决人员编制的问题。

冯莉莉：我们现在人力资源部面临基层单位上来的两个压力：一个是要钱，一个是要人。我想如果能通过效益量化模型给各单位做好一次分配，倒逼各单位自己来控制人员编制。因为总钱已经核算好，就这么多了，加人这么多钱，减人也这么多钱？这样两个压力就变成一个压力了。

马清波：嗯，冯总想法很好呀！只是效益量化模型主要针对分子公司、一线生产、经营、服务单位，而职能部门没有办法用呀，因为不好找效益或量化指标。

冯莉莉：可不是嘛！所以我很困惑，正想请教一下卢老师，对职能部门怎样来实现增人不增资、减人不减资？

卢老师：前面我们说过，职能部门的一次分配用不了效益量化模型，只能用人员结构模型。但是人员结构模型的主变量是人员编制，所以想在职能部门推行增人不增资、减人不减资，首先要对职能部门做初始化定编，然后通过人员结构模型做薪酬总包管控，再来实现后续的人员编制管控。

冯莉莉：能具体说明一下吗？比如某职能部门现有人数10人，初始化定编8人，怎样实现编制管控呢？

卢老师：我们实践中经常采取“固浮分离”的操作模式：基本工资包按人头数配置，绩效工资包按编制数配置。比如你部门现在10人，基本工资包按实际人数配置。绩效工资包前半年按10人配置，后半年按9人配置，第二年开始按8人配置，后面再加人或减人，都是按8人配置绩效工资包。

马清波：这个固浮分离思路挺好！基本工资跟实际人数相关，做基本保障；绩效工资跟编制挂钩。而且不是一步到位，对于职能部门压减人员提供了时间裕度。

冯莉莉：嗯。这个方法确实很好落地，只是还是要对职能部门做初始化定编。期待卢老师后续关于定岗定编的专题辅导。

马清波：没问题，我们来安排！

效益量化模型是否会导致强者恒强、弱者恒弱？

马清波：卢老师，用效益量化模型给一线单位做一次分配还是很刺激的，业绩导向非常强烈，但是否会引发内部失衡？比如前面您列举的案例，B单位的人均收入18万，比A单位人均收入8万高很多，这样是否会导致强者恒强、弱者恒弱？

卢老师：完全有可能，这就是著名的马太效应。

马清波：那这样A单位的员工有可能进入恶性循环：分钱少→积极性差→没有动力做大蛋糕→奖金包更少→个人分钱更少……而B单位员工就会进入正向循环，越来越好！

冯莉莉：我觉得从市场化竞争角度，就应该是这种导向吧！

卢老师：那还不能一概而论！即使是一个完全市场化的行业，也有“肥田”和“瘦地”的资源禀赋差别。如果完全按照效益量化模型做一次分配，员工都愿意去“肥田”，没有人去“瘦地”了。那“瘦地”以后谁去开拓呢？！所以一家单位对于“瘦地”还是要有扶持和倾斜政策的。

马清波：我认同卢老师的观点。对于我们国有企事业单位来讲，还要考虑社会责任和稳定的需要，不能单纯考虑经济效益指标。

赵青松：是的。如果一个科室不赚钱，民营医院可以关闭这个科室，而我们公立医院是有公益化的定位和学科建设的需求，所以我们必须要考虑均衡。因此我们现在的收支差提成模型确实有很多问题，一定要优化。

卢老师：没错！效益量化模型优点很突出，缺点也很突出，所以有时要将效益量化模型和人员结构模型结合起来做混合分配，我们休息一下再来讨论这个问题！

（辅导会中场休息……）

【读书笔记】

- 效益量化模型主要针对一线单位做一次分配。对于分子公司、销售单位我们通常选择效益指标（收入、利润指标等）。对于生产单位会选择生产指标、服务单位会选择服务指标、维护单位会选择维护指标。
- 用效益量化模型核算薪酬包，跟人员编制脱钩，反过来可以控制人员编制，起到“增人不增资、减人不减资”的作用。
- 职能部门可以采取“固浮分离”的操作模式控制人员编制：基本工资包按人头数配置，绩效工资包按编制数配置。
- 效益量化模型做一次分配会导致强者恒强、弱者恒弱。

3.4 怎样用混合模型做一次分配？

故事导入

稍事休息后，辅导会继续进行……

因为发现一次分配的人员结构模型和效益量化模型各有优缺点，所以大家都很期待卢老师介绍一下混合分配模型。

为什么要用混合模型做一次分配？

马清波：卢老师，前面您提到了一次分配混合分配模型。能说下混合分配模型的优点吗？

卢老师：好啊，这个问题我抛给大家。你们先说下效益量化模型的优缺点分别是什么？

冯莉莉：效益量化模型比较刺激，业绩敏感性很强，对于市场竞争类的单位特别好用。但是必须找到合适的效益或业务量指标。而且这个模型对于职能部门无法用。

马清波：效益量化模型确实很刺激，但是容易引发马太效应：强者恒强、弱者很弱，会加大一线单位的两极分化。

赵青松：效益量化模型不太好平衡“肥田”与“瘦地”的差别，内部容易引发不公平。

卢老师：大家说得都挺好！效益量化模型优点很突出，但是缺点也突出。所以我们有些组织对下属一线单位做一次分配会用到混合分配模型：将人员结构模型和效益量化模型组合使用。人员结构模型求“稳”，效益量化模型求“进”！

赵青松

这样，混合分配模型就能起到“稳中求进”的作用！

卢老师

没错！人员结构模型主变量是人数，根据这个模型进行一次分配，平衡作用比较好。比如前面说的按效益量化模型给A、B两个单位分钱的案例，如果纯粹用效益量化模型，AB两个单位人均收入差距很大。而如果用混合分配模型，这个差距就会缩小。

马清波

这也符合卢老师之前给我们公司管理人员辅导中提到的中国式绩效管理的理念：和而不同！

卢老师

没错！混合分配模型在国有企事业单位是很受欢迎的。

冯莉莉

嗯，我也思考了下，对于我们银行下面一些分支行，为平衡“肥田”和“瘦地”的资源禀赋差别问题，混合模型也是有好处的。

卢老师

是的。

一次分配的混合模型怎么操作？

马清波

卢老师，那怎么操作混合分配呢？

卢老师

好的，请大家看下投影附图。这是一种比较常用的加权混合模型。对下属单位进行一次分配时，将薪酬总包分成两部分，一部分薪酬包通过人员结构模型配置，另外一部分薪酬包通过效益量化模型进行配置。

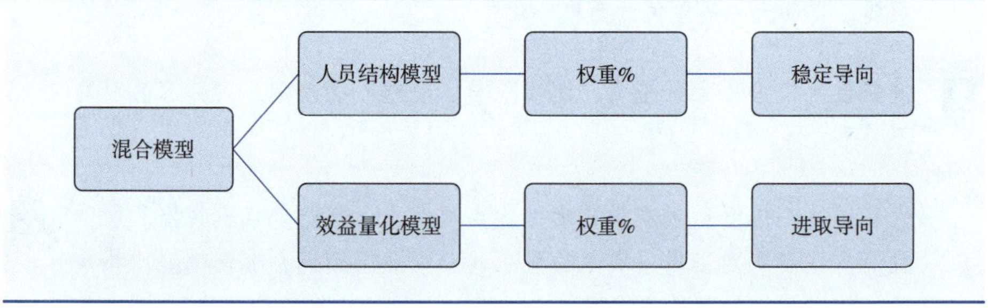

马清波：这个混合加权比例怎么设置呢？

卢老师：那要看各个单位的诉求，通常比例是55加权（50%：50%）。如果想“稳”多点，可以64或73加权；如果想“进”多点，可以46或37加权。

赵青松：卢老师，我们医院薪酬分成工资和奖金两块。是否可以采用两套规则：工资用人员结构模型，奖金用效益量化模型呢？

卢老师：当然可以！很多单位都是这样操作的。这种混合我们称之为“固浮”混合，固定工资和浮动工资用不同的分配策略。还有更复杂的“混中加混”的模式。固定工资用人员结构模型，浮动工资的30%用人员结构模型，70%用效益量化模型。

赵青松：嗯，这个思路可能比较适合我们医院。我回去准备给领导建议一下，将现有的奖金包分成三部分：一部分用人员结构模型；一部分用收支差提成模型；一部分用工作量模型。后面两部分都属于效益量化模型。

马清波：赵主任真是活学活用呀！

赵青松：非常感谢卢老师辅导，也感谢马经理给我们提供一个跨界交流和学习的机会。我们财务科负责医院的一次分配，每次都很头大。卢老师辅导的这几种分配模型对我很有启发，也让我找到了改进的方向。

卢老师：赵主任客气了！

两个分配模型混合是否有叠加效应？

冯莉莉：卢老师，我刚才思考一个问题，如果采用混合模型做一次分配，两个模型是否有叠加效应？

卢老师：冯总请具体说明一下。

冯莉莉：好的。比如我们对下属单位采用人员结构模型和效益量化模型做加权混合分配。人员结构模型中有一个变量“组织考核结果”，而对组织考核的业绩合同中，通常有一项权重很高的KPI——“利润”指标。如果效益量化模型也采用“利润”指标为主变量，是否会出现叠加效应：利润好的单位，效益量化模型拿钱多、人员结构模型也拿钱多？

马清波：是呀！好像是产生了叠加效应。

卢老师：冯总说的叠加效应是有可能会存在的，但是不一定会过度叠加。比如某下属单位完成了1亿的利润，效益量化模型确实会分到1亿利润对应的薪酬包。但是人员结构模型中组织考核“利润”指标的目标值可能是2亿，完成率只有50%，假设该指标权重30%，人员结构模型核算下来薪酬包可能会缩小15%（30%×50%）。

冯莉莉：我明白了。效益量化模型是根据效益或量化指标的绝对值来换算，而人员结构模型是根据指标的相对值来换算。后者不仅仅考虑指标的目标值问题，还有权重问题，所以更加全面和均衡。

卢老师：没错。效益量化模型做一次分配“简单粗暴”，但是很刺激；而人员结构模型做一次分配要考虑组织考核指标的均衡性：财务指标与非财务指标的均衡、长期指标与短期指标的均衡、结果指标与过程指标的均衡。

马清波：这也是在组织考核中，尤其是对经营单位、分子公司考核经常用到平衡计分卡的原因吧？

卢老师：没错！

可以做乘法混合吗？

马清波：卢老师，我想到一个问题，如果人员结构模型的组织考核就一个指标，比如利润指标100%权重，人员结构模型和效益量化模型是否就是一样的啦？

卢老师：很类似，但还不完全一样。效益量化模型的利润是绝对值，是主变量；而人员结构模型的利润是相对值，是辅助变量。人员结构模型的主变量大家记得是什么吗？

冯莉莉：是人员编制。这也是我一直很纠结的地方。人员结构模型中组织考核的理念更科学，但是人员编制核定太复杂了。效益量化模型跟人数脱钩，所以反过来就可以控制人员编制。所以我一直想回避人员编制的问题。

卢老师：其实人员编制也没有那么复杂，毕竟一线单位量化指标多，所以定编并不难。难点还是职能部门，一次分配用不了效益量化模型，只能用人员结构模型，而人员结构模型还是无法回避定编的问题。

冯莉莉：确实如此。我有一个想法，对于一线单位，我是否可以用乘法混合：用效益量化模型计算薪酬总包，然后乘以组织考核的得分。这样可以继续用效益模型，然后将组织考核的科学理念导入进来？

赵青松：不瞒大家说，我们医院对科室的奖金包就是这样计算的。先用收支差提成计算科室的奖金包，然后乘以科室的考核结果。

马清波：但是乘法混合有一个问题，可能带来乘方效应：比如效益模型有效益或量化指标，而组织考核中，这个指标权重一般也不低。这样做乘法混合后，导致这个指标变成乘方了。

卢老师：马经理说得非常好！乘法混合会导致两个极端，指标有放大效应，又出现马太效应了。

赵青松：如果我们在科室考核中不选效益量化模型的那个主指标，是否可以呢？

卢老师：可以的。但是一般单位组织考核指标是全面的，通常会含有效益或量化指标，出现乘方效应的概率很高。所以我通常建议用前面介绍的加权混合或固浮混合模式。

赵青松：明白了。

一次分配案例解析

马清波：卢老师，能否举一个具体案例说明一下一次分配的方法吗？

卢老师：好的，请大家看下投影附图。某公司有100人，薪酬预算总额1000万。

这家公司管理层3人：总经理1人，副总经理2人。下面四个部门。A部门是业务管理部门，共10人；B是综合管理部门，10人；C和D是两个营销部门，分别有37人和40人。各部门的薪酬包该怎么切分？

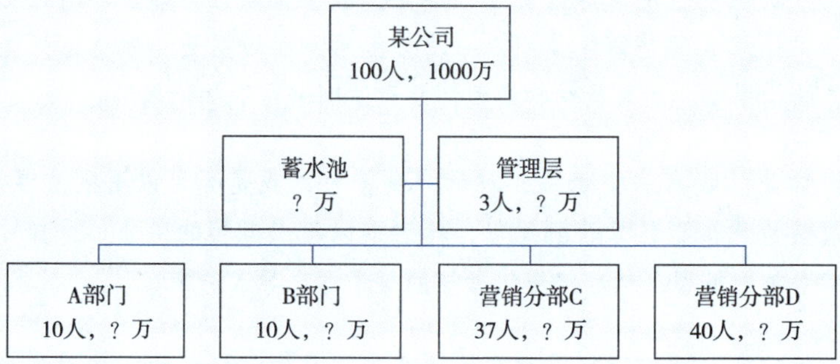

马清波：呀，这个案例的场景跟我们单位情况一样，只是缩小版本啦。A、B好比是我们的职能部门，C、D是我们的分公司。

冯莉莉：我们银行的分支行也是这样的架构。

赵青松：我们医院也是如此。卢老师这个案例有代表性，我们各家单位都能适用。

卢老师：是的。这个分配案例有普适意义，我先问下大家，你们会怎么分钱？

冯莉莉：我们以前做法是给部门加系数。比如C、D属于营销分部，类似我们的支行，经营压力大，给一个1.5系数。A部门是前台业务管理部门，给一个1.2系数。B是后台部门，给一个1.0系数。我的粗略分配方案是：蓄水池先预留10%，100万；管理层三人按员工人均收入的3倍关系，先切分100万；剩下的800万，按部门系数×部门人数来切分。总系数=10×1.2+10×1.0+37×1.5+40×1.5=137.5，单位系数的钱就是800万/137.5=5.818万。再计算A、B、C、D四个单位的薪酬包分别为：A=5.818×10×1.2=69.82万；B=5.818×10×1.0=58.18万；C=5.818×37×1.5=322.91万；D=5.818×40×1.5=349.09万。

马清波：冯总这个方法是比较典型的人员结构模型，只是用部门系数替换岗位价值系数。这个案例中，C和D是两个营销创效单位，我感觉应该用到卢老师说的“效益量化模型”会更加刺激吧？所以这个案例我考虑预留给蓄水池和管理层各100万后，剩下的800万按28开，80%给C和D共分640万，然后让C和D再按照利润或收入去抢蛋糕。而A和B是管理部门，让他们按照“人员结构模型”分剩余的160万。

赵青松

嗯，马经理这种分法倒是将人员结构模型和效益量化模型根据部门特点定向使用了。可是这里有一个最大的问题：800万的切分依据？为什么是28开，不是37开或46开呢？

马清波

赵主任说得是。这个28开我是依据二八原理，实话讲就是根据感觉和经验拍脑袋的。但是好像还是符合实际的，你看冯总刚才C和D共分了672万，我这分640万，好像也差不多哈！

卢老师

马经理，分钱问题上还不能差不多，不然下属单位会质疑我们的，还是要有依据。我在授课中，很多单位会采用冯总的方案，通过部门系数来分配。马经理的方案优点是结合了人员结构模型和效益量化模型，问题是切分比例问题。下面我就这个案例给大家一个参考方案，请大家看下投影附图。

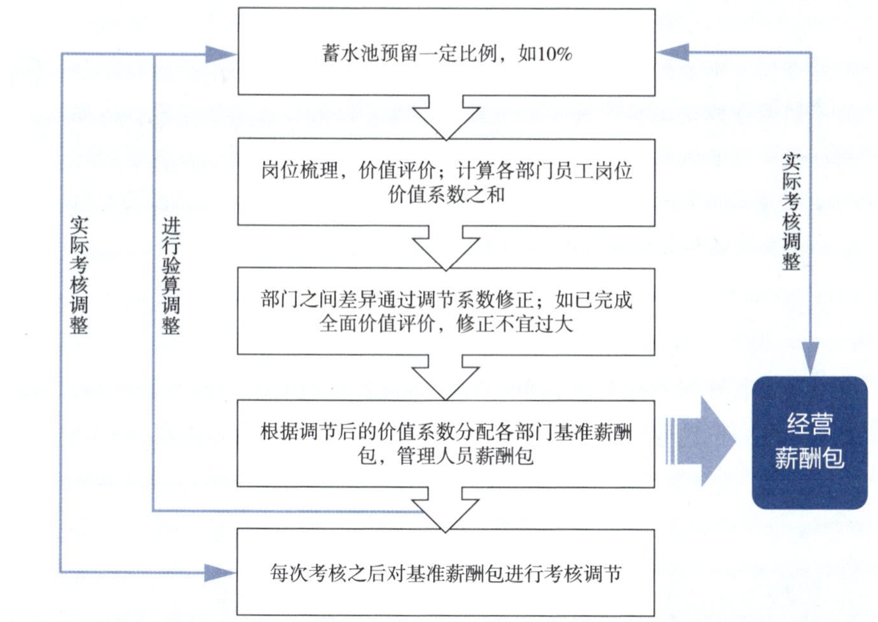

冯莉莉

卢老师，这个分配方案主轴箭头指示的流程好像就是一个标准的人员结构模型？

卢老师

没错！第一步，我们先预留蓄水池，这里是10%。第二步，做全面岗位价值评价。统计四个部门的岗位价值系数之和、管理层价值系数之和。第三步，可以省略。如果岗位价值已经全面评价，没有必要再设部门系数进行调节。如果没有做岗位价值评价，很多组织会设部门系数。第四步，计算四个部门加管理层的基准薪酬包。第五步，每次考核后对部门基准薪酬包进行调节。考核导致薪酬包的增减进入蓄水池。

赵青松

卢老师，这个蓄水池留的比例有什么讲究吗？

卢老师

蓄水池的留存比例通常是跟过往的规律有关。如果过去蓄水池留的比例很高，那么可以适度减少点，但是也不建议得减太多，否则一些大家习惯的专项奖没有出处了；如果过去蓄水池留的比例很少，那更不能将蓄水池留的过多，否则主池钱太少，那就不够分了，大家会有降薪的感觉。

赵青松

懂了。还有一个问题，管理层的价值系数之和怎么统计？可以对管理层进行岗位价值评价吗？

卢老师

当然可以。比如这家公司一个总经理负责全面工作，两个副总经理分管不同业务模块，其实就是三个岗位，也可以做岗位价值评价。比如总经理岗位价值系数是8.5，分管一线部门的副总经理岗位价值系数是6.5，分管二线部门的副总经理岗位价值系数是6.0。那这样管理层的岗位价值系数之和是8.5+6.5+6.0=21。

赵青松

明白啦！各部门的基准薪酬包怎么换算呢？

卢老师

这个简单，通过岗位价值评价，计算所有部门的岗位价值系数之和，比如200，薪酬总包减去蓄水池10%剩900万，然后900万/200=4.5万。再用4.5万乘以每个部门的价值系数之和，得到每个部门的基准薪酬包。

马清波

那这样管理层三个人薪酬包算下来就是21×4.5万=94.5万？

冯莉莉

嗯，这个比我们前面拍脑袋确定管理层留100万是要合理一些！

马清波

卢老师，这个模型是很标准的人员结构模型。可是这个案例中有两个经营单位，如果用人员结构模型，是否不够刺激？是否可以用效益量化模型？我前面就是想这么用，但是两个模型的切块比例没有想好。

卢老师

马经理的想法很好，活学活用！大家注意看一下刚才投影中我给的参考分配模型，有一个“经营薪酬包”的概念，这就是用来做效益量化模型分配的。

马清波

那这个经营薪酬包的总额怎么确定呢？这就是我一直困惑的问题！

卢老师

这个“经营薪酬包”就是从上述C和D两个营销部门的基准薪酬包加和出来的。按前面说的人员结构模型，依据岗位价值系数换算C和D两个部门的基准薪酬包假如分别是320万和350万，那么“经营薪酬包”就是670万。

马清波

我明白了！这样就解决我们前面说的薪酬包切块问题。先按人员结构模型换算各经营单位的基准薪酬包，再将基准薪酬包统合成一个大的“经营薪酬包”，最后按照效益量化模型让C和D两个经营单位依据利润指标去抢蛋糕。我理解对吧，卢老师？

卢老师

没错！在一次分配时，如果涉及多种类型的部门，我们通常建议先用人员结构模型来预分配，因为人员结构模型包含有部门人数和岗位价值系数，可以比较好地找到一、二线部门间的平衡点。有了基准薪酬包后，我们就可以组合成经营薪酬包，然后用效益量化模型或混合模型进行分配。

马清波

这个案例如果对C和D两个部门做混合分配，这么操作呢？

卢老师

假如我们用55加权混合，先将经营薪酬包670万的50%按照人员结构模型分给C和D，那么C部门基准薪酬包就是320万×50%=160万，D部门基准薪酬包是350×50%=175万，分别跟C和D部门的组织考核成绩联动。剩余的670万×50%=335万，让C和D两个部门根据利润占比去抢蛋糕。

马清波：嗯，这种混合分配处理方法很好！人员结构模型是基本保障，体现稳定导向。效益量化模型刺激性强，体现业务导向。

冯莉莉：卢老师这个案例通俗易懂，将两种分配模型的组合关系说得非常通透，对我们启发很大！

赵青松：是的，一次分配学问真大。回头我们要好好消化一下，用到实践中。

卢老师：嗯，关键是学以致用。

（辅导会继续进行……）

【读书笔记】

- 效益量化模型做一次分配简单粗暴、很刺激；而人员结构模型做一次分配更均衡：财务指标与非财务指标的均衡、长期指标与短期指标的均衡、结果指标与过程指标的均衡。
- 混合分配体现稳中求进的思想：人员结构模型求“稳”，效益量化模型求“进”！
- 混合方式：加权混合、固浮混合、混中加混。不推荐用乘法混合，会导致平方效应。
- 一次分配如涉及多类型的部门，通常先用人员结构模型来预分配，找到一、二线部门间的平衡点。确定了各部门的基准薪酬包后，再组合成一线部门的经营薪酬包，用效益量化模型或混合模型进行一次分配。

3.5 工效联动为什么常用增量调节方法?

故事导入

工效联动也属于一次分配的范畴，但是马清波经理发现卢老师介绍的一次分配模型和他们正在推行的工效联动有点不一样，究竟差别在哪里呢?

工效联动可以不动存量、动增量吗?

马清波：卢老师，我们是国企，上级主管单位对我们国企的工资总额有一个“工效联动”的概念，这个“工效联动”也属于一次分配的范畴吧?

卢老师：是的。工效联动是指工资总额和单位效益要进行联动。效益增加、工资总额增加；效益减少，工资总额也要减少。工效联动是对工资总额进行管理，所以属于典型的一次分配。

马清波：嗯，我们公司是高度市场化的单位，我们还是非常支持搞工效联动的。这样员工有奔头、组织也更有希望。当然收益和风险是均等的，工资总额能上、也能下。

卢老师：没错！工效联动是一个很好的抓手，尤其是对于市场竞争的单位来说。而且工效联动还可以有效控制人员编制的增加。

马清波：嗯。我们上级主管单位对我们公司也在执行工效联动，但是方法论好像跟前面讲的人员结构模模型和效益量化模型都有一点差别。

卢老师：哦，你们上级主管单位是怎么给你们公司做工效联动的呢?

马清波：我们是以上一年工资总额为基数，根据预算指标的增长率来预算今年的工资总额。比如，上一年工资总额5亿，今年如果利润增幅20%，可能换算下来今年工资总额增幅是10%，就是5亿×110%=5.5亿。

卢老师

马经理，你们上级单位这种工效联动模型我们称为“存量维持、增量调节”。这在很多国企当中是被广泛采用的。

工效联动为什么要以上年工资总额作为基数？

冯莉莉

卢老师，我有一个困惑，工效联动为什么要以上年工资总额作为基数？我们银行好像就不是马经理公司这种分配方法，更像老师前面介绍的混合分配模型。

卢老师

这背后的原因还是因为国有企业历史情况比较复杂。有些单位之前因为历史原因人浮于事，工资总额也不低。如果按照我们前面介绍的模型，尤其是效益量化模型来做一次分配，这个单位职工可能就要大幅降薪或裁员，这个震动就很大。而国企还是要履行一定的社会责任，所以需要一个平稳过渡期。因此很多国企单位做工效联动时，都是以上年基数为基准，来预算今年的工资总额。

冯莉莉

我明白了，这种做法就是旧账不翻，承认过去的合理性，不合理也当成合理，重点是展望未来应该怎么办，这种考虑有道理！不过，我们现在银行新领导班子锐意进取，加上我们行业竞争异常激烈，我们目前做法还是偏激进的。

卢老师

是的。每个单位情况不同，要区别对待。其实用我们前面讲的混合模型，也可以起到“稳中求进”的改革效果。通过人员结构模型求稳，尊重历史；通过效益量化模型求进，展望未来。

马清波

嗯，我很认同卢老师的意见。只是现在上级主管部门对我们采取的工效联动用的是增量调节，我们对下属单位进行一次分配，如果沿用这个模型，该怎么使用呢？

卢老师

好的，后面我们来展开讲解一下这个分配方法。

固定工资也可以做工效联动吗？

马清波

卢老师，如果对下属单位进行工效联动模型设计，这个工资总额是整体打包呢？还是拆分成固定工资和浮动工资两块？

卢老师

这样看每个单位的处理方式。一般对于体制内的单位，通常采取固浮分离的模式：固定工资（基本薪酬）和浮动工资（绩效薪酬）分开做工效联动。

赵青松

嗯，我们医院就是工资和奖金分两条线管理的。

马清波

那固定工资部分也要跟效益或量化指标挂钩吗？对于员工来说，固定工资就是一种基本保障，是否应该求稳？

卢老师

当然是可以的。我们很多单位就是这样处理的。固定工资维持现状或者跟CPI增幅有关。

马清波

CPI就是居民消费指数？国家每月好像都要公布数据。

卢老师

是的。因为固定工资是保障员工基本生活的。如果CPI涨，就意味着员工的获得感在下降。

马清波

确实是的，钱会不值钱嘛！那固定工资怎样跟CPI挂钩呢？

卢老师

一般采用固定工资总额＝上年固定工资基数 × 本年CPI增幅。固定工资跟CPI直接挂钩。

马清波

但如果公司整体效益下降，因为CPI涨，固定工资涨，这不违背了工效联动的思想了吗？

卢老师

工效联动是薪酬总额联动的概念。效益下降，薪酬总额会下降，但是固定工资可以涨，因为浮动工资会下降得更厉害。

马清波

明白啦。是否可以建立一个模型，固定工资跟CPI和单位效益进行联动呢？

当然可以，我们可以做一个条件算法，请大家看下投影附图：

卢老师

固定工资总额＝上年固定工资基数×（1+CPI×调节系数T）

- 当单位效益增长时，$T=1$
- 当单位效益减少时，$T=0$

马清波

嗯，这个比较合理。如果单位效益增加，那么CPI就纳入修正；如果单位效益减少，那CPI就不纳入修正。这个方案既符合上级政策精神，也对员工好解释，还可以鼓励员工将公司整体业绩做上去。

没错。固定工资主要还是保障作用，工效联动的重点还是要针对浮动工资或绩效薪酬做联动设计。

卢老师

做工效联动时需要对下属单位做分类管理吗？

马清波

卢老师，上级单位对我们国有企业做工效联动时采取了分类管理，比如我们公司市场化程度比较高，归为商业一类，有的国企是商业二类，有的属于公益类。那我们对下面的分子公司做一次分配，是否也要进行分类管理呢？

这是必须的。国企情况多种多样，所以国家主管单位对国企进行分类管理，目的是做工效联动时更科学。不然这个模型对这类企业很适合，对别的企业就不适合。同样的道理，你们集团公司对下属分子公司做工效联动或一次分配也要进行分类管理。不然下面的火力就会集中到你们人力资源部啦。

卢老师

马清波

那怎么样对下属单位进行分类呢？

我们在实践中有两个方案。一个方案时参考国家的对国企的分类方法，将你们集团下属的二级单位分成三类：A、经营型单位（市场化程度高的分子公司、事业部等）；B、综合型单位（非市场化和市场化程度低的分子公司或事业部）；C、保障型单位（职能部门、支撑部门等）。

卢老师

马清波

嗯，这个分类有点像我们国家对国企的分类。A类就是商业一类、B类就是商业二类、C类就是公益类。

卢老师

没错！只是国家是针对企业分类的。而集团的下属单位有些不是企业，可能就是一个部门。

马清波

卢老师，您说另一种分类模式是怎样的呢？

卢老师

我们有些企业针对下属的分子公司会根据“竞争性”和“成熟度”分成四个类别，请看投影附图。

成熟度

高	C类	A类
低	D类	B类
竞争性	弱	强

马清波

这样的考虑是什么呢？竞争性好理解，成熟度是指什么？

卢老师

我们有些企业属于平台型的集团公司，下面很多子公司也是属于投资类平台。而投资型公司跟成熟度关系很大，投入期很短的企业，短期是没有收益的。所以需要区分成熟度。

马清波

明白了。这个也有道理。不过我们公司倒是很符合第一种分类方法。

冯莉莉

我们银行也是第一种分类。我们的分支行、小微事业部、投行部就属于A类。而总行的一些操作中心就属于B类。剩余的职能部门就属于C类。

卢老师

没错！第一种分类模式是最普遍的。

赵青松

这个分类方法我们医院其实也可以借鉴一下。我们之前就是分了临床科室、医技科室、行政职能科室。实际上有些临床科室还是要细分一下，有些就是入不敷出的，但是必须要设置，有点综合型的特点。

是的。科学分类是一次分配的前提。

卢老师

经营型单位怎么做工效联动？

马清波

卢老师，经营单位怎么做工效联动呢？这些单位有效益指标，应该用效益量化模型做一次分配吧？

卢老师

是的，效益量化模型完全是可行的。但是效益量化模型是存量抢盘模型，比较适合几个经营单位一起去“抢蛋糕”。但是如果针对一个经营单位做工效联动，可以用前面说的增量模型。

马清波

增量模型具体公式是什么？

卢老师

如果采取固浮分离方式，浮动工资总额=上年浮动工资基数 × 浮动工资增幅。

马清波

这个浮动工资基数应该还是指上年浮动工资总额吧？

卢老师

是的。增量模型就是存量维持、调增量。承认历史、展望未来。

马清波

嗯，这样矛盾会小一些。浮动工资的增幅怎么计算？

卢老师

对于经营单位，浮动工资增幅和该单位的效益增幅直接正相关。效益增幅大、浮动工资增幅也大；效益增幅小、浮动工资增幅也小。

冯莉莉

卢老师，这个效益增幅和浮动工资增幅应该是收敛关系吧？效益增幅应该大于浮动工资增幅吧？

卢老师

是的。国企通常会用非对称收敛，涨的多、降得少。比如单位效益增幅为+30%，浮动工资增幅为+15%；单位效益增幅为−30%，浮动工资增幅为−10%。

马清波

这个也是合理的。前面卢老师辅导时说过，这种非对称收敛需要设置两个收敛系数。不过我有一个问题，如果设置两个收敛系数，这种收敛都是线性的。有没有一种可能，收敛时有衰减的效果呢？比如效益增幅达到一定幅度后，浮动工资增幅会收敛得更快呢？

卢老师

这个是可以的。前面我们介绍的非对称收敛是线性的，如果要做到非线性收敛，复杂的方法需要做对数函数，简单做法可以采取分段收敛。请大家看下投影附图。这是一家企业对下属经营单位浮动工资增幅与考核利润增幅的关系表，采用的就是分段计提的方法。

考核利润增幅	分段计提比例
30%（含）以上	10%
20%（含）~30%	20%
10%（含）~20%	30%
0%（含）~10%	100%
-10%（含）~0%	30%
-30%（含）~-10%	20%
-30%以下	10%

冯莉莉

这个表怎么换算呢？比如考核利润增幅是+35%和−35%，对应的浮动工资增幅是多少呢？

马清波

我来试算一下，看是否正确？如果考核利润增幅是+35%，那么就跨越了4段：第一段10%计提10%×100%=10%，第二段10%计提10%×30%=3%，第三段10%计提10%×20%=2%，第四段剩下5%计提5%×10%=0.5%。所以总的计提比例是10%+3%+2%+0.5%=15.5%。对吧，卢老师？

卢老师

完全正确！如果考核利润增幅是−35%，浮动工资增幅是多少？

赵青松

我刚才按照马经理的算法，如果考核利润增幅是−35%，浮动工资增幅是−7.5%。因为负向跨越了三段：−10%×30%−20%×20%−5×10%=−7.5%。

冯莉莉

这个算法有点意思，也实现了非对称收敛的效果，涨得多、降得少！只是好像没有老师前面介绍的公式收敛直观。

卢老师

是的。前面介绍的公式收敛比较简单，属于线性收敛；上面表格介绍的是分段收敛。我们将两种收敛效果做了一个对比，请大家看下投影附图。这里的线性收敛正向收敛系数是0.5，负向收敛系数是0.3。

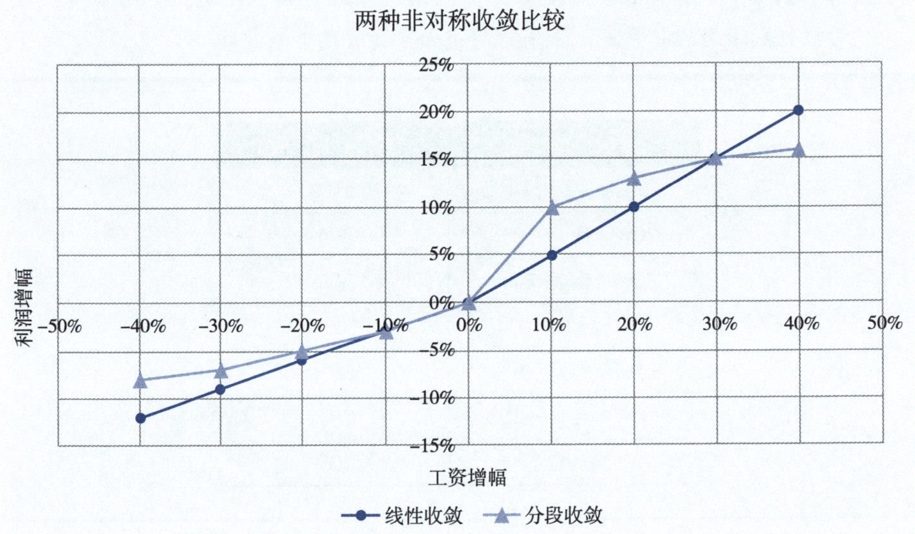

赵青松

嗯，这个图看起来一目了然。我个人倾向于分段收敛。线性收敛正负两段是两条直线；而分段收敛是分段线，并且越高越平缓。这样便于管控工资增加幅度，毕竟薪酬总盘子只有这么多，如果某些单位太冒尖了，薪酬总盘子包不住呀。

马清波

有道理。卢老师，我还有一个问题，刚才案例中，采用的效益指标是利润指标，应该可以选择别的指标，比如EVA或规模指标吧？或者多指标加权？

卢老师

可以的，这里的增幅是都是百分比，所以可以用多指标自由加权。比如公式可以这样来设计：浮动工资增幅 =A指标对应浮动工资增幅 × 权重1+B指标对应浮动工资增幅 × 权重2

马清波

这个通用公式很好。上述模型说的是经营单位，而对于生产单位、服务单位或操作单位等，经营指标不突出，反而业务量指标很突出，也可以这么用吗？

卢老师 当然可以。只是要将经营指标增幅替换成业务量指标增幅。

马清波 明白了。

保障型单位怎么做工效联动？

冯莉莉 卢老师，您前面介绍的经营型单位的工效联动模型，用的都是效益指标或量化指标。如果对职能部门或保障型部门做一次分配，没有经营指标或量化指标，该怎么处理呢？

卢老师 我个人推荐用前面说的存量抢盘的人员结构模型。这个模型会涉及到人员编制、岗位价值和部门考核三个变量。当然，如果想统一到增量模型，浮动工资可以采取如下公式：浮动工资总额＝上年浮动工资基数×（公司利润增幅×权重1+公司业务量增幅×权重2）×部门考核系数

冯莉莉 我明白啦，如果用增量模型，保障型单位的浮动工资增幅跟全公司的效益或量化指标挂钩，同时要考虑部门的实际考核分？

卢老师 是的。职能部门或保障型单位没有直接的效益或量化指标，我们只能取全公司的指标来做工效联动，同时要将部门的当期考核得分进行修正。

冯莉莉 嗯，这个是合理的，一荣俱荣、一损俱损嘛！

马清波 卢老师，我有一个问题，上面公式中全公司的指标取利润指标可以理解，为什么还要取公司业务量指标呢？

卢老师 这要看每个单位具体情况。利润等效益指标可以理解为“功劳”，业务量指标可以理解为“苦劳”。有时苦劳多，未必功劳大！反之亦然。所以我们有一些单位在计算全局工作量时，会考虑两者的结合。比如销售型企业，会考虑利润和销售量的结合；制造型企业，会考虑利润和生产量的结合；服务型单位，会考虑利润和服务量的结合；维护型单

位会考虑利润和维护工作量的结合。具体来说，比如航空公司和地铁公司，通常会将利润和旅客运送量进行双指标加权。医院作为事业单位，也应该将医务收入和工作量做合理组合。

赵青松

嗯，这个是合理的。我们公立医院有很强的公益属性，不能只看收入，更要看重门急诊人数和出院病人数等指标，这样也能合理地评估一些科室的功劳和苦劳。

卢老师

没错！

马清波

这个公式是否可以单指标使用，比如只选择公司的利润指标，就100%权重？

卢老师

可以的，这种情况主要针对竞争激烈的销售型组织，并且很看重结果的单位。

马清波

卢老师，我总结一下哈，看是否正确？对于职能部门和保障型单位，如果采取增量模型做一次分配，就选择公司的总体效益和业务量指标加权联动，并结合部门自身的考核结果。

卢老师

没错！

冯莉莉

如果某个部门的浮动工资总额按上述公式核算出来了，这个部门增加人、减少人都可以不管了吧？这样就间接控制了职能部门人员编制的增加？

卢老师

是的。但是上述模型是增量模型，没有动过往存量。因此可以控制人员编制的增加，但是没有核定职能部门初始化的人员编制，所以肯定会被有些部门领导诟病的。

冯莉莉

现在各个职能部门都还喊人不够，我先不管那么多啦，先“止血”再说。怎么对职能部门做初始化人员编制，我要单独好好请教一下卢老师！

卢老师

没问题！

综合型单位怎么做工效联动？

马清波：卢老师，上面您介绍了针对经营型单位和保障型单位的工效联动模型。对于最复杂的综合型单位，该怎么做工效联动呢？是否模型也是最复杂的？

卢老师：模型看起来最复杂，反而是最好理解的！

马清波：怎么讲呢？

卢老师：综合型单位兼有经营单位和保障单位的特点，既有量化的经营指标，也有保障型单位的特征。所以我们可以将前两种类型的工效联动模型再进行一个加权组合。请大家看下投影公式：

浮动工资总额=50%×上年浮动工资基数×单位利润增幅+50%×上年浮动工资基数×（组织总利润增幅×60%+组织总业务量增幅×40%）

马清波：嗯，我看明白了！这个公式用的也是增量模型，将综合型单位和保障型单位的算法各做了50%加权？

卢老师：没错！因为这里用的都是增幅指标，是一个相对值，所以我们可以自由加权。

冯莉莉：卢老师，我确认一下哈：这个公式中，第一个“单位利润增幅”是指二级单位的利润增幅？而后面的“组织总利润增幅”和“组织总业务量”都是一级组织的，对吧？

卢老师：冯总说得完全正确！

赵青松：这个公式如果提取公因式，应该可以简化成：
浮动工资总额=上年浮动工资基数×（单位利润增幅×50%+组织总利润增幅×30%+组织总业务量增幅×20%）

卢老师：没错！赵主任的数学能力很强！按照这个简化模型，综合型单位的浮动工资增幅跟三个变量有关：本单位利润增幅、整个大组织的总利润增幅和总业务量增幅，权重分别是50%、30%、20%。

马清波

嗯，这样简化非常好理解！通过前面老师的分析，如果对于我们下属单位进行一次分配，还是要先对二级单位进行归类，然后设计出合理的、符合实际的工效联动模型。

卢老师

是的。一次分配很关键，其合理性决定了二次分配的合理性，各单位一定要高度重视。

（辅导会继续进行……）

【读书笔记】

- 国有单位通常采取“存量维持、增量调节”模型做工效联动：以上一年工资总额为基数，根据预算指标的增长率来预算今年的工资总额。固定工资和绩效工资可以分开管控。
- 上级对下属单位做工效联动要进行分类管理：
  ✓分类1：A.经营型单位；B.综合型单位；C.保障型单位。
  ✓分类2：根据“竞争性”和“成熟度”对下属单位分四个类别。
- 固定工资总额＝上年固定工资基数×【本年CPI增幅】。
- 经营型单位：浮动工资总额＝上年浮动工资基数×浮动工资增幅。增幅要做非对称收敛。
- 保障型单位：浮动工资总额＝上年浮动工资基数×（公司利润增幅×权重1+公司业务量增幅×权重2）×部门考核系数。
- 综合型单位：浮动工资总额=50%×上年浮动工资基数×单位利润增幅+50%×上年浮动工资基数×（组织总利润增幅×60%+组织总业务量增幅×40%）=上年浮动工资基数×（单位利润增幅×50%+组织总利润增幅×30%+组织总业务量增幅×20%）。

3.6 工资总额怎样按时序分配?

故事导入

工资总额预算出来后，平时发多少，年底发多少？这个问题让马清波经理很困扰，他赶紧向卢老师提问。

朝三暮四还是朝四暮三?

马清波：卢老师，工资总额通过上述一次分配的模型分到下属单位后，平时应该预发多少，年底该清算多少呢？

卢老师：这个问题很好，涉及工资总额的时序分配问题。

冯莉莉：是啊。这个问题我也很困惑。下面的分支行想平时多分点，我们总行担心年底清算时工资总额又不够清算的，所以大家经常在博弈，头大呀！

卢老师：是的。工资总额的时序分配确实是一个难题，但是也有规律。我先讲一个大家都熟悉的成语：朝三暮四！

马清波：这跟我们今天的分钱有关系吗？

卢老师：没错，关系还很大！朝三暮四这个成语的典故是讲古代人给猴子分栗子的故事。方案一：早上分3个栗子、傍晚分4个栗子；方案二：早上分4个栗子、傍晚分3个栗子？你们会怎么选择？

马清波：这两个方案差距不大吧？不都是7个栗子吗？

赵青松：我选择方案二：朝四暮三。

冯莉莉

我也选择方案二。

马清波

那猴子最后选择了什么方案？

开始时，人给猴子用方案一：朝三暮四，猴子很生气。后来人调整成方案二：朝四暮三，猴子很开心。知道什么原因吗？

卢老师

马清波

我明白了，这是落袋为安，先拿到手上踏实点呀！我看不光是猴子，人性也是如此呀！

赵青松

达尔文进化论说，人从猴子变来的，此言不虚呀！

冯莉莉

我明白卢老师为什么讲“朝三暮四”这个成语典故了。看来分钱时序还真是有讲究！

嗯，冯总悟性很高！

卢老师

为什么薪酬总额发了不少、员工还有意见？

这个案例中，单纯的朝三暮四和朝四暮三确实差距不大，但是我们很多单位现在正在干“朝一暮六”和“朝二暮五”的事情！

卢老师

冯莉莉

不瞒诸位，我们银行现在正在干这样的事情。平时发给员工的钱不多，年底发了不少！

马清波

这种搞法，员工意见应该很大吧？尤其是基层员工，薪酬本就不高，如果平时发的少，扣除五险一金、租房、生活费用，都变成了“月光族”。

赵青松

可不是吗！员工1到11月都在抱怨这个组织，年底是发了很多钱，可是前面透支了员工对组织的满意度，后面也补不回来呀。

冯莉莉

确实如此。还有一个更麻烦的事情，年底发完奖金后，员工离职率很高，我们人力资源部集中招人压力也很大。前段时间我们做了一个薪酬满意度调查，一些基层员工就明确提出了这个薪酬时序分配问题。我们领导也希望我们拿出解决方案。我正好请问一下两位，你们单位的时序分配是怎么安排的呢？

马清波

我们是科技行业，为了吸引科技人才，我们行业基本上是采取12+N的模式谈薪酬总额，比如一个员工发15个月薪酬，平时发12个月，年底发3个月奖金。薪酬时序结构就是82开：平时发80%，年底发20%。如果按照给猴子分栗子的典故，差不多是“朝六暮一”吧！

冯莉莉

我们银行现在向科技金融转型，怪不得招聘一些互联网金融人才很不好招聘。原来你们这个行业都是这样发钱的。所以我们现在这个薪酬结构确实要改革：一方面老的基层员工有意见、离职率高；另一方面，科技人才也不好招聘。赵主任，你们医院怎么发钱的呢？

赵青松

我们医院给职工发钱由三部分构成。每个月发两部分钱：工资和奖金，年底会有年终奖。年终奖占职工工资总额比例不一定，一般在10%~30%吧。

冯莉莉

嗯，明白了。看来还是我们薪酬时序结构上有问题。

卢老师

其实，就我在银行做咨询项目所了解的信息，银行给员工的薪酬总额并不低。但是我们在薪酬分配时序结构上出现了问题。正所谓：组织的钱没有少花，但是员工还不一定开心。

冯莉莉

是啊，我们是典型的“好心办坏事”！

平时多发钱是否意味着提高固定工资？

冯莉莉

卢老师，我们薪酬的时序结构该怎么调整比较合理呢？

卢老师

我先问冯总一个问题，你们银行目前的时序分配结构是怎么考虑的呢？

冯莉莉

我们银行之前是本地的政策性银行，有点类似体制类单位，所以当时员工基本工资并不高。虽然后来转成了商业银行，也搞了薪酬改革，但是因为市场竞争压力很大，行领导也不希望平时给职工分太多钱，还是希望银行总体效益好了，年底给员工多发些。所以一直维持现在的时序分配。对于老员工来讲，我们行业薪酬水平在当地还是很有竞争力的，所以大家无所谓。可是对于基层员工、新员工，大家意见就比较大了。

卢老师：明白了。关于薪酬分配时序，我建议还是要考虑每个单位的行业背景。请大家看下投影附表。

经营状况	平时分配	年底分配
比较稳定	70%~80%	20%~30%
波动较大	50%~60%	40%~50%

赵青松：我们医院业务量每年还是比较有规律，相对比较稳定，所以看来目前我们执行的时序比例还是合理的。

冯莉莉：我们银行的市场竞争压力大，我估计应该选第二种方案吧？

卢老师：银行业虽然有竞争，但是毕竟属于服务行业，只要没有大的经营问题和政策风险，总体经营状况还是比较稳定的，平时分60%~70%是没有问题的。

冯莉莉：卢老师，如果年底奖金一部分分到平时了，是否会变成固定薪酬？这样员工旱涝保收啦，我们领导可是坚决反对的！

卢老师：年底的钱放到平时来分配，也没有说放到固定薪酬呀。

马清波：我知道啦。卢老师的意思是将年底的钱放到月度绩效工资中，对吧？

卢老师：是的。一般单位员工的薪酬结构是基本工资+绩效工资+年终奖，像赵主任的医院一般称为工资+奖金+年终奖。基本工资按月发放，绩效工资或奖金按月度或季度发，年终奖年底才发。我们调整薪酬的时序结构，就是将年终奖的部分调整到月度或季度的绩效工资部分。

冯莉莉：我明白了，这种方式我们领导应该可以接受。基本工资没有变，绩效工资提高了，年终奖降低了。这样带来一个新挑战，绩效考核体系要跟得上，否则绩效工资变成固定工资啦！

这是必须的！

卢老师

薪酬结构比例大约多少合适？

马清波

卢老师，我想接着刚才的问题请教一下，前面说的薪酬结构由三块构成：基本工资、绩效工资和年终奖，比例分别占比多少合适呢？

这个要取决每个单位的情况。通常352或343比例比较多见。

卢老师

马清波

如果比例结构是352：3是基本工资、5是绩效工资、2是年终奖？

是的。3+5=8是平时每月发的，2是年底发的。这样员工平时的收益预期在增加，但又不是绝对增加，5需要跟员工的绩效考核挂钩。

卢老师

马清波

明白了！这个比例结构是所有人都一样，还是可以根据不同岗位或职级调整？

中小型单位，通常是一个比例结构，这样简单好操作。对于大型组织，会根据不同职级做调整，这里有两个典型方案可以参考，请大家看下投影附表。

卢老师

方案一：

	基本工资	绩效工资	年终奖
高层管理者	30%	30%	40%
中层管理者	40%	30%	30%
基层员工	50%	30%	20%

方案二：

	基本工资	绩效工资	年终奖
高层管理者	30%	30%	40%
中层管理者	30%	40%	30%
基层员工	30%	50%	20%

马清波：这两个方案共同点都是体现对基层员工的保障，而且越基层的员工，平时及时激励更多一点。

冯莉莉：嗯，这个是合理的。我更倾向于方案一。我们银行不同层级收入差距较大，对于高层管理者，即便平时占比低，绝对值也不少，我们更希望高层要对组织业绩负责。

马清波：方案一和方案二的不同点是基本工资和绩效工资的占比不同。方案二的基本工资是一个比例的出发点是什么呢？

卢老师：方案二主要是考虑我们有些单位在做薪酬体系设计时，岗位价值评价的结果用来设计基本工资体系，如采用方案二一样的比例，可以直接引用岗位价值系数。否则需要对岗位系数进行压缩处理。所以方案二更直观一些。当然如果单位规模不大，我们通常建议不用区分岗位层级，采用一致的比例。

马清波：嗯，这样更简单！

平时的薪酬怎么跟考核结果挂钩？

冯莉莉：卢老师，月度薪酬如果采取基本工资+绩效工资的组合，那绩效工资就要与平时的考核体系对接起来，势必要建立起平时的考核体系吧？

卢老师：这是必须的。我们前面辅导天平模型时说了，绩效体系和薪酬体系必须要衔接，不能孤立。否则绩效考核和薪酬激励两张皮，天平就发挥不了更大的威力。

冯莉莉：绩效工资也是每月发放，那对员工是否每月要绩效考核？

卢老师：绩效考核如果只做年度考核，是没有意义的。那就是秋后算账、劳民伤财。我们建议有条件的单位做月度考核，没有条件单位至少做季度考核。考核结果要与绩效工资挂钩。

冯莉莉：嗯，月度考核可以直接与绩效工资挂钩，如果季度考核，怎么挂钩呢？

卢老师

如果是季度考核，有两种方案挂钩：方案一，上季度考核结果影响员工本季度三个月的绩效工资；方案二，本季度前两个月预发80%绩效工资，第三个月绩效工资额度就有100%+20%+20%=140%，跟上季度考核结果挂钩。

冯莉莉

我明白啦。这带来了一个新问题，要求平时的月度或季度考核要做好。不然，没有平时考核数据支持，绩效工资最后又变成了固定工资。

卢老师

没错，薪酬体系和考核体系是要紧密关联的。我们服务的很多单位，绩效管理体系很健全：有组织考核、有员工考核；有月度考核、有年度考核。高层领导有经营责任书、中层干部有一部一册、员工有一人一表。横向到边、纵向到底，人人有指标、压力一起背。

冯莉莉

呀！听着都很神往！这套绩效管理体系很完美，我们这块差距还挺大的。有什么样的公司已经做到了，可以让我们去学习一下呢？

赵青松

是呀！我们医院现在也在推行三级考核体系：第一级是国考体系，国家对医院的考核，第二级是科室考核，第三级是员工考核。我们现在勉强做到了第二级，三级差得很远。我们也要向标杆单位学习一下。

卢老师

大家要学习的单位，远在天边、近在眼前！马经理公司的全员绩效管理体系已经构建起来了。

马清波

这要感谢卢老师去年对我们公司的精心辅导，我们公司确实已经建立起全员绩效管理体系，当然还有很多内容在不断优化。下次我可以专题来分享一下。同时我特别推荐卢老师的绩效管理书籍《其实，绩效管理并不难》，这本书对于绩效管理工作很有帮助！

冯莉莉

嗯，一定要拜读卢老师的绩效书籍，也要专程来贵公司学习。

（辅导会继续进行……）

【读书笔记】

- 朝四暮三比朝三暮四效果好，背后是人性的特点。组织的钱没有少花，但是员工还不一定开心。
- 中小型单位的薪酬结构，建议用一样的比例，简单好操作；对于大型组织，可以根据不同职级做调整，越高层级浮动比例越高。
- 薪酬结构建议352（或343）：3是基本工资、5是绩效工资、2是年终奖。基本工资跟考勤挂钩，绩效工资跟月度或季度考核挂钩，年终奖跟年终考核挂钩。
- 绩效体系和薪酬体系必须要衔接，不能孤立，否则就是两张皮；建议有条件单位做月度考核，没有条件单位至少做季度考核。没有平时考核数据支持，绩效工资最后变成了固定工资。

3.7 没有薪酬增量可以做薪酬改革吗?

故事导入

员工对薪酬的期望是就高不就低，所以薪酬改革最好做增量改革。但是现在很多单位并没有太多的增量，还能推进薪酬改革吗?

没有薪酬增量做薪酬改革的两个方法

马清波：卢老师，前面说薪酬改革最好是选择有薪酬增量的时机做改革。如果没有薪酬增量还可以做薪酬改革吗?

卢老师：薪酬改革涉及到员工的切身利益，如果没有薪酬增量做改革，最后有人拿的多就会有人拿的少，利益受损者会抵制改革，尤其是你们几家国有企事业单位更是如此，所以很多单位改革最后改不下去。但是，现在经济形势和竞争的压力，很多单位确实也没有薪酬增量了，是否就不能改革了呢？不是的，还是有两个办法，一个是调时序，一个是调结构。

马清波：调时序就是前面说的从“朝三暮四”到“朝四暮三”的调整吧?

卢老师：是的。就像古代人给猴子分栗子的故事，最好是从7个栗子增加到8个栗子，这就是做增量改革。但是没有第8个栗子，只有7个栗子，还可以改革吗？古人已经告诉我们这个智慧了，就是从“朝三暮四”调整到“朝四暮三”，这样也是可以提升员工积极性的。

马清波：明白啦！那第二招——没有薪酬增量、调结构怎么操作呢?

卢老师：调结构是指薪酬结构——固定工资和浮动工资的比例，也可以调整。

马清波：嗯，有点意思，我们公司也叫基本工资和绩效工资，这个怎么调整呢？

卢老师：好，我先问大家一个问题。通常单位领导是希望固定工资（基本工资）的比例高，还是浮动工资（绩效工资）的比例高呢？

马清波：领导肯定是希望绩效工资比例高呀！

冯莉莉：是的。我们领导也是各种场合强调要加大绩效工资的占比。

赵青松：我们医院倒没有明确固浮比例的概念，但是我们工资涨幅有限，奖金部分还是有一定涨幅空间。所以几年下来，奖金部分的占比越来越大。

卢老师：没错！这是目前我们很多单位的现状。我接着问大家第二个问题，员工们是希望基本工资比例高还是希望绩效工资比例高？

马清波：我肯定是希望基本工资比例高呀！

冯莉莉：没错！

赵青松：同意！

卢老师：看来，我们单位领导的想法和员工的想法还是很不一样的。

冯莉莉：是啊！所以说我们人力资源部经常夹在中间，两边不是人呀！

马清波：可不是嘛！

提高基本工资的薪酬改革方案可行吗？

冯莉莉：卢老师，这个薪酬结构该怎么调整呢？

卢老师：我给大家讲一个客户的案例。这家客户是一家电信运营商的省级公司，前几年做薪酬改革。电信这个行业因为业务发展饱和度高，业务增速放缓，所以利润增速和工资总额增速也很低啦。

马清波

是啊！我们公司也属于通信行业，这个行业现状确实如此。如果没有薪酬增量做薪酬改革就很难呀！

卢老师

确实如此！但是这家公司人力资源部想出一大招，就是调结构：提高基本工资占比，降低绩效工资占比！

冯莉莉

不会吧！请问这样干，领导能同意吗？

马清波

我觉得领导不会同意这个方案！

卢老师

是的。领导一般情况不能同意。但是这家公司的人力资源部说了一个理由，最后领导同意啦。

冯莉莉

啊，这该是一个怎样的理由呀？能让领导们改变的！

卢老师

呵呵！其实这个理由就是一句话：绩效工资的效果并不是取决于占比的比例有多高，而是取决于考核的力度有多大！

马清波

妙呀！很精辟！

冯莉莉

嗯，这句话确实击中要害啦！我们一些单位绩效工资占比是很高，可是考核力度做不起来，这个绩效工资也就没有起到绩效工资的意义，就变成基本工资或固定工资啦！

卢老师

没错！我们有些市场化程度很高的单位，绩效工资在薪酬中占比达到了70%~80%，可是员工考核波动幅度只能做到±10%以内；而有些单位绩效工资占比只有40%~50%，但是员工考核波动浮动能做到±20%，大家说下哪个对组织触动效果更好？

马清波

那肯定是后者比前者效果好呀！

卢老师

是的。所以领导真正需要关心的是考核分配的效果对组织的促进作用，单纯关心绩效工资占比是没有意义的！

冯莉莉

我明白了这家客户的领导为什么被说服啦。这家单位的人力资源同行很厉害，抓住了问题的本质。

提高基本工资占比是普涨吗?

马清波

卢老师，我想了解一下这家电信单位的薪酬改革具体是怎么操作的呢?

卢老师

好的。这家单位薪酬改革方案的核心是：提高基本工资占比，降低绩效工资占比，加大考核力度。

马清波

提高基本工资占比，那员工的基本工资不是都普遍提高了吗?

卢老师

是普遍加薪，但是每个人加薪幅度却有所不同。

马清波

怎么讲呢?

卢老师

这家单位按照他们集团公司要求做薪酬改革，基本工资要重新套改，新的薪酬制度是基于岗位价值评价来设计的薪酬宽带体系。所以新旧薪酬体系套改时，有的人基本工资涨的多，有的人涨的少。这家客户是国企，所以原则上员工没有降工资。

马清波

那这样，基本工资就必须有增量，才能实现上述的差异化增幅效果。

卢老师

是的。但是他们这个行业已经没有太多薪酬增量，所以就通过调结构——降低绩效工资占比，增加到基本工资上来，从而实现基本工资的增量改革。

冯莉莉

这倒是一个办法，没有薪酬增量做薪酬改革是很难的，但这个客户是通过调整薪酬结构，人为做出了基本薪酬的增量来实现基本工资套改。这样带来了新问题：因为薪酬总量没有增加太多，提高基本工资占比，那绩效工资占比不就下来了吗?

马清波

是啊，我也困惑这个问题。我们很多单位每月都是发两次钱，第一次发基本工资，第二次发绩效工资。第一次大家都很开心，因为提高了基本工资占比；那第二次发绩效工资时候不都要降低了吗？因为薪酬总量没有变呀。这样是否会打击优秀员工的积极性呢?

降低绩效工资占比的方案是否会打击优秀员工？

卢老师

这个问题我来解释一下，这也是这个方案的关键点。在提高基本工资占比、降低绩效工资占比的同时，加大了员工考核的力度。这样就能保证业绩优秀员工收入没有下降，甚至还是提高的。

马清波

哦，具体怎么操作的，能否用数字案例说明一下呢？

卢老师

好的。请大家看下投影附表。我们假定了某一岗位有A和B两个员工，他们原来的固浮比是3∶7，按照上述方案薪酬改革后，固浮比变成了5：5，薪酬总量没有变。大家看一下表格的方案二和方案三：维持原有的考核力度和加大考核力度有什么不同？（下表中的月度考核只关联绩效工资，不关联基本工资）

方案一：基本工资套改前、考核波动幅度 ±10%

	基本工资/元	绩效工资/元	月度薪酬/元	月度考核/%	实际薪酬/元
A员工	3000	7000	10000	+10	10700
B员工	3000	7000	10000	-10	9300

方案二：基本工资套改后、考核波动幅度 ±10%

	基本工资/元	绩效工资/元	月度薪酬/元	月度考核/%	实际薪酬/元
A员工	5000	5000	10000	+10	10500
B员工	5000	5000	10000	-10	9500

方案三：基本工资套改后、考核波动幅度 ±20%

	基本工资/元	绩效工资/元	月度薪酬/元	月度考核/%	实际薪酬/元
A员工	5000	5000	10000	+20	11000
B员工	5000	5000	10000	-20	9000

冯莉莉

如果按照方案二：提高基本工资、降低绩效工资后，考核波动幅度维持原有的 ±10%，业绩优秀员工的钱比以前少了，业绩差的员工的钱比以前多，那组织肯定不会同意这个方案。而方案三就是这家电信客户的思路：提高基本工资、降低绩效工资同时，加大考核力度，这样优秀员工比以前拿得还多了，业绩差的员工比以前更少啦。这个方案才是组织想要的。

赵青松

嗯，这个数字化案例将几个方案的优缺点表达了很清晰。但是这带来一个新问题，对员工考核要求就提高啦？我们医院现在科室内部的二次分配主要跟个人职称或职务相关，跟个人考核没有关联。如果按照方案三，不仅要做个人考核，还要加大考核的区分力度。这个难度不小呀！

卢老师

是的。前面我们在讲述天平模型时谈到：绩效管理有组织绩效和员工绩效。薪酬分配有一次分配和二次分配。绩效管理和薪酬分配要紧密相关，组织绩效跟一次分配有关，员工绩效跟二次分配有关。

马清波

我们公司去年在卢老师的辅导下，已经实现了员工绩效管理的一人一表，也实现了月度考核。但问题是管理者打分还是偏向“和谐”，所以考核区分度不大，如果像这个方案要拉大考核力度，恐怕非一时之功呀。

冯莉莉

是啊！我们银行也遇到同样的问题。对于前台业务岗位，量化指标多，所以考核区分度自然就很大，但是对于中后台岗位，量化指标本来就不多，所以考核区分度就很小，拉开考核差距不容易呀。

卢老师

是的，大家说得没错！考核的问题比分配问题还复杂，需要各级管理者深度参与。在我的绩效书籍中，讲到管理者在考核中的“三不”心态：不愿考、不敢考、不会考。前两“不”都是心态问题，需要管理者自身去解决，当然组织也有责任给管理者进行宣贯和牵引。第三“不”就是方法问题。对于冯总提到的前后台岗位考核区分度的问题，我们要澄清一个误区：考核区分度要根据不同岗位有所差异，不能都拉大到 ±20% 的差异，这是不现实的。比如前台岗位现在有 ±10% 的考核波动，拉到 ±20%、甚至 ±30% 的波动是有可能的；而中后台岗位现在有 ±5% 的考核波动，能拉到 ±10% 的考核波动就不错了，没有必要拉到 ±20% 的差距，不然就有点“无病呻吟”啦！

冯莉莉

嗯，卢老师这个建议很中肯，也符合实际。

怎样加大考核的区分度?

马清波：卢老师，那具体怎么来加大考核的区分度呢？除了对管理者提要求和宣贯外，有什么具体方法呢？

卢老师：好的，我推荐两个方法供大家参考：一个是从一人一表的指标设计方面做文章；另一个是从考核结果在薪酬的应用方面做文章。

马清波：一人一表的指标设计怎么实现加大考核区分度呢？

卢老师：马经理还记得之前我给你们单位绩效辅导中，讲到的KPI计分规则中有强相关和弱相关计分吗？

马清波：是的，我印象还很清楚，当时是辅导我们企管部做组织考核的问题。强相关就是增加指标的敏感性，弱相关就是降低指标的敏感性。

卢老师：没错！如果想加大考核结果的区分度，我们可以在给员工做一人一表的考核指标时，采用强相关计分的规则，这样可以让考核得分的波动性变大。这段内容建议冯总和赵主任回头看一下我的绩效书籍。

冯莉莉：很期待哈，回头我们得好好读一下书。

赵青松：不光是读书，这次辅导下来，我非常受启发，我还得请卢老师到医院里面给我们院领导班子和中层干部好好洗一下脑！

马清波：赞同！请问一下卢老师，加大考核的区分度，除了指标强相关计分外，还有别的方法吗？

卢老师：我们可以在考核结果应用中做文章。将原始考核分换算成考核等级，再用等级对应薪酬分配系数。比如原始考核分是99、98、97……，我们按照正态分布的方法确定ABC的考核等级，然后用考核等级对应分配系数，比如A—1.2、B—1.0、C—0.8。

马清波：我明白了，这个方法卢老师之前辅导绩效管理时也说过，原始考核分差距不大，但是通过强制分布确定等级后，可以将分配系数拉大。

是的。

卢老师

单位效益不好，究竟是降薪还是裁员？

冯莉莉

卢老师，我有一个困惑想请教一下。如果一个单位效益不好，按工效联动规则，工资总额不仅没有增量，还要减量，那究竟应该是降薪还是裁员呢？

马清波

如果按照国外企业的做法，我看大部分都是裁员，很少降薪的。即便有，也是CEO和高管降薪，员工很少采取普降的。

卢老师

确实如此。从经济学的观点看，裁员是比降薪更有效的应对方法。我们有些单位，效益不好，领导就号召员工集体降薪、勒紧裤腰带过苦日子，这个思路是有问题的。因为集体降薪往往是打击优秀员工。

冯莉莉

我完全赞同这个观点。裁员是壮士断腕、保存组织、进而保护留下的员工；而集体降薪，往往打击优秀员工，船一起下沉，大家最后都玩完。

马清波

确实是这么个理，只是裁员的成本也很高吧？

冯莉莉

确实是高，只是相对于组织的生存问题，高也不高。

赵青松

你们市场化单位还好，我们医院是事业单位，没有出口机制呀。一裁员，一堆的不稳定因素出来了。

卢老师

赵主任说得对！对于体制内的单位，裁员目前也不是可行的选项。毕竟相应的配套政策没有完全建立起来，国有企事业单位还是要承担相应的社会责任。

马清波

确实是这么个理。那对于效益不好的单位，裁员和降薪都有问题，卢老师有什么好的招数呢？

卢老师

我建议还是要保住关键岗位和关键人员，他们的薪酬不仅不能降，甚至还要提高。这些人一旦人心思动，这个单位就会进入恶性循环，很难翻身啦！

马清波

那买单的就是那些业绩差、产出少的员工啦?

卢老师

是的。这时候更需要在岗位价值评价和绩效考核方面做足文章，就是我们前面反复说的差异化分配的八字真经：以岗定薪、按绩取酬!

冯莉莉

看来，有钱分是这八个字，没有钱分更是这八个字呀！不愧是八字真经！！

卢老师

我们一些单位现在还是有些薪酬增量的，要抓住为数不多的时间窗口，让考核分配的逻辑更合理。不然没有薪酬增量，可就难改了呀。

冯莉莉

嗯，过了这一村，没有下一个店!

马清波

各位，因为时间关系，今天下午的辅导会就到这里，第四场辅导在两周之后的周六下午2点开始，欢迎大家继续参加哈！感谢卢老师的精心辅导!

卢老师

不客气，下下周我们再见!

（第三场辅导会结束。）

【读书笔记】

- 没有薪酬增量做改革的两个办法：
  ✓调时序："朝三暮四"到"朝四暮三"的调整。
  ✓调结构：提高基本工资占比，降低绩效工资占比，加大考核力度。
- 绩效工资的效果并不是取决于占比的比例有多高，而是取决于考核的力度有多大!
- 考核区分度要根据不同岗位有所差异：前台岗位拉到 ±20%~±30% 的考核波动；而中后台岗位拉到 ±10% 的考核波动，太大也会"无病呻吟"。
- 加大分配的区分度：一是从一人一表的指标设计方面做文章，另一是从考核结果在薪酬的应用方面做文章。
- 单位效益不好，集体降薪往往是打击优秀的员工。对于体制内的单位，裁员也不是好的选项。核心是要做差异化分配，保住关键岗位和关键人员。

第4讲

二次分配

4.1　二次分配有哪些模型?

什么是二次分配？　二次分配的责任人是谁？　二次分配针对基本工资还是绩效工资？　不同岗位的员工是否要用不同的分配模型？　量化薪酬模型适合哪些岗位？　人力资源部可以用量化薪酬来分钱吗？　高管人员通常用什么分配模型？

4.2　怎样通过目标薪酬模型给员工分钱?

目标薪酬模型的基本原理是什么？　目标薪酬模型中绩效基数怎么确定？　岗位系数可以用职务/职级系数代替吗？　目标薪酬模型的前提是否要构建一人一表？　目标薪酬模型的考核系数怎么换算？　使用目标薪酬是否会超出奖金预算总盘子？　目标薪酬模型的优缺点是什么？

4.3　目标年薪制该如何设计?

什么是目标年薪制？　为什么高管人员普遍采用目标年薪制？　医院可以推行全员目标年薪吗？　目标年薪该怎么设计？　没有薪酬增量可以推目标年薪吗？

4.4　提成制该如何设计?

提成制的基本原理是什么？　提成制适合什么岗位？　提成制的优缺点是什么？　什么情况用低底薪+高提成？　提成比例该如何确定？　提成比例是一成不变的吗？　提成比例如何考虑肥田与瘦地的差别？　不劳而获的订单的提成比例可以打折吗？

4.5　积分制该如何设计?

积分制包含哪些积分？　积分制模型怎么核算绩效工资？　积分制的优缺点是什么？　积分制适合什么岗位？　积分制的工作量积分怎么设计？　工作难度系数怎么建模？　难度系数怎么评价？　工作质量积分和

职业化行为积分怎么设计？　积分制怎么解决淡旺季平衡问题？　积分制可以通过信息化系统实现吗？

4.6 计价制该如何设计？

计价制的基本原理是什么？　计价制适合什么岗位？　计价制的优缺点是什么？　计价制的单价怎么确定呢？　采用计价制是否不需要做一次分配？　计价制怎么体现工作质量的要求？

4.7 项目制该如何设计？

项目制适合什么场景？　项目制怎么分奖金？　项目奖金包怎么确定？　项目等级系数怎么评价？　项目成员怎么分钱？　项目负责人能给自己分项目奖吗？　周期很长的项目怎么分配项目奖？　部门本职工作可以申请专项奖吗？

4.8 混合分配模型如何设计？

为什么用混合分配模型？　职能部门员工可以用混合分配模型吗？　怎么设计混合模型？　加法混合怎么确定绩效基数？

4.1 二次分配有哪些模型?

故事导入

两周之后，卢老师再次来到糖人通讯，进行薪酬分配的第四场辅导会……糖人通讯人力资源部经理马清波主持了会议开场。

什么是二次分配?

马清波：欢迎各位参加第四场辅导会，本次辅导会由我来继续主持。今天下午的辅导主题是二次分配。请大家掌声欢迎卢老师!（掌声响起）

卢老师：大家好!很高兴再次见面。我们直接切入主题哈，看哪一位先开始提问?

赵青松：卢老师好!大家好!今天我先来吧。前面卢老师辅导中说了：一次分配是给组织分钱，二次分配是给员工分钱。我有一个问题，我们医院给科室分钱，这属于一次分配，没有问题。现在我们有些大的临床科室，下面设置了医疗组，那科室给医疗组分钱是一次分配还是二次分配?

卢老师：科室给医疗组分钱还是一次分配，因为医疗组里面不是单个员工，而是多个员工的小组织。所以前面介绍的一次分配的模型同样适用于科室给医疗组分钱。

马清波：为什么不按管理层级来划分分配层级呢?这样更好理解呀?比如集团公司对二级分子公司就是一次分配，二级公司对三级公司就是二次分配，三级公司对部门就是四次分配，部门对于员工就是五次分配?

冯莉莉：马经理，您这种分类方式好理解，但是不好操作。每个公司的规模大小差异很大，分配层级也差异很大。我倒是赞同卢老师的分类方式。

只要是对下级组织分钱，无论组织规模大小，都属于一次分配，可以用前面介绍的一次分配模型进行分钱；如果是对于员工分钱，就属于二次分配。这样方法论更好统一。

卢老师

没错，冯总的解释很到位！

马清波

那我理解啦！我们公司现在试点划小经营核算单元，选拔了很多“小CEO”，我们现在给“小CEO”赋予了很多权限，其中就有分配权。按照卢老师这个逻辑，分公司给小经营单元分钱就是一次分配，而“小CEO”给下面员工分钱就是二次分配？

卢老师

是的。

二次分配的责任人是谁？

马清波

卢老师，一次分配的责任人是我们人力资源部和财务部等相关职能部门，那二次分配的责任人是各级管理者？

卢老师

不完全准确！二次分配的责任人是各级管理者，一次分配的责任人也是管理者，不过是上级单位的主要领导者。人力资源部作为职能部门要给领导们提供一次分配方案，也要给各级管理者提供二次分配方案的指导。

冯莉莉

嗯，这个观点我同意，很多直线经理们并不会给员工分钱，所以我们“扶上马”还是要“送一程”！

马清波

确实如此！我们近期选拔了很多小经营单元的“小CEO”，也给他们赋予分配权，结果很多人给我们反馈说这个钱不知道怎么给员工分！以前没有给分配权，大家有意见；现在给了分配权，又说不会用！我们人力资源部两头不是人哈！

卢老师

马经理说的现象是很普遍的，这也是一个组织成长过程中必然会出现的问题。我们很多直线经理都是从技术或业务高手提拔上来，管理技能还是很陌生的，需要一个摸索的过程。这个转型过程无法跨越，但是可以缩短周期。一方面是这些管理者自身的学习意愿和能力；另一方面，单位也需要给他们提供促进转变的环境和方法辅导。

马清波

确实如此。近期我们人力资源部在策划针对这些“小CEO”做了一个薪酬分配指南，想将几种常见的分配模式教给这些基层管理者。正好卢老师现在辅导的二次分配方法，马上我们就能用得上啦！

赵青松

马经理这招特别好！您要是做好这个指南也给我参考一下，我们也要给我们医院的科室主任们发一个指南。卢老师，我有一个问题请教一下，我们医院一次分配给科室后，我们是鼓励科室主任们给员工分钱要体现差异化，但是很多科室主任“不会分”是一个问题，另一个问题是他们也“不敢分”！

冯莉莉

赵主任说的管理者“不敢分”的问题在我们银行也很普遍。比如，我们总行将一次分配包给到总行职能部门总经理，希望他们打破员工的身份、职级、年资等，大胆引入岗位价值系数，但是很多部门老总不敢，最多是在员工考核分数上做一些调节，而考核也是经常做老好人，差距也不大，最后基本上是“吃大锅饭”啦。

卢老师

这个现象确实很普遍。我建议人力资源部除了给直线经理们提供二次分配指南外，还是要营造一个大的氛围，就是让大家都动起来，而不只是1~2个部门在动，否则世人皆醉我独醒时，往往最后完蛋的是那个醒的人。

冯莉莉

现在还真是这个局面啦！我们有一些先知先觉的部门领导，想在部门内部重构分配体系，但是发现别的部门都没有动起来，后来也迫于压力又回退啦。卢老师，要打破这种局面，有什么好的办法呢？

卢老师

我建议人力资源部还是将一些你们倡导的分配方案以文件方式下发，并要求各部门执行。这样各部门负责人就“师出有名”啦。包括岗位价值系数，可以统一组织评价，统一下发。如果让部门经理自己组织岗位评价是不现实的，他们也不太敢用。

冯莉莉

嗯，这个好，也是给管理者减轻压力啦！对于后知后觉的管理者，就是不愿做差异化分配，想搞大锅饭的管理者，有什么好办法？

卢老师

教化是一方面，狠招就是要对他们进行考核啦。我们有一些客户对部门的考核方案中就有专门关于考核分配的差异化指标，比如对部门员工绩效奖金的浮动比例和浮动人数进行考核。

冯莉莉

这招狠！考什么做什么嘛！

二次分配针对基本工资还是绩效工资？

马清波

卢老师，前面辅导一次分配时将基本工资和绩效工资打包一起分配啦，那二次分配既然是针对员工的分配，分配标的是基本工资、绩效工资还是整体薪酬呢？

卢老师

一次分配也不完全是针对工资总额的分配。如果上级单位对下属单位进行工效联动——工资总额和效益的联动，那就是将工资总额打包进行分配。当然有些单位将基本工资总额按照员工实际数量和职级数量打包（类似一次分配的人员结构模型），而绩效工资包（奖金包）采用另外的分配规则（人员结构模型、效益量化模型、混合模型或增量模型），那这时的一次分配就不是指工资总额啦，而是绩效工资包啦。但是对员工的二次分配，我们通常指绩效工资分配。因为基本工资一般不做差异化分配。

马清波

这倒是实际情况。基本工资作为员工的一种保障，还是要有稳定性。

赵青松

我们医院员工有工资和奖金两部分。工资每个月按照职务、职称系数固定发放，有差异的地方就是请假考勤等因素。但是奖金规则就复杂很多，不同类型科室、不同岗位员工都有差别。所以我理解二次分配就是针对员工奖金的。

冯莉莉

卢老师，我们银行有的部门管理者提出来：能否对一些业绩差的捣乱员工在扣除绩效工资同时，也扣基本工资？

卢老师

这个我不建议。基本工资设计的本意是保健因素，绩效工资是激励因素。如果想增加奖优罚劣的效果，可以提高绩效工资占比或加大考核力度，动用基本工资进行业绩扣罚，没有法理基础。当然，如果是员工旷工、请假等考勤事件那另当别论。

冯莉莉

嗯，我也是这个想法。我们一些部门对员工的绩效考核根本就没有做起来，绩效工资也搞大锅饭，这样绩效工资就已经变成保健因素了。还是前面卢老师的观点：绩效工资的效果并不是取决于占比，而是取决于绩效考核的力度大小。

卢老师

是的。员工的基本工资或岗位工资的差异化主要应该体现员工岗位的价值，可以适度考虑员工的技能、经验、年资等因素。每个月实际发放中再跟员工考勤挂钩。基本工资的核发一般是人力资源部门在操作，管理者基本上没有操作空间。而绩效工资的差异化对管理者要求就高了，方法论要复杂很多。所以后续讲到二次分配，我们特指对员工的绩效工资的分配。

马清波

所以二次分配就是指员工绩效工资的差异化分配。

卢老师

没错！

赵青松

我们医院将一次分配奖金包给到科室，也是希望科室主任给员工做差异化二次分配，可是很多科室主任实际上搞大锅饭，也没有员工考核，直接按员工的职称系数分了。我们辛辛苦苦做了一次分配，不说完全科学，至少也是用心良苦，可是顶不住科室主任们二次分配时搞“和谐”。因此我们医院领导近期多次强调要做好科室内部分配，我们也需要好好学习一下二次分配的方法。

卢老师

是的。

不同岗位的员工是否要用不同的分配模型？

马清波

卢老师，给员工做二次分配，有哪些模型可以选择呢？

卢老师

好，在回答这个问题之前，我先做一个现场调研，你们几个单位目前都是怎么给员工做绩效工资分配的？

马清波

我们公司销售体系的客户经理用的是提成模式，我们生产线工人用的是计件工资，我们研发人员和职能部门员工采用的是在绩效工资基数上根据考核结果上下浮动。

冯莉莉

我们银行对支行行长和职能部门总经理采取年薪制，年底根据考核结果清算。对前台岗位的员工用的产品计价，类似于计件工资。对于一些操作中心员工和柜员等服务岗位，用了积分抢蛋糕模式。而对于职能部门的员工，现在还没有更好的差异化模型，虽有绩效工资但基本形同虚设，没有浮动起来。

赵青松

我们医院二次分配的问题就更多了。大部分临床科室、医技科室和职能科室的员工的奖金只是跟个人的职称系数或职务系数相关，也没有个人考核。当然我们有一些先知先觉的临床科室和医技科室主任也尝试内部进行差异化分配，比如有的科室依据医生手术量、病人数量进行二次分配，有的护理单元依据护士的白班、夜班类型和工作量进行积分考核，有的医技科室依据技师工作量进行积分考核。

马清波

虽然我们几个单位行业差距很大，但听下来好像还是有一定规律的。一线员工的二次分配模型基本上以计件、计时、积分、提成为主。而管理者或职能部门的员工基本上以绩效工资基数上下浮动的方式。

卢老师

马经理总结得很正确，给员工的二次分配还是很有规律的。简单地说，二次分配就两个基础模型：目标薪酬和量化薪酬，大家上述谈到的分配模型都可以归结到这两个模型。目标薪酬属于“万金油”，各种岗位都能用。而量化薪酬一般适用一线岗位。请大家看下投影附图：

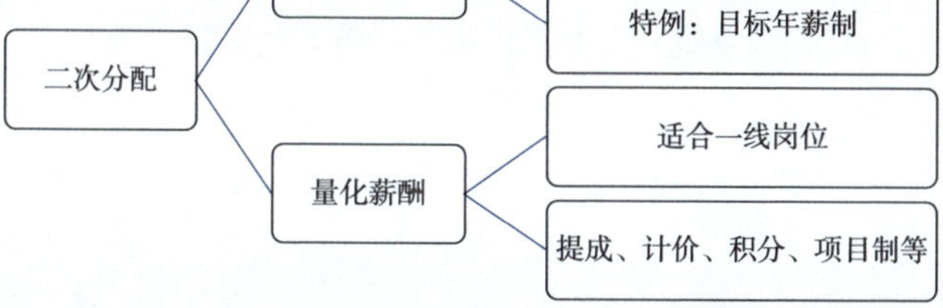

马清波

卢老师，既然目标薪酬模型属于“万金油”，那为什么还要搞量化薪酬模型呢？

卢老师

目标薪酬模型虽然适用范围广，但是对一线岗位就不那么“解渴”，所以会用到量化薪酬模型。后续我们会展开这个问题的讨论。

马清波

嗯。那我们生产线对工人的计件工资和计时工资也应该属于量化薪酬吧？

卢老师

是的。量化薪酬模型的计价模型就有计时和计件两种方式。

冯莉莉

卢老师，我们银行现在对高管人员和支行行长用年薪制，按图示属于目标薪酬模型？

卢老师

没错，年薪制属于特殊的目标薪酬模型。

赵青松

我们一些同行医院在推目标年薪制，看来也是目标薪酬，我得好好学一下。另外，我们有些医院对医生分配采用DRGs和RBRVs方式，这些属于什么分配模型呢？

卢老师

赵主任说的都是国家医改试点的热门词汇，我还比较熟悉，因为我们也参与了很多医院的绩效改革项目，其他朋友可能不熟悉。这里稍微解释一下。DRGs是根据疾病分组核算奖金的方法，主要是医院对科室进行一次分配时用到的方法，不属于我们现在说的二次分配，属于一次分配中的效益量化模型。而RBRVs是基于资源占用的分配模式，来自于美国哈佛医学院的理念。国内一些用RBRVs的医院大部分也是用到一次分配中，这个模型也可以用到二次分配中，直接给参与医疗项目的医务人员核算奖金，这就属于量化薪酬模型中的项目制模型。

赵青松

卢老师，我总结一下您看是否正确？DRGs属于一次分配模型，不能做二次分配。RBRVs可以做一次分配，也可以做二次分配。

卢老师

是的。

量化薪酬模型适合哪些岗位？

马清波

卢老师，量化薪酬模型比目标薪酬模型的形式要多很多，量化薪酬模型具体适合哪些岗位呢？

卢老师

量化薪酬模型适合的岗位有三个特征，缺一不可：一岗多人，工作好量化或颗粒化，工作重复再现。

马清波

符合这三个特征的岗位好像基本都是一线岗位，比如销售、生产、服务、维护等岗位。

冯莉莉

我看也不全是一线岗位，我们银行有一些原来中台操作类岗位，比如授信审批、票据中心等部门的员工，现在都采取集中操作、集中审核的模式，这些操作类员工也符合这三个特征，应该可以用量化薪酬模型吧？

卢老师

没错！

马清波

冯总倒是提醒了我，我们公司现在成立了财务共享服务中心Shared Service Center，简称SSC，各分（子）公司的财务报销和付款都集中到SSC来，很多分（子）公司的会计和出纳都集中到了SSC。这些员工好像也符合这三个特征，应该也可以采用量化薪酬模型吧？

卢老师

没错，完全可以！后面我会给大家分享一个财务共享中心（SSC）的案例。传统意义上的财务部是一个职能管理部门，对员工的分配是不能用量化薪酬模型的，但是财务共享中心的员工就可以用啦！

马清波

人力资源共享中心应该也可以用量化薪酬模型吧？

卢老师

没错！

赵青松

卢老师，我们财务科下面有一个二级科室：收费处，收费处员工好像非常符合这三个特征，可以用量化薪酬吗？

卢老师

当然可以！

马清波

看来量化薪酬模型并不是一线岗位特有的，只要是符合这三个特征的岗位，都可以适用？

卢老师

是的。

人力资源部可以用量化薪酬来分钱吗？

冯莉莉

卢老师，我有一个问题请教一下，人力资源部是职能部门，您建议是按照目标薪酬来给员工分钱。可是有一次我参加一个HR交流活动，有一位同行的人力资源总监分享了他们部门的考核分配方法，好像是工单积分的方式，不知道是否合理？

马清波

太好啦！我们人力资源部内部分配也是一个头大的问题，冯总可以分享一下他们的方法，我们也学习参考一下哈。

冯莉莉

他们做法是将人力资源部所有的工作采取派工单，类似任务工单，每一个工单会赋予一个难度系数，比如“发工资”系数5.0，“组织一次培训”系数3.0，“出一个报表”系数1.0，“上级督办一个任务”系数2.0等；完成以后，上级再评价一个完成系数；月底统计每个人的工单，计算难度系数和完成系数，汇总每个人的总积分。然后每个月将人力资源部所有员工的绩效工资打包，变成奖金池。最后类似积分抢蛋糕的方法，依据每个人积分占当月部门员工总积分占比来分配奖金池，计算每个人的绩效工资。

马清波

这个方法有点意思，好像类似跳水比赛的计分规则，跳水比赛项目有难度分和完成分，最后运动员的成绩就是这两个分的合成。

卢老师

嗯！感谢冯总的分享。这个案例用的就是量化薪酬中的双池积分模型，一个奖金池，一个积分池，然后用员工的积分占比来抢蛋糕（奖金池）。大家来评估一下，这个方法可行吗？

冯莉莉

我当时听下来，觉得不太可行。我们人力资源部的工作，有些是常规的，有些是领导临时安排的任务。常规的工作我们可以事先评估好难度系数，临时性工作就得来一个评选一个难度系数，这不把我们部门经理给累死了！

没错！双池积分模型属于量化薪酬模型中的一种。如果要使用积分模型，同样离不开量化薪酬模型的三个岗位特征。 卢老师

马清波 嗯。第一个特征是一岗多人，显然我们人力资源部就不符合这个特征，我看我们部门是一人多岗哈！

规范的说法不应该是“一人多岗”，而应该是“一岗多职”！ 卢老师

马清波 卢老师说得也是！一岗多职是现状。我们人力资源部第一个特征就不符合，一线岗位才是一岗多人。

冯莉莉 第二个特征：工作好量化或颗粒化，也不符合，我们大部分岗位工作并不好量化。第三个特征：工作重复再现。刚才说了，我们的工作大概只有一半是重复的，一半是临时性的。这加起来，量化薪酬模型的三个岗位特征，有两个半都不符合，应该不能用了？

是的。冯总刚才说的人力资源部用双池积分做考核分配的方法我个人并不推荐，因为不符合量化薪酬的三个岗位特征。所以人力资源部还是应该用目标薪酬进行考核分配。 卢老师

马清波 卢老师，前面说过人力资源共享中心的员工可以用量化薪酬？

是的。因为人力资源共享中心员工岗位恰好符合这三个特征。 卢老师

冯莉莉 我这么理解看是否正确？人力资源部属于职能部门，而人力资源共享中心其实就是生产车间，只不过生产的不是产品，而是办理手续、做人事服务工作。

完全正确！ 卢老师

高管人员通常用什么分配模型？

马清波 各位，我有一个问题：请问公司的高管人员适合搞量化薪酬模型吗？

赵青松

我感觉不行吧。按照卢老师给的量化薪酬模型的三个岗位特征，好像都不符合呀！

冯莉莉

我也不建议。我们银行之前对分支行行长搞过类似量化薪酬模型，采取了类似提成制给行长分奖金，结果后面出现了一系列问题。

马清波

具体什么问题呢？

冯莉莉

第一，人会变得很功利，唯利是图。对于基层员工这还好理解，对于中高级管理者来讲，如果没有一些使命愿景，一切朝“钱”看，其经营行为就会变形。比如我们一些行长为了业务发展，风控关把松了，未来不良贷款就很高，最终还是组织去买单。第二，短期行为居多。我们银行业是一个服务行业，讲究客户的持续服务和品牌建设，可是行长们都是有任期的。如果采用量化薪酬，一些行长们为了任期业绩和个人收益，短期行为会更加突出，后面接手的人会很痛苦。

卢老师

冯总说的问题其实很多单位都存在。只是对高层人员搞提成制或计价制等量化薪酬模型后，这两个问题将更加突出。所以对高管人员我们是不建议搞量化薪酬模型的，而要搞目标薪酬模型。根据我们的实践，高管人员推荐用目标薪酬模型的一个特殊使用方法：目标年薪制。

冯莉莉

是的，我们银行不仅对总行领导，现在分/支行行长和总行部门总经理都执行年薪制了。

赵青松

嗯，我们上级管理单位对医院院长也在开始试行年薪制，有些医改的医院对医务人员全面采取了目标年薪制，看来这是一个趋势。那年薪制该怎么操作呢？

卢老师

年薪制属于目标薪酬模型的范畴，准确讲应该是目标年薪制。基本操作要领是：根据目标任务书确定适用对象的基准年薪，根据目标实际达成情况年底清算实际年薪。

马清波

那这个目标年薪的难点是如何设定目标任务书和如何确定基准年薪的问题？

没错！关于目标年薪制的话题后续我们要专题深入讨论。

卢老师

马清波

嗯，这个我要好好听听。现在上级要求国企改革的任务中就有职业经理人和契约化管理的改革，都跟这个年薪制有关。

是的。

卢老师

（辅导会继续进行……）

【读书笔记】

- 二次分配的责任人是各级管理者。很多直线经理们并不会分钱，各单位“扶上马”还要“送一程”，给管理者提供二次分配指南，营造好的氛围。
- 二次分配，指绩效工资的差异化分配。基本工资跟考勤挂钩。
- 二次分配模型：

  ✓目标薪酬：各种岗位都能用。目标年薪制是特例。

  ✓量化薪酬：适合一线岗位，包含提成制、积分制、计价制、项目制。
- 量化薪酬模型适用岗位的三个特征：一岗多人，工作好量化或颗粒化，工作重复再现。
- 人力资源部属于职能部门不能用量化薪酬，人力资源共享服务中心可以用。
- 高管人员不建议用量化薪酬模型，推荐用目标薪酬模型的目标年薪制。

4.2 怎样通过目标薪酬模型给员工分钱？

故事导入

关于二次分配模型的讨论给大家带来很大启发，而其中的目标薪酬被称为“万金油”模型，糖人通讯的马清波经理对此很感兴趣。

目标薪酬模型的基本原理是什么？

马清波：卢老师，目标薪酬模型既然是万金油模型，说明各种岗位都能适用，那应该怎么操作呢？

卢老师：好的。目标薪酬模型的基本原理请大家看下投影附图。

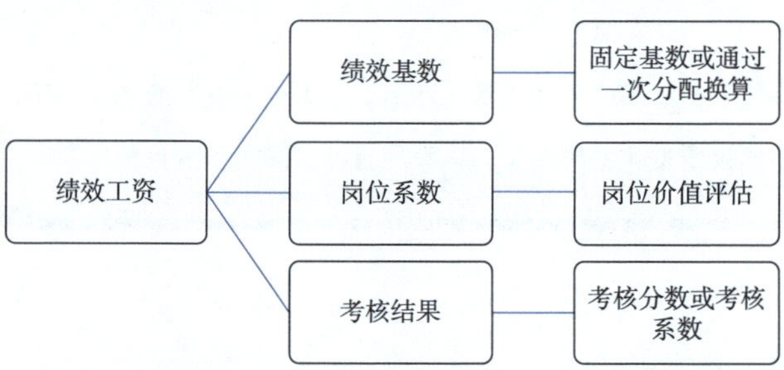

马清波：这个目标薪酬模型有三个变量：绩效基数、岗位系数和考核结果？三者怎么关联？

卢老师：目标薪酬模型我们通常称为“乘法模型”，所以三个变量要做乘法：绩效工资＝绩效基数×岗位系数×考核系数。比如某单位绩效基数1000

元，员工小张的岗位系数是3.0，那么小张的绩效工资基准值是3000元。小张每个月的实际绩效工资取决于他每月的考核结果：如果小张这个月考核得了110分，那么绩效工资=1000×3.0×110/100=3300元；如果下个月小张考核得了90分，绩效工资=1000×3.0×90/100=2700元。

马清波

嗯，这个模型实现了“收入能增能减”的改革目标，也体现了差异化分配的八字真经：以岗定薪、按绩取酬。

卢老师

是的。

冯莉莉

我们银行对中后台岗位员工绩效工资就是这么操作的，不过第二个变量我们不是用岗位系数，而是用行员等级系数。

赵青松

我们现在部分行政后勤科室给员工分钱也是类似这个模型，不过我们有两个问题，一是员工没有考核；二是我们用的不是固定基数，而是根据科室一次分配的奖金包换算的。

马清波

我们公司不是三个变量，而是两个变量做乘法，绩效工资基准数×考核结果。我们每个员工的薪酬根据岗位和职级有一个薪酬总包，然后按比例分成基本工资、绩效工资和年终奖。这个绩效工资是一个基准数，再根据每月考核结果进行波动。所以我们就没有绩效基数的概念。卢老师，我们这也是目标薪酬模型吧？

卢老师

嗯，各位说的都是目标薪酬模型，有些不过是目标薪酬模型变形的使用方法。

马清波

看来目标薪酬模型有很多讲究，请卢老师好好给我们辅导一下。

卢老师

没问题！

目标薪酬模型中绩效基数怎么确定？

马清波

卢老师，我有一个疑问，因为我们公司用的绩效基准值是通过员工薪酬总额切分一定比例得到的，这和您所讲的绩效基数×岗位系数是否一个逻辑？

卢老师

其实是一个逻辑。我们来演算一下：比如员工A和B月度薪酬分别是1万元和1.5万元，假如他们的固浮比都是4：6，那么这两个员工绩效工资基准值分别是6000元和9000元。按照目标薪酬模型三个变量换算，假如这家单位绩效基数是1000元，那么这两个岗位的系数分别是6.0和9.0。

马清波

也就是我们可以将绩效工资拆分为绩效基数 × 岗位系数。这样做的好处是什么呢？

卢老师

其一，为适应一次分配和二次分配联动。我们很多单位是先做一次分配到部门，部门内部再做二次分配到员工，这样就可以通过一次分配的薪酬总额换算动态的绩效基数，而员工岗位系数保持不变。其二，为方便实现前面说的“固浮分离”薪酬管控策略。基本工资采用职务/职级系数，绩效工资采用岗位系数，两套系数分离使用，非常灵活。

马清波

我明白了。三个变量自由度更灵活，绩效基数跟所在部门的一次分配总额挂钩，岗位系数跟岗位价值有关，而考核结果跟员工的绩效表现挂钩。这样比较完美！

卢老师

是的。

冯莉莉

卢老师，刚才说的这个绩效基数是否可以跟部门考核结果挂钩？

卢老师

当然可以呀。我们很多客户就是用部门考核结果修正绩效基数的。比如部门考核结果好，绩效基数从1000元变成了1100元；部门考核结果不好，绩效基数就变成了900元。

冯莉莉

如果用部门考核结果来修正绩效基数是否要做弱相关处理？

卢老师

是的。我们通常建议要这样做。比如部门考核结果90分，绩效基数乘以0.95；如果部门考核结果是110分，绩效基数乘以1.05。这跟我们之前说的一次分配中的原理是一致的。

冯莉莉

但是对部门负责人不用做弱相关，而直接用原始考核分计算吧？

没错！ 卢老师

赵青松 卢老师，如果采取一次分配和二次分配的联动，是否就没有绩效基数啦？

不是的，其实还是有绩效基数，只是每个月绩效基数都在发生变化。 卢老师

赵青松 那这个绩效基数怎么换算呢？

如果采取一二次分配联动方式，绩效基数和绩效工资的计算公式如下： 卢老师

$$绩效基数=\frac{一次分配总额}{\sum 岗位系数\times 考核系数}$$

$$绩效工资=绩效基数\times 岗位系数\times 考核系数$$

赵青松 嗯，按照这个公式，每个月的绩效基数都是变动的，那就需要通过设置表格公式来计算。

是的。也可以用信息化系统来自动换算。我们自己研发的天平系统专门有一个分配模式：事先配置好员工的岗位系数，每月输入各部门一次分配总额，系统从考核模块自动抓取每月员工的考核结果，然后自动换算员工的绩效工资。 卢老师

赵青松 这个好，可以大幅度提高效率。回头向卢老师请教一下这个系统的事宜。

好的。 卢老师

岗位系数可以用职务/职级系数代替吗？

马清波 卢老师，目标薪酬模型中的有一个岗位系数变量，这个岗位系数是否就是前面说的岗位价值系数？

是的。这就是前面我们做岗位价值的意义所在。岗位价值的结果不仅仅应用于一次分配，也要用在二次分配的目标薪酬模型中。 卢老师

马清波

那如果我们还没有做岗位价值评价，是否可以直接用员工的职务或职级系数来代替？

卢老师

这是没有办法的办法！我们很多单位就是这么用的。类似贵公司的情况，你们每个员工都有一个薪酬总包按固浮比切分出绩效工资，这时你们的岗位系数其实就是这个员工的职级系数。

冯莉莉

卢老师，我们银行对前台岗位员工用的是量化薪酬模型，但是我们对中后台岗位员工用的是目标薪酬模型，以前没有做固浮分离时，岗位系数就是取员工的行员等级系数，类似马经理公司的职务/职级系数。后来发现这个系数很难实现“易岗易薪、岗变薪变”，再加上这个系数跟人相关性高、跟岗位相关性少，而且基本都是升多降少。我们行领导也很赞成“固浮分离”的方式：基本工资采用行员等级系数，而绩效工资还是通过岗位价值评价确定岗位系数。

卢老师

嗯，这个是合理的，我们实践中也是主张用这种方式。

赵青松

我们医院倒是一直采用固浮分离的方式做的。我们员工的工资就是事业单位的做法，而奖金系数基本是职称或职务系数，我们有些科室内部也在做一些岗位评价的试点。看来岗位评价还是需要系统推动一下。

卢老师

是的。我们主张基本工资和绩效工资都跟岗位价值系数挂钩，这样比较科学。当然考虑到一些单位历史情况，我们也支持采用固浮分离的方式，基本工资可以采取原有的方法，但是绩效工资用目标薪酬模型进行二次分配时，还是要用岗位价值系数。

冯莉莉

我们很支持这个做法。但是有一个困惑的问题想请教一下：我们的行员等级系数也是通过岗位价值评价得到的，当时因为考虑薪酬套改的问题，薪酬宽带设计地比较宽，所以某个员工的行员等级系数可能会偏离当时的岗位价值点。因此我们考虑岗位系数不取员工的行员等级系数，而取原始的岗位系数点。这样是否可行，卢老师？

卢老师

冯总这个问题提得很好。这涉及岗位价值系数应用问题，之前我们有讨论过。通常很多单位是这样处理的：岗位价值结果应用在基本工资体系是“大宽带”，应用在绩效工资是“小宽带”或者取原始岗位评价的系数点。

冯莉莉

嗯，我明白啦！我们岗位价值评价结果出来后，可以输出两个成果：一个是每个岗位的薪酬宽带范围，用于确定员工的行员等级，从而确定基本工资；另一个是每一个岗位的价值中点系数，用于确定绩效工资。对吧？

卢老师

非常正确！

目标薪酬模型的前提是否要构建一人一表？

马清波

卢老师，目标薪酬模型的考核系数应该来自于每个员工一人一表的考核结果吧？

卢老师

是的。目标薪酬模型必须有一人一表，而且这个一人一表必须进行月度或季度考核。

赵青松

这个一人一表才是我们医院最大的问题所在，我们医院纳入国家的三级医院考核体系，也就是国考体系。我们现在对科室考核体系还不是特别完善，更不要说员工的考核体系了，考核的最后一公里没有建立起来。听到你们几家单位介绍的绩效管理经验，发现我们还有很多路要走。

冯莉莉

赵主任也不要“自卑”哈。我们银行对分支机构考核做得还不错，但是我们对总行职能部门考核也做得不是很好，对员工考核也是白纸一张。我们是同病相怜哈！这块马经理公司做得很不错，我们要专门来学习一下经验。

马清波

冯总谦虚了。我们公司因为市场化竞争压力大，所以倒逼我们较早地建立了全员绩效管理体系，不过当初问题也很多，所以去年我们公司专门邀请卢老师给我们做了几轮辅导，很好地将我们的组织绩效体系和员工绩效体系优化了一下。这要特别感谢卢老师！

卢老师

马经理客气了。应该说贵公司的全员绩效管理的基础还是很不错的，你们的经理们也很爱学习。虽然我们这次辅导二次分配，但是差异化分配的核心思想就八个字：以岗定薪、按绩取酬！岗位价值只是确定的绩效工资的基准，绩效考核决定了这个基准上下的波动。

冯莉莉

是呀，如果没有员工考核体系，既不能区分员工的“六干”差别，也无法实现绩效工资的差异化，每个月员工绩效工资都是一样的，那绩效工资就变成了基本工资！

卢老师

是的。冯总说的现象就是绩效工资的保健化问题。按照前面说的双因素理论，基本工资是保健因素，绩效工资是激励因素，结果绩效工资因为没有差异，就变成了固定工资。

赵青松

完全同意！那这个一人一表就很重要啦，一人一表谁来制作呢？是我们这些考核的牵头部门还是各科室主任？

卢老师

当然是直线管理者！去年我在马经理公司做绩效辅导项目时，辅导对象就是各级管理者。

赵青松

理应如此，可是要将这些管理者调动起来，难度可不小呀！

卢老师

没错，某种意义上讲，绩效管理体系比分配体系还要难。因为分配体系主要是领导和人力、财务等部门参与，而绩效管理体系要将所有管理者调动起来，这才是难题所在。

马清波

赵主任，这个我有体会。卢老师关于绩效管理体系构建的“三化”路径非常好。先“催化”思想，再“优化”方法，最后“固化”习惯！

赵青松

这个“三化”路径比较新颖。“催化”就是通过培训来“洗脑”吧？

冯莉莉

嗯，这个催化最重要，我准备请卢老师到我们银行来讲一场，让行领导和中层干部全部参加。他们思维改变了，我们人力工作才好做呀！

赵青松

严重同意！马经理，“优化”怎么操作？

马清波

优化就是我们去年用的辅导方式。请卢老师对我们的部门经理们进行系统辅导，指导他们制作一人一表。我们觉得这比咨询效果好，授之以鱼不如授之以渔！

冯莉莉

嗯，这是个好主意。那“固化”习惯怎么操作呢？这感觉更难吧？

马清波

固化就是通过制度、流程和信息化手段将我们前期辅导的成果沉淀下来，形成组织记忆和习惯。去年我们引入卢老师公司研发的天平系统，一方面给管理者做考核工作量的减负；另一方面也是让管理者和员工建立路径依赖，这样我们前期辅导成果容易固化下来。卢老师，我说的“三化”路径是对的吧？

卢老师

完全正确！感谢马经理现身说法。绩效管理体系构建难度很大，但是也是非常有规律。我们参与很多项目后，发现“三化”路径是非常实用和高效的方法，回头各位单位有需求，我们可以深入沟通这个话题。

目标薪酬模型的考核系数怎么换算？

冯莉莉

卢老师，目标薪酬模型的考核系数怎么换算呢？是直接用一人一表的原始考核分数吗？

卢老师

这里有三种换算方法。请大家参见投影附表。

考核分	考核等级	考核系数1	考核系数2	考核系数3
99	A	0.99	1.20	1.19
98	A	0.98	1.20	1.18
97	B	0.97	1.00	0.97
95	B	0.95	1.00	0.95
93	B	0.93	1.00	0.93
88	B	0.88	1.00	0.88
85	C	0.85	0.80	0.68

冯莉莉

第一种换算方法应该是用考核分数直接除以100来换算考核系数？

马清波

冯总说的对，这样很简单。但是有一个问题，如果管理者对下属员工考核打分太“和谐”了，是否会导致员工考核结果差距小而使得绩效工资差异不大呢？

卢老师

这是完全有可能发生的。所以第二种方法是将考核得分在部门内部做排序，然后按照强制分布比例，比如A—20%、B—70%、C—10%确定考核等级，再用等级对应绩效系数，比如A—1.2、B—1.0、C—0.8。这样可以将原始考核分差距放大。

赵青松

这个等级系数法是否会将原始考核分的差别给抹平了呢？比如案例中原始考核分97和88分，差了9分，但是等级都是B档，如果对应一样的系数，是否不太合适呢？

卢老师

嗯，赵主任说得不错。所以我们一些单位会用到第三个方法：将第一和第二个方法结合起来使用，比如案例中考核系数3=考核系数1×考核系数2。

赵青松

这倒是一个办法，既考虑大级的差别，也考虑小分的差异。但是好像产生了放大效应：高的更高了，低的更低了。

卢老师

是的。所以第三种方法实际工作中用得并不多。从便于操作角度建议，我们通常建议月度或季度考核用第一种方法核算考核系数。年底考核用第二种等级系数法来分配年终奖。毕竟很多单位平时考核只是得到考核得分，年度才进行强制排序确定考核等级。

冯莉莉

卢老师，如果采取第一种方法，管理者给员工考核打分时不做区分或区分度不大，怎么办呢？

卢老师

我们有些单位会对管理者给下属考核打分时提考核区分度的要求：比如部门考核波动人数要达到30%以上、考核差异化幅度要达到15%的差异等。

冯莉莉

如果这些管理者没有做到这些考核区分度的要求，是否会影响他们的考核？

是的。我们一些客户会在考核体系构建的初期将“考核区分度”作为对部门或管理者的考核指标，以强化管理者的考核担当意识。 卢老师

冯莉莉 嗯，这招好，将员工考核的质量纳入对部门的考核！

没错！ 卢老师

使用目标薪酬是否会超出奖金预算总盘子？

马清波 卢老师，使用目标薪酬是否会超出这个部门的绩效奖金预算总盘子？

这是有可能的。这取决于我们绩效基数采取固定基数还是变动基数？ 卢老师

马清波 能否具体说明一下呢？

好的。目标薪酬基本使用公式是：绩效基数 × 岗位系数 × 考核系数。如果绩效基数是固定值，而管理者给下属员工考核分普遍都较高，那么最后这个部门的绩效奖金总盘子很有可能超过部门的基准奖金包（= 绩效基数 × ∑岗位系数）。 卢老师

马清波 我明白了。这种固定基数的方法导致的超预算就是公司来承担啦。

赵青松 这种方式我觉得会引发管理者都给员工考核打高分，占了组织“便宜”。这个好像不太可取。

冯莉莉 我想到一个方法解决这个问题，是否可以像前面说的：管理者对员工的考核分上下浮动要对称呢？这样绩效奖金上浮和下降额度可以抵消，从而解决绩效工资包超预算的问题？

这个方法稍微有点啰嗦，而且对管理者考核打分的自由度进行严格研制会招到他们的吐槽。所以现实中我们很多单位还是倾向于在绩效基数上做文章。 卢老师

马清波 我懂了，所以要将绩效基数变成变动值？

卢老师

嗯，马经理悟性很高呀！如果一个单位想严格控制部门绩效奖金总盘子，可以采用下面的顺序进行分配：

第一步：当期绩效奖金总盘=绩效固定基数×$\sum$岗位系数×部门考核系数

第二步：当期分配总系数=$\sum$(岗位系数×考核系数)

第三步：当期绩效基数=$\frac{\text{当期绩效奖金总盘}}{\text{当期分配总系数}}$

第四步：员工当期绩效奖金=当期分配基数×岗位系数×考核系数

马清波

嗯，这个流程很清晰。这样操作下来，部门的总奖金就控制住了。如果一个部门管理者给员工考核时都打高分，最后核算下来，员工之间还是在相互挤占奖金总盘子。比如部门员工考核最高分120分，最低分100分，平均分110分。这样最高分的员工的绩效奖金超出了个人绩效奖金基准值，而最低分员工会比基准值要低。这样最低分员工是否会说：我考核得了105分，超过100了，结果还被扣钱了！

冯莉莉

嗯，这种情况完全可能会发生。但我觉得问题主要还是在管理者给员工考核时，做老好人、不愿得罪人的心态造成的。

卢老师

没错！为避免员工对这种考核分配体系预期混乱问题而产生抱怨，有些单位应用目标薪酬模型给员工分配时还是会采用固定基数的方法，让员工的激励预期变得稳定：如果员工某两个月的考核分数一样，对应的绩效奖金就是一样的。而对于管理者给员工打分的区分度就要做出要求，并将考核区分度与管理者的个人考核挂钩。

马清波

我明白啦！固定基数方法是不让员工委屈，但是要让管理者担当起来并负起责任。

赵青松

卢老师，我注意到上述公式中第一步，有一个部门考核系数修正奖金总盘子的问题。这是为了将部门考核与奖金总盘子挂钩？

卢老师

是的。员工的绩效奖金不仅仅跟个人考核相关，也要与部门考核结合起来。

赵青松

我觉得这个挺好的，我也主张用这种模型分钱。业绩好的科室，员工绩效奖金总盘子比基准值上浮，员工跟着都受益；而业绩不好的科室，员工绩效奖金总盘子比基准值低，员工跟着都下浮。一荣俱荣、一损俱损。

目标薪酬模型的优缺点是什么？

赵青松

卢老师，目标薪酬模型相对于量化薪酬模型，有什么优点？

卢老师

目标薪酬模型用在二次分配中，是一个万金油模型，各种岗位都能适用。而量化薪酬模型只适合符合前面说的三个特征的岗位，如一线岗位。

冯莉莉

我感觉目标薪酬模型充分体现“以岗定新、按绩取酬”的理念，从岗位价值和绩效考核两个维度体现差异化薪酬，比较系统和全面。

马清波

嗯，我也有同感！目标薪酬模型要用到一人一表的目标考核体系，目标设计时可以兼顾多种指标的均衡，比用单一的量化指标做二次分配，对组织长远价值会更大。

卢老师

嗯，大家总结得很好，看来对目标薪酬模型理解得很深刻，那我接着赵主任的问题，目标薪酬模型有什么缺点呢？

冯莉莉

根据我们银行的使用经验，我感觉目标薪酬模型用在一线员工身上，不如量化薪酬模型来的刺激。比如说客户经理岗位，如果用量化薪酬的提成制或计价制，客户经理能拿多少奖金，自己都算得出来。而在目标薪酬模型中，需要根据员工一人一表完成情况核算各项指标得分，再来核算绩效工资，这样激励路径比较长，效果打了折扣。

马清波

冯总说的问题我们公司也有。我再补充一条：如果采用目标薪酬模型需要单位内部做好岗位价值评价和构建一人一表的全员绩效管理体系，这两个动作挑战都很大。相对而言，量化薪酬模型不用做岗位价值评价、也不需要做一人一表，只要确定好提成比例或者积分单价即可操作。

卢老师

我补充一下马经理的观点哈。其实量化薪酬可以不做岗位价值评价，但还是要做工作价值评价，不然提成比例和积分单价不好确定。后续说到量化薪酬模型时我们再细说这个问题。

马清波

太好了！我们公司这两种模型都有在使用，有时感觉也是不好取舍。届时请卢老师再仔细辅导一下量化薪酬模型的原理哈。

卢老师

好的。

（辅导会继续进行……）

【读书笔记】

- 目标薪酬模型：绩效工资＝绩效基数 × 岗位系数 × 考核系数

  ✓绩效基数跟所在部门的考核结果或一次分配总额挂钩。

  ✓岗位系数跟岗位价值挂钩。

  ✓考核系数跟员工的绩效考核结果挂钩。

- 绩效基数三种形态：

  ✓取固定值。

  ✓取固定值 × 部门考核分，部门考核分要做弱相关处理。

  ✓动态换算，根据一次分配包换算。

- 目标薪酬模型必须要有一人一表，而且必须要进行月度或季度考核。
- 绩效管理体系构建的“三化”路径：先“催化”思想，再“优化”方法，最后“固化”习惯。
- 目标薪酬模型的考核系数换算：

  ✓考核系数1=原始考核分/100。

  ✓考核系数2=考核等级对应系数，根据考核分强制排序ABC。

  ✓考核系数3=考核系数1 × 考核系数2。

- 目标薪酬模型为避免超出部门绩效奖金总盘子，绩效基数需要取动态值。
- 目标薪酬模型优点：充分体现“以岗定薪、按绩取酬”的理念，目标薪酬模型要构建一人一表，目标设计时可以兼顾多种指标的均衡。

4.3 目标年薪制该如何设计？

故事导入

目标年薪制属于目标薪酬模型的一种，国内一些医院也在推行目标年薪制，赵青松主任非常感兴趣这个话题。

什么是目标年薪制？

赵青松：卢老师，前面您有提到目标年薪制是目标薪酬模型的使用特例。我比较关心目标年薪的设计。因为最近我们一些医院同行按照国家医改的指导意见，也在试点目标年薪，所以我想了解一下什么是目标年薪制？

卢老师：好的。目标年薪在企业单位用得比较多，而国内一些医院也开始逐步推行目标年薪制。所谓目标年薪，就是给员工一个附带目标条件的年度薪酬总包预算。一般采取平时预发、年底清算的方式。比如某员工年薪50万，月度发2.5万（可分成基本工资、绩效工资、补贴等），年底根据目标完成情况清算剩余的年薪。如果最终实际年薪55万，年底清算年薪为55-2.5×12=25万；如果实际年薪45万，年底清算年薪为45-2.5×12=15万。

冯莉莉：我们银行现在对高管人员和分支行行长都在推行目标年薪制。

马清波：我理解目标年薪不仅仅是“年薪”，前面的“目标”更重要吧？

卢老师：马经理说得没错。目标年薪不仅有一个年薪数字，更重要的是要有对赌协议，即一人一表（业绩合同、目标任务书等）。我们很多单位只给员工年薪基点，没有对赌协议，这不是目标年薪。

赵青松

我们现在一些医院同行也开始推行目标年薪，跟他们交流后目前最大的问题，就是只有年薪，没有目标，他们也很苦恼。对于医院推行目标年薪制，卢老师有什么建议呢？

卢老师

推行目标年薪要左右手一起抓：岗位价值是目标年薪的“左手”，决定了年薪的基准值。我们很多医院还是依据身份、职称和职务来给员工定薪，这就是最大的问题所在。比如，呼吸内科主诊医师和消化内科主诊医师是不同的岗位。ICU责任护士和产科责任护士也是不同的岗位。医务部主任和后勤科主任也是不同的岗位。岗位不同意味着年薪基准值不同，这就需要通过岗位价值评价，也称为岗位称重来实现。绩效考核是目标年薪的“右手”，决定了年薪的实际清算值。对医院的考核决定了院长年薪；对科室的考核决定了科主任的年薪；对员工的考核决定了员工的年薪。所以实行目标年薪，一定要先建立全员绩效管理体系。

赵青松

我明白啦，推行目标年薪两手都要硬，缺一不可！

卢老师

是的！

为什么高管人员普遍采用目标年薪制？

冯莉莉

卢老师，我们银行目前对总行领导、分支行行长都采用目标年薪制。近期有些领导提出来，是否可以针对分支行行长不搞年薪制，而是根据他们所在经营机构的创利情况来核算分支行长的提成奖金？

卢老师

冯总说的创利提成模型属于二次分配中量化薪酬模型的范畴。通常来讲，量化薪酬模型比较适合一线员工，而对于高管人员或经营机构的负责人，我们并不建议用量化薪酬，推荐使用目标薪酬，而目标年薪制就属于目标薪酬模型的范畴。当然我们服务的银行客户中，有些银行目前还是用创利提成模式给分支行长分奖金。如果是新组建的银行机构，也就罢了，但是对于成熟银行，我们是不建议的。

冯莉莉

哦，愿闻其详！

量化薪酬后面我们要专题来讲。量化薪酬模型的优点是很刺激，但缺点是功利和短视。对于刚组建的经营机构，活下来是第一诉求，所以激励模式简单粗暴点是有好处的；而对于一些成熟的机构，如果对高管人员搞量化薪酬，绝对是弊大于利！ 卢老师

冯莉莉 没错！我们银行之前就出现过这些情况，一些支行行长为了短期目标，忽视了风险控制，结果几年后不良贷款很多，现在还在还"旧债"。所以现在我们也开始对高风险人群搞递延激励了。

目标年薪设计中，可以包含基本年薪、绩效年薪和任期年薪。前两块可以在当年兑现，任期年薪通常是递延3年后分批发放。 卢老师

马清波 嗯，这个有道理，年薪全部兑现完了，这人拿钱走人，后面人要收拾烂摊子。

没错！高管人员采用目标年薪制有利于组织发展中多目标的平衡问题，类似于平衡积分卡的理念，要考虑财务指标和非财务指标的平衡、结果指标与过程指标的平衡、长期指标与短期指标的平衡。尤其是越成熟、规模越大的组织越应该如此。而对于一线员工，主要关注组织下达的1~2个主指标即可，因此量化薪酬会更加聚焦。 卢老师

马清波 我有一个问题，目标年薪是否会导致这些管理人员拿着年薪而躺平了呢？

冯莉莉 这倒不用担心。就像卢老师说的，目标年薪两手都要硬，不能只有年薪，也要有对赌协议呀。像我们一些支行行长，基准年薪可能都一样，但是目标完成好与不好的，可能实际年薪差了好多倍。

马清波 嗯，这是对的。你们支行长属于经营机构负责人，他们量化指标多，差距也拉得大，但是职能部门负责人如果搞目标年薪，可能考核差距是一个问题吧？

冯莉莉 马经理说得没错！这正是我们现在苦恼的地方，所以我们要专程找机会来贵公司学习一下绩效管理体系的优化问题。

马清波

好呀，欢迎冯总来公司指导！

医院可以推行全员目标年薪吗?

赵青松

卢老师，现在我们有一些医院在推目标年薪制，我们医院也在观望，有一些顾虑，从您专业角度看，我们医院适合全员推行目标年薪吗?

卢老师

医院属于公益性的事业单位，我个人还是非常建议在医院推行全员目标年薪制。优点有以下几条：第一，目标年薪制更能体现医务人员的价值定位。我们现在一些医院根据收支差提成模型或工作量模型给医务人员分奖金，这其实是将医务人员当成了销售人员或技术工人，这个定位是有问题的。医务人员是知识分子，目标年薪制更能给员工提供稳定的收入预期，尊重知识、尊重人才、体现医务人员的价值。同时能引导医务人员回归医疗本身，看好病、钻研好医疗技术。

马清波

嗯，我特别赞同卢老师这个建议。现在一些医院确实有点“变味”了，大处方、大检查项目不少，医患矛盾很突出。如果采取量化薪酬给医务人员分钱，功利性和短期行为会很突出。

卢老师

没错！目标年薪的第二个好处，有利于招人。因为目标年薪制给应聘者一个薪酬总包的预期，比拆成若干个薪酬模块更能吸引人，效果更明显。

赵青松

这个倒是实际情况。我们医院招聘一些学科带头人，人家都希望拿年薪，这样心里有底呀。

卢老师

是的。现在很多新建医院招科室主任和业务专家都是采取目标年薪制。第三，目标年薪制有利于医院去编制化。因为目标年薪拿多少跟岗位有关，跟身份脱钩，这样可以较好地实现同工同酬。

赵青松

嗯，去编制化是医院的老大难问题。作为事业单位，我们医院员工有好几种身份：事业编、聘用制、劳务外包性质等，虽然我们在很多方面在尽量淡化身份差别，但还是容易让员工产生身份的差距感。上级卫生主管部门也是多次发文希望医院从“身份管理”向“岗位管理”

转变，看来目标年薪制是一个好的切入点。

卢老师

没错！第四，目标年薪制有利于医院国考体系落地。国考体系作为改进医院管理、提升运营效率的抓手，未来一定要将医院指标分解到科室，科室指标再分解到员工，形成医院的三级考核体系。对医院考核跟院长年薪挂钩、对科室考核跟科室主任年薪挂钩、对员工考核跟员工年薪挂钩。只有将考核体系跟薪酬体系对接，最终才能让国考体系落地。

赵青松

太好了。我们属于三级甲等医院，前年我们医院就已经纳入了国考体系。去年国考排名一出来，我们院领导压力很大，也让我们财务科在研究如何落地国考体系。看来目标年薪制有利于医院三级考核体系的建设。

卢老师

是的。目前医院推行目标年薪是一个很好的时机，借着国家医改的东风，将医院考核与分配问题，可以系统思考和梳理一下。

赵青松

嗯！我有一个困惑，推目标年薪后是否将一二次分配打通了？

卢老师

是的。以前医院到科室进行一次分配，科室到员工进行二次分配。通过目标年薪，可以较好地将一二次分配穿透，避免之前科室主任进行二次分配时搞大锅饭、和稀泥的问题。

赵青松

卢老师对我们医院的情况太熟悉啦！我们财务科负责一次分配，每个月对各科室奖金包都琢磨和平衡了很久，结果到了科室进行二次分配，很多科主任搞“和谐”，枉费了我们一番苦心啊。

卢老师

目标年薪还有最后一个好处：可以促使院长、科主任多关注管理。我们很多医院的院长和科室主任都是医学大咖、学科带头人，但是很多专家在管理上花的时间少，更愿意去上几台手术和看一些疑难杂症病人，因为这样物质回报和精神回报可能更直接。而采用目标年薪可以更好引导院长和科主任们重视团队管理和学科建设工作。

赵青松

太棒了，这都是我们的痛点。有一个想法，目标年薪初期可以只针对院长和科主任使用，对员工暂时不用可以吗？

卢老师

短期可以这样做，但长期来看，我并不建议这么做。因为现在医院内最需要解决是一线医务人员的正确激励和导向问题。如果只对院领导和中层实施目标年薪，一线医务人员还是原来的提成或计价等量化薪酬模式，前面说的痼疾还是没有很好解决。

赵青松

我明白了。目标年薪可以调节临床科室之间、临床与非临床科室间的分配均衡问题吗？目标年薪虽然不做一次分配，但是这个平衡问题还是回避不了的。

卢老师

赵主任这个问题很好。推行目标年薪制表面上看不用做一次分配，但是一次分配的平衡问题还是需要去逐一解决的。比如科室和科室之间、岗位和岗位之间的差别是通过岗位价值评价来实现年薪基准点不同。而科室和个人实际的绩效目标达成情况是通过考核体系最终反映到年薪的实际清算值。

赵青松

嗯，殊道同归！目标年薪是通过“左右手”机制来解决平衡问题。

冯莉莉

卢老师，您刚才与赵主任的讨论让我受益匪浅。我有一个想法，看是否合适？我们银行现在对高管和中层干部推行年薪，但是对于员工没有推行，我们是否可以像医院一样，全员推行目标年薪呢？

卢老师

我不建议这样做。医院我建议全员推行目标年薪制，是因为医院有公益属性特点，同时能更好地体现医务人员的价值贡献并形成正确激励导向。但是你们银行业属于企业性质，并且是竞争型的行业，所以对于广大一线员工，用量化薪酬做二次分配的主模型更有激励作用。

冯莉莉

我明白了！分配模型还是要因地制宜、因岗而异！

卢老师

没错！

目标年薪该怎么设计？

马清波

卢老师，目标年薪的“左右手”提法特别形象，也好理解：左手是年薪、右手是目标（对赌协议）。那具体该怎么设计目标年薪呢？

目标年薪设计要遵守两条原则：第一，以岗定薪、按绩取酬。这是我们之前反复强调的概念，也是差异化分配的核心思想。 卢老师

马清波 嗯，这是差异化分配的八字真经！我理解是否这样：根据岗位价值确定年薪的基准值，根据目标达成情况确定最终的实际年薪？

完全正确！第二条原则，目标年薪设计，对内要有公平性、对外要有竞争性：先通过岗位价值确定年薪相对系数，再通过薪酬对标修正相对系数，最后通过工资总额预算确定年薪基准值。 卢老师

马清波 这个思路很科学，岗位价值评价决定了内部公平性，而薪酬对标决定外部的竞争性，同时预算管理确保年薪可兑现。

冯莉莉 目标年薪的设计路径是怎样的？

好，请大家看下投影附图。一个单位如果要设计目标年薪制，首先要做工作分析，输出岗位设置图和岗位说明书（一图一书）。然后通过岗位评价、薪酬对标和工资预算确定该岗位员工的年薪基准值，再设计一人一表（对赌协议或业绩合同），最后年底考核后再清算年薪。 卢老师

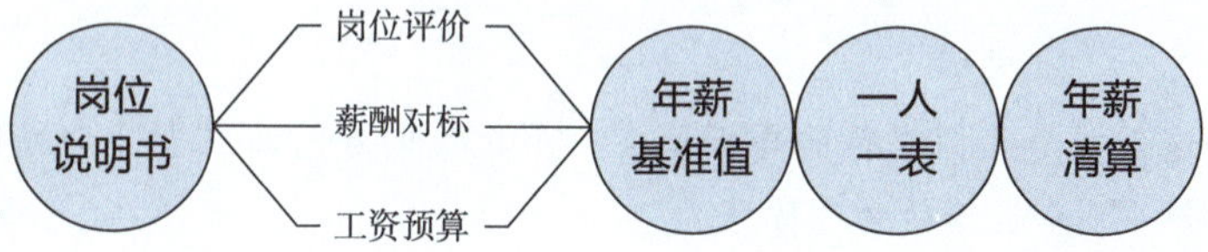

冯莉莉 这个流程中，岗位价值评价前面详细讨论过，薪酬对标数据该怎么选择呢？

如果专业类岗位一般是取行业数据进行对标，而通用类岗位一般取当地的薪酬数据进行对标。所以对标数据一般考虑行业性和地域性两个来源。 卢老师

冯莉莉 如果外部不同的数据源有冲突或者外部数据跟岗位价值评价数据不一致怎么办？以前我们银行做薪酬改革时就遇到过这个问题。

马清波：冯总，我记得卢老师之前辅导“岗位价值应用到薪酬设计”专题时，说过如何解决岗位价值和薪酬对标数据的冲突问题，我记得是用加权模式，如果是多数据源，也应该用加权来处理吧？

卢老师：没错，数据源冲突需要通过加权来处理，但一定要以岗位价值系数为主权重。

马清波：嗯，内部的公平性比外部的竞争性更重要。我有一个问题，在目标年薪设计中，一个岗位两个员工，年薪的基准值可以不一样吗？

卢老师：可以的。比如同一个岗位两个员工，因其技能经验的差异，可以在年薪基准值上有所差别，但不能差别太大。这也是很多单位搞宽带薪酬的出发点。

冯莉莉：卢老师，目标年薪设计有两个基本点，一个是确定年薪基准值，另一个是设定对赌协议、目标任务书，我感觉后者更难吧？

卢老师：是的。现在很多单位对管理层、甚至全员推行目标年薪，但是很多单位只有年薪，没有目标，这是有问题的。所以目标年薪要求一个单位构建起全员绩效管理体系，落地考核的最后一公里，实现一人一表全覆盖。

冯莉莉：嗯，这正好是我们银行的短板所在，下次我们专门请卢老师去我们银行辅导一下全员绩效管理体系。

卢老师：好的。

没有薪酬增量可以推目标年薪吗？

赵青松：卢老师，如果我们医院全员推目标年薪，没有薪酬增量可以推目标年薪吗？

卢老师：没有薪酬增量推目标年薪或其他形式的薪酬改革，难度都会比较大，对于国有的企事业单位，改革还是要坚持“稳中求进”的原则。对于民营单位，也同样如此，毕竟薪酬改革都是敏感问题，人性都是就高不就低的。

赵青松：说得太对了。目标年薪会导致员工降薪吗？

卢老师：目标年薪最终要到达到“奖优罚劣”的作用。所以一些岗位价值低、业绩表现不佳的员工会有降薪的风险。当然具体操作中，需要做好员工的预期管理和沟通工作。具体来说，首先，要通过岗位价值评价和薪酬对标确定年薪的基准值，通常来讲贡献大、价值高的岗位员工会有所提升，而替代性强、稀缺性低的岗位员工会有薪酬下降的预期。具体操作中可以用薪酬增量改革来“保低抬高”或者采取“逐年消化”的策略，来解决基准年薪下降的问题。其次，建立全员绩效管理体系、加大考核力度，实际年薪要跟考核挂钩，而不是旱涝保收的固定值。最后，做好员工的政策宣贯和考核结果的及时反馈，让员工清楚自己的年薪构成和计算规则。

赵青松：推行全员目标年薪会导致一个单位财务支出增加吗？

卢老师：目标年薪的支出属于人工成本的工资总额范畴，只是将原来的工资、奖金和补贴以新的薪酬方式发放。当然考虑到目标年薪会向价值创造员工倾斜，同时兼顾到其他员工薪酬预期不降的考虑，所以一个单位推行目标年薪时最好做增量改革。当然这个增量不是普涨，而是有人多涨、有人少涨、有人不涨，尽量不降薪。所以短期会增加一个单位人工成本支出。但是长期来看，经过科学设计和运营的目标年薪制，有助于一个单位做大蛋糕、做强品牌，这样人工成本支出在单位收入占比中反而会下降。

赵青松：嗯，有道理！

（辅导会继续进行……）

【读书笔记】

- 目标年薪不仅有年薪数字，更重要的是要有对赌协议，即一人一表（业绩合同、目标任务书等）。
- 推行目标年薪要左右手一起抓：岗位价值是目标年薪的“左手”，决定了年薪的基准值。绩效考核是目标年薪的“右手”，决定了年薪的实际清算值。两手都要硬，缺一不可。
- 高管人员采用目标年薪制有利于组织目标的平衡。
- 医院推行全员目标年薪制的优点：

  ✓更能体现医务人员的价值定位。引导医务人员回归医疗本身，看好病、钻研好医疗技术。

  ✓有利于医院招人。

  ✓有利于医院去编制化。

  ✓有利于医院国考体系落地。

  ✓可以将一二次分配穿透，避免科室内部过度和谐。

  ✓可以促使院长、科主任多关注管理。
- 对于竞争型行业一线员工，不推荐用目标年薪，而用量化薪酬模型。
- 目标年薪设计原则：以岗定薪、按绩取酬。
- 目标年薪制设计流程：先做工作分析，输出岗位设置图和岗位说明书；然后通过岗位评价、薪酬对标和工资预算确定该岗位员工的年薪基准值；再设计一人一表（对赌协议或业绩合同）；最后年底考核后再清算年薪。
- 目标年薪制短期会增加单位的成本，需要做增量改革；长期来看，目标年薪有助于一个单位做大蛋糕、做强品牌，人工成本在单位收入占比反而会下降。

4.4 提成制该如何设计?

故事导入

因为量化薪酬比目标薪酬更刺激，所以一线员工大多用量化薪酬模型。提成制是量化薪酬模型中一种很常见的形态，糖人通讯的马清波经理想了解一下提成制的设计细节。

提成制的基本原理是什么?

马清波：卢老师，前面介绍了二次分配的目标薪酬模型的设计方法，对于一线员工，我想量化薪酬模型可能更加刺激。比如我们公司对销售人员用了提成制，这个提成制应该属于量化薪酬模型吧?

卢老师：没错！提成制是典型的量化薪酬，基本原理如下：

提成=收入(或利润)×提成比例

马清波：如果这里叫“提成”，那么基本工资就应该叫“底薪”吧?

卢老师：是的。这是很多单位约定俗成的叫法，比如基本工资+绩效工资，底薪+提成等。

马清波：卢老师，这个公式中，提成究竟是按收入还是按利润来计提呢?

卢老师：提成模型的主变量通常建议用销售收入或销售额，这样员工可以很容易根据自己的销售完成情况算出自己的提成是多少。比如，客户经理小张和小王，某个月分别完成了销售收入20万和25万，如果单位提成比例是3%，那么小张和小王很容易算得提成分别是6000元和7500元。

但是，如果小王搞低价倾销，公司可能不赚钱甚至亏钱，而小王的提成却不受影响，这就不合理了。所以一些单位考虑到成本管控问题，会用到销售毛利的概念。请看投影附表的案例。按照收入提成模型小王比小张的提成高；但是按照毛利提成模型（提成比例6%），小张比小王的提成高。

员工	销售收入	销售毛利	收入提成（3%）	毛利提成（6%）
小张	20万	12万	6000元	7200元
小王	25万	10万	7500元	6000元

赵青松

嗯，这个是合理的。因为小张员工的毛利率是60%，小王员工的毛利率是40%。最终单位还是要看利润贡献。我有一个问题，为什么不直接用净利润呢？

冯莉莉

赵主任，这我可知道原因。我们银行对客户经理以前就是用的FTP利润来核算的，但是利润要扣减的内容太多啦，员工也是一笔糊涂账，对员工的及时激励效果不好，所以后来我们就直接改成了产品计价制。

赵青松

净利润确实有这样的问题。我们财务上有很多公摊成本员工是不明白的。但是如果按收入提成确实可能导致员工给组织挖坑，所以按毛利，尤其是员工可控的毛利更有考核导向作用。

卢老师

赵主任说得对！在用提成模型时，我们通常建议用收入提成，这样对员工刺激更直接。如果对成本管控要求高的单位，可以用毛利提成，最好是员工能看得见、摸得着的毛利。不然员工觉得公司在打小算盘。

赵青松

卢老师说得还真是这种情况。有时候我们一些组织也是好心办坏事，核算规则一复杂，员工算不明白，就认为组织在算计员工。所以规则一方面要简单，另一方面也需要有公平合理的导向，这对于我们定规则的人可不容易呀。

卢老师

确实如此！

提成制适合什么岗位？

马清波：卢老师，提成制除了适合销售岗位的员工，是否适合销售管理者或分（子）公司高管呢？

卢老师：提成制的激励效果比较刺激和显性，所以一般用于销售类岗位员工的分配。对于基层销售管理者，也可能会用到部分的提成制，比如将销售团队成员的销售收入或毛利按一个小的提成比例奖励给团队管理者。

马清波：嗯，这个有道理，也可以促使销售管理者带好销售队伍，帮助团队成员打单，而不是自己冲锋陷阵。

卢老师：没错！但是对于销售总监或分（子）公司高管，我们并不建议用提成制作为激励的主要手段。因为提成制的弊端会更加凸显出来，比如功利性、短视的问题等。

冯莉莉：嗯，这个观点我很认同，我们银行之前对分支行行长用过提成制，初期对经营机构业务促进确实很明显，但是后期问题越来越突出。不良贷款比例提升、重营销轻服务、业务发展失衡等。所以后来我们对分支行行长改成年薪制啦，问题改善了很多。

卢老师：没错，高管人员用年薪制是较好的方法。

马清波：冯总，我有一个问题，你们分支行行长用年薪制、下面的销售员工用提成制，怎么进行协同、确保“力出一孔”呢？或者说年薪制怎么确保分支行的经营业绩呢？

冯莉莉：马经理的问题很好，这也是我们当时很困惑，现在也还存在的问题。不过前面卢老师辅导目标年薪制时给我们提供新的优化建议。实行目标年薪制两手都要硬，不能只有年薪，也要有对赌协议（目标任务书）。所以考核体系要做好！

赵青松：卢老师，我们现在很多医院采用收支差结余提成模式给医务人员分奖金，是否也属于提成制？

是的。收入减支出相当于是毛利，很多医院用的就是毛利提成给科室做一次分配，然后科室再给医护人员做二次分配。 卢老师

马清波 一次分配总蛋糕决定了二次分配的多少，相当于医务人员的奖金间接用了提成制，这样不是将医务人员当作销售人员了吗？

冯莉莉 是啊，医生要是销售人员，病人就倒霉了！所以一些新闻报道上说的有的医生搞大处方、大检查，这样医患矛盾肯定突出呀！医院作为公益性单位，还是回归到治病救人的目标，不能太功利啦！

赵青松 各位说的情况在一些医院确实存在，但是我在医院工作接触下来，我们绝大部分的医务人员都还是非常有职业荣誉感和职业素养的。另外，国家监管部门也出台了“九不准”，其中第一项就是“不准将药品检查收入跟医务人员收入挂钩”。所以我们很多医院按照国家的要求也正在做薪酬改革。但是我跟很多医院同行了解，发现大家还是采用类似的收支差提成模型，感觉是换汤不换药。我自己是负责财务工作的，所以我也有一个困惑，请教一下卢老师，如果医院不挣钱，怎么给医生分钱呢？好像收支差提成模型也是合理的呀。

这还是取决于组织定位问题。对于银行、企业等组织，都是市场化的经济型组织，只有挣到钱才能分钱，所以使用提成制等模型是没有问题的。但是医院，尤其是公立医院，还是要回归到公益属性，让医务人员回归到治病救人的使命中，更好去钻研医疗技术。所以国家现在推行药品、耗材零加成也是这样一个导向。 卢老师

赵青松 那是否会出现医院不挣钱、还要分钱的情况？

当然会出现这种情况，而且钱还不能少分。毕竟医生岗位风险责任大、培养成本高，要有竞争力的薪酬才能留住人、激励人。 卢老师

赵青松 那这样医院是否会入不敷出？

这要看医院情况。对于很多三级医院，品牌好、规模大、患者多，医院收入完全可以支撑员工薪酬。而对于一级医院和部分二级医院，还是需要政府的财政补贴来支持。 卢老师

赵青松
如果医院自身造血能力不足，靠财政过活，是否会导致大锅饭、效率低下的局面。

卢老师
公益型单位不应该是效率低下的借口！我给医院做项目时，提出了一个很多客户比较认同的医院定位：公益化定位+企业化运营。

赵青松
嗯，这个定位好，虽然医院是公益单位，还是要像他们企业那样思考怎么提高运营效率。

卢老师
是的。医院运营效率高，可以节约成本支出，也可以更好地开源。医生回归到治病救人的使命目标，医生医疗技术好，医院服务质量提升，医院患者反而更多。而天天想挣钱的医院反而挣不到钱。

马清波
古人云："争是不争，不争是争，夫唯不争，天下莫与之争"！

赵青松
马经理太有学问啦！看来医院使用提成制问题太多，医务人员还是要回归到目标薪酬。

卢老师
是的，我个人推荐对医务人员推行目标年薪制。

提成制的优缺点是什么？

冯莉莉
我听了大家的讨论，提成制适合销售类型岗位，优点是刺激、透明，缺点是比较功利。

卢老师
是的。对于一线员工，激励路径越短越好，这样效果更直接。比如一个销售人员，这个月完成销售签单50万，假如组织提成比例是2%，那么他马上就可以计算出来这个月提成是1万；如果完成销售签单达到60万，提成就是1.2万。

马清波
嗯，不仅具有刺激性，而且透明。而目标薪酬模型的激励路径就会拐一个弯。比如同样这个销售人员这个月完成了50万签单，他先需要核算他的一人一表（业绩合同）中KPI——收入完成率得分，可能还不止这一个KPI，还需要加权计算算出考核得分，然后通过绩效基数×岗位系数×考核分数才能算出绩效奖金多少。这样的激励路径太长了。

冯莉莉

是啊，路径一长、计算复杂，员工还会怀疑我们给他算“黑账”！其实每次核算我们都很谨慎、反复检查，但是经不住员工质疑呀？我们也是做了冤大头！

卢老师

呵呵，冯总说的问题确实存在。所以对一线销售员工，我们还是比较主张用提成制，激励效果确实很好。当然也必须认识到提成制的问题，不能滥用。

冯莉莉

嗯，提成制缺点就是比较功利和短视，员工为了其销售目标，会做出一些对组织长期利益有损害的行为。我们银行之前就发生过。出了问题，员工一拍屁股走人，后面乱摊子得组织去承接。

卢老师

没错！而且提成制会导致员工“偏科”。有些单位产品类型多元化，员工会考虑销售自己拿手的产品，而别的产品就不涉及啦。这样对于一个单位的市场和产品布局是有损害的。

马清波

确实如此。从另外一个角度说，目标薪酬模型就有优势了，通过一人一表的科学设计，可以实现各类目标的均衡性。卢老师，我有一个想法，能否将提成制和目标薪酬结合起来使用呢？

卢老师

马经理想法很好！这就是一些大单位会更倾向于推行混合分配模型的原因。后面我们会专题辅导这块内容。

什么情况用低底薪+高提成？

马清波

卢老师，设计提成制时，底薪和提成该怎么组合？

卢老师

底薪和提成通常有三种组合方式：低底薪+高提成、高底薪+低提成、中底薪+中提成。

马清波

有没有高底薪+高提成的说法？

卢老师

这可没有。高和低是相对的，指的是薪酬总额中底薪和提成的占比关系。如果高底薪+高提成，其实就是中底薪+中提成的组合。

马清波：明白了！这三种组合中我们听到“低底薪+高提成”组合最普遍，那什么情况下用这种组合？

卢老师：这个问题我先抛给大家。你们说下，在社会上哪些行业会用到“低底薪+高提成”的组合？

赵青松：保险公司销售员。

冯莉莉：房产中介。他们好像有些还零底薪。

马清波：汽车中介好像也是。

卢老师：嗯。大家发现这些销售岗位有什么共同特点没有？

冯莉莉：都是针对个人客户的销售，而不是针对单位客户的。

马清波：还有一个特点，产品销售的周期比较短。

赵青松：我补充一条，好像这些岗位培训上手快。

卢老师：大家都说得很好！低底薪+高提成组合适用的岗位一般需要具备三个条件：第一，针对个人销售岗位，而不适合团队销售的岗位。个人销售属于单打独斗，业绩容易归集到个人名下。但是团队销售需要整体团队的行为，需要发挥集体的合力。业绩就不是某个人的啦。

马清波：这个我们有体会。我们公司通信设备销售，针对的不是个人客户，主要是大客户，这个过程中，大客户经理是主导，还有产品岗、商务岗的同事要组建营销团队，我们领导也经常要参与其中。如果用高提成模型是不合适的。

冯莉莉：嗯，我非常赞同马经理的意见。我们银行的客户经理有个人客户经理和公司客户经理。对于公司客户经理，就不能用“低底薪+高提成”组合。反过来，我们的公司客户经理素质和技能要求更高，所以我们反而是“高底薪+低提成”的组合。

没错！应用“低底薪+高提成”的第二个条件，销售周期要短平快。如果销售周期过长，销售人员底薪很低，大家熬不下去啦。

卢老师

马清波

嗯，有道理！我们公司的通信设备销售周期短则3月，长则1~2年。所以大客户经理要用较高底薪来保证大家的稳定性。

是的。应用该组合的第三个条件，岗位培训周期短、上手快！

卢老师

冯莉莉

是啊，上手太慢，员工无法得到及时激励，底薪又很低，员工不会干呀。如果前两个条件符合要求，但是培训周期确实要长一点，有什么解决方案呢？

我们很多单位会采取培训期“保底底薪”或“逐月降低底薪”的方案。培训期，比如三个月，给予员工较高底薪，三个月后，变成低底薪或零底薪。

卢老师

冯莉莉

如果培训期后，还是无法及时开单，那这个员工收入就很低，最后就离职了。采用“低底薪+高提成”组合的岗位员工流失率肯定会很高？

准确说，是业绩差的员工流失率高，业绩好的员工反而很稳定！这就是典型的赛马机制、大浪淘沙，烧不死的鸟就是凤凰！

卢老师

冯莉莉

嗯，销售岗位的考核激励是需要有些狼性！组织没有业绩，怎么给员工分钱！

马清波

同意！

提成比例该如何确定？

马清波

卢老师，提成制具体怎么设计呢？

提成制设计主要考虑两个内容，一个是标的指标，一个是提成比例。

卢老师

马清波

标的指标前面讨论过，一般建议用销售收入、销售额等指标，也可以用毛利指标？

卢老师

是的。如果组织有较好的成本控制模型，建议用销售收入等绝对指标，员工可以直接算出提成、不用转换。如果需要员工对一些大成本进行管控，而且员工对该成本有一定控制性，可以使用毛利作为标的指标，不建议用净利。

马清波

嗯，这个理解啦。这个提成比例该怎么设计呢？这应该是个难点吧。提成比例低了，销售人员没有积极性；提成比例高了，组织成本高而且内部容易失衡、相互攀比。

赵青松

马经理可说到我心坎上了。我们医院之前用收支差提成给科室核算奖金包时，就这个提成比例可把我们折磨死啦！一方面，科室都希望自己科室比例高；另一方面，我们医院肥田和瘦地差距很大，如果都用一个提成比例，有的科室人均奖金特别高，有的科室就特别低，所以我们需要给科室定出不同的提成比例。别提多难啦，那博弈起来可厉害啦！

卢老师

没错，提成制模型设计中，提成比例是一个难点，但也是有方法的。我们通常采取“总包法”或“倒算法”确定提成比例。

赵青松

愿闻其详！

卢老师

所谓“总包法”，就是根据一个单位过往投入给销售人员的总奖金包来换算提成比例。这个方法比较适合做全局测算。比如过去一年我们给销售人员总奖金包200万，而过去一年这些销售人员的销售总收入是5000万，如果新年度采用提成制，那么这个提成比例就在4%（200/5000）基础上调整。

马清波

这个方法我们之前销售体系薪酬改革是也用过，但有一个问题，刚才举例是奖金，没算工资。如果工资和奖金都要改变，重新设计底薪+提成模式，这个“总包法”是否就需要核算薪酬总额？

卢老师

没错。这时候就要统计过往一年投放给销售人员的总薪酬，包括基本工资和奖金。比如薪酬总额是500万，其中工资300万，奖金200万。如果我们决定采取“低底薪+高提成”组合模式，假如我们设定底薪占比20%，即500×20%=100万，提成部分就是剩余的400万。我们再统计过往一年这些销售人员的销售总收入是5000万。那么提成比例就是

400/5000=8%。当然这个比例是基于过去数据测算的，还需要根据公司未来销售计划进行模拟测算，甚至还要将每个销售人员的薪酬数据进行方案对比，看一下采用新模式后，哪些员工收入增加，哪些员工收入可能会减少，要做好相应的政策宣贯和员工沟通预案。

马清波

我明白了！卢老师的思路很清晰、逻辑很严密，三言两语将复杂问题解释得非常清楚。

卢老师

马经理过奖了。主要是我们参与了很多单位的薪酬改革项目，确实积累了不少经验。

赵青松

卢老师，刚才您介绍了确定提成比例的总包法，还有一个"倒算法"怎么操作呢？

卢老师

所谓"倒算法"需要先确定销售人员的正常业绩水平下的薪酬预期和薪酬结构，然后倒推出提成比例。这个方法需要先做岗位价值评价，然后通过外部薪酬对标确定各类型岗位的薪酬水平。举例来说，假如通过岗位价值评价和薪酬对标两个动作确定某销售岗位正常业绩水平下（不是最好、也不是最差的）年度薪酬预算是25万，销售人员编制20人，薪酬总额预算就是25×20=500万，销售收入预算目标是5000万。如果销售人员底薪占比20%，那么提成比例就是500×（1−20%）/5000=8%。

冯莉莉

嗯，"倒算法"比"总包法"要复杂，但是更科学。因为"总包法"基于过往的数据测算，有可能过往数据就不一定科学。

卢老师

没错！而且很多新组建的销售团队，没有过往数据参考，如要搞提成制，就只能用"倒算法"来核算提成比例。

赵青松

卢老师，我在思考我们医院对不同临床科室如果要确定不同的提成比例，是否也需要用"倒算法"？好像"总包法"解决不了我们科室间的平衡问题。

卢老师

赵主任悟性很高呀！医院同样存在"肥田"和"瘦地"的平衡问题，这就需要用"倒算法"来核算不同科室的提成比例。具体操作流程建议如下：第一步，先做岗位价值评价，得到不同临床岗位的价值系数，比如外科、内科、骨科、皮肤科、五官科等各类医生和护士的岗位价值系数，分工比较细的医院还可以按亚科室划分，比如内科可以细分呼吸内科、消化内科、神经内科等，同时要区分科主任、护士长、主诊医生、住院医生的价值区别。第二步，根据全院（或临床科室）所有岗位价值系数之和换算年度奖金基数=年度奖金总包/岗位系数总和。第三步，根据年度奖金基数×岗位系数得到每个岗位的年度奖金预算，然后按人数加和得到科室的年度奖金总额度。第四步，用这个科室年度奖金总额度除以科室年度预算的总收支结余目标，得到该科室的提成比例。

赵青松

明白啦！这样得到每个科室的收支结余的提成比例就是不一样的。但是最后的奖金能够围绕岗位价值进行波动，也体现出每个科室的贡献度和复杂度不同。这里有一个问题，最后一步用到的科室年度预算收支目标是用上一年数据还是前几年的数据？

卢老师

通常下年度的预算目标会根据历史数据的复合增长率来换算，或对历史数据做加权处理，一般最近的年份权重越高。比如近三年的收入增幅由近到远依次为：15%、10%、20%，对应权重为50%、30%、20%。那么新的预算目标增幅（相对于去年）=15%×50%+10%×30%+20%×20%=14.5%。

赵青松

明白啦，这个预算目标的方法对于老科室很有说服力，但是对于新组建的科室不能用吧？

卢老师

当然。新科室一般先设定一个预算奖金额度，一般单位取的是同类人群奖金的平均值，我个人更建议参照岗位价值换算奖金预算值会更合理。

赵青松

感谢卢老师指导，很有操作性，非常受益！

卢老师

不客气！

提成比例是一成不变的吗？

马清波

卢老师，请教一下，提成制模型中提成比例一旦确定，是一成不变的吗？

卢老师

如果事先订好了提成比例的规则，就应该坚持执行，不能轻易去修改，否则规则没有严肃性可言。但是如果提成规则本身就有动态比例，也是合理的，这也属于规则的一部分。

马清波

哦，能具体说下动态提成比例吗？

卢老师

动态提成比例最典型的情况就是分段提成。请大家参见投影附表。比如销售人员的基础提成比例按销售收入的5%计提。如果超过了200万和300万，超出部分计提比例分别是6%和7%。我来问下大家，假如3个销售人员甲乙丙分别完成了160万、220万和310万的销售收入，他们提成分别是多少？

销售收入区间	提成比例
0~200万	5%
200万~300万	超出部分6%
300万以上	超出部分7%

马清波

如果销售收入160万，那就在第一档区间，提成比例5%，提成=160×5%=8万。

冯莉莉

如果销售收入220万，就跨越了第一和第二共两档区间，提成应该要分段计算，提成=200×5%+（220−200）×6%=11.2万。这种算法我们银行用过，所以比较熟悉。

卢老师

没错！冯总算得正确。那么310万对应提成是多少？

赵青松

我按照冯总的算法，销售收入310万，对应提成=200×5%+（300−200）×6%+（310−300）×7%=10+6+0.7=16.7万。如果是固定比例5%，310万对应提成=310×5%=15.5万，这样分段比例就比固定比例高了1.2万。

卢老师

是的！分段计提法对于激励员工冲击更高的目标是有好处的。

冯莉莉

卢老师，分段计提法确实很好，问题是这个销售收入的分段区间怎么设计得更合理呢？

卢老师

嗯，冯总问题很好！简单思路就是让员工看得见、摸得着！任务分段区间定的太高了，员工怎么跳都够不着，这个激励就没有意义。所以在设计分段区间时要测算过往员工任务完成情况和预算目标达成概率，一般按照721原则设计三个区间：将70%员工落在第一区间（最低），20%员工落在第二区间，10%的员工落在第三区间。如果设计4个区间，概率分布建议4321。

马清波

卢老师，前面您讲的分段提成比例是越来越高，有没有越来越低的情况？

卢老师

马经理的逆向思维很好。一般而言，设计分段提成比例都是越来越高，这样为了鼓励员工去冲击更高目标。但是在我们的咨询实践中，还真有提成比例越来越低的情况。有些单位的销售目标受政策、市场、资源等影响，最后实际完成结果比预算目标多了很多，这种情况为了平衡销售体系内部以及销售体系和别的体系的薪酬平衡问题，会采用反向设计的提成比例，这样可以起到收敛和减少矛盾的作用。

马清波

嗯，这是对的。如果是员工个人主动销售行为获得的业绩，应该采取正向设计，鼓励员工冲击更高目标；但是非员工个人原因，而是靠组织原因或其他因素所引发的业绩大幅提升，反向设计更容易摆平内部矛盾。

卢老师

是的。

提成比例如何考虑肥田与瘦地的差别?

冯莉莉

卢老师，关于提成制，我一直有一个困惑的问题，这也是个老生常谈的问题，就是关于“肥田”和“瘦地”怎么均衡的问题。我们银行因为资源禀赋问题，有些客户经理负责的客户群就是“肥田”、有些就是“瘦地”，如果一样的提成比例，对于“瘦地”的员工恐怕就不合理。

马清波

冯总的问题，我们公司也出现过。我想如果对销售人员搞提成制，这个提成比例是否可以增加一个资源系数或难易系数进行修正?

冯莉莉

看来英雄所见略同。我们银行也是这样处理的。问题是这个资源调节系数怎么确定？

赵青松

我来尝试回答一下哈。虽然我们几家单位行业差距很大，但是分钱的痛苦几乎一模一样。冯总说的问题跟我们医院情况几乎一样，我们有些科室就是“肥田”，有些就是“瘦地”，所以刚才我咨询卢老师如何调节科室提成比例的方法应该可以借鉴，对吧，卢老师？

卢老师

赵主任说得没错！如果要对提成比例进行调节系数修正，可以借鉴前面说的“倒算法”，但不能完全套用。因为“倒算法”需要先对“肥田”和“瘦地”的客户经理进行岗位价值评价，因为两个岗位是一样的，可能地域或客户群有差别。而医院里面虽然都是医生角色，但是内科医生、外科医生却是不同的岗位，所以医院用倒算法调节科室提成比例是合理且可行的。

冯莉莉

是啊！是啊！卢老师一语中的。我们也是被这个问题困扰，客户经理通过岗位价值评价做薪酬预算再来倒推提成比例，好像不太可行。有什么好的办法解决这个“肥田瘦地”的提成比例问题吗？

卢老师

冯总不要着急，我们还是有解决办法的。可以参考“倒算法”，但是不做岗位价值评价。请大家看下投影附表，“肥田”定义为A区域，“瘦地”定义为B区域，利用历史数据分析肥田和瘦地的客户经理过往的人均销售额和每年平均增幅，按照从近到远的时间顺序给增幅加权，计算出下年度人均销售目标预算，并换算提成比例的调节系数。

	A区域		B区域		
	人均销售	增幅	人均销售	增幅	增幅加权
2018年	350万		120万		
2019年	400万	14.3%	150万	25.0%	20%
2020年	450万	12.5%	200万	33.3%	30%
2021年	500万	11.1%	300万	50.0%	50%
2022年预算	608万	12.2%	420万	40.0%	
调节系数	1.0		1.4		

冯莉莉

这张表内容有点多，卢老师，可否详细介绍一下设计步骤？

卢老师

好啊。第一步，先统计AB两个区域过往四年2018年到2021年的客户经理人均销售额并计算三年增幅数据。第二步，对增幅数据进行加权，由近到远的权重分别是50%、30%、20%，当然这个权重各单位可以自行修改。这里也可以取四年复合增长率作为下一年增幅。这样可以得到AB两个区域平均的预算增幅是12.2%和40%。第三步，用预算增幅乘以最近一年的数据得到2022年的销售目标预算分别是A区域608万，B区域420万。第四步，换算调节系数，用608/420=1.4，即AB两个区域对客户经理采用一样的提成比例，B区域需要乘以1.4系数来修正“肥田”与“瘦地”的差别。当然这个1.4是最大调节系数，通常很多单位会在1.0~1.4间决策一个最终的调节系数。

冯莉莉

我明白了。这个方法其实是对“肥田”和“瘦地”的客户经理通过历史数据换算任务等效值。这个案例中，A区域客户经理完成608万和B区域客户经理完成420是等效的，那么薪酬预算就应该是一样的？

卢老师

没错，是这个原理。

马清波

嗯，这个方法逻辑是没有问题。但是毕竟A区域客户经理人均产出680万比B区域客户经理人均产出420万要大很多呀？是否没有体现价值贡献差别？

冯莉莉

也不能完全这么说。毕竟A区域是“肥田”，资源禀赋本来就好。不行将AB客户经理对调吧？没准B区域的客户经理在A区域能做出780万的贡献呢？我们银行有些支行行长经常来给我理论这个问题！

卢老师

马经理和冯总说的情况现实中都存在。当然对调的方法从管理者角度来看，是可以操作的，但是从客户经理角度来看，就不好大范围操作了，毕竟客户关系跟人走的多。所以我们通常的解决建议：先用上述方法算出调节系数的最大值和调节范围1.0~1.4，然后单位领导再决策一个值，比如1.2。

马清波

哈哈，这又体现出了卢老师的中国式绩效管理“和而不同”的理念。上次您辅导之后，这个理念现在在我们公司非常流行，确实解决了我们国企的很多考核问题。这个调节系数的折中方案我是赞同的。请问还有别的办法吗?

卢老师

还有一个方法，其实我更加推荐，用混合分配模型。提成比例“肥田”和“瘦地”都是一样的，不去调节。但是增加一个目标考核，用乘法或加法跟提成奖金做混合，同样能起到对肥田和瘦地的调节作用。后续我们会专题辅导混合分配模型。

马清波

太期待啦！我猜混合分配模型难点会出现在肥田和瘦地的目标值的设定问题吧?

卢老师

没错！肥田和瘦地的平衡问题是一个超级难题，要么在分配环节去解决，要么在考核环节去解决，都是有解决方案的。

不劳而获的订单的提成比例可以打折吗?

冯莉莉

卢老师，关于提成制我还有一个问题。我们银行的客户经理有对个人用户的个人客户经理，有对单位用户的对公客户经理。前者用提成制总体还可以，后者用提成制问题比较多。比如有些大客户的项目要拿下来，需要我们全行调动资源，有时候需要我们行领导出面促成，这个对公客户经理本身价值贡献并不大，有时甚至就是上面已经谈好项目，员工做一些跟单的工作。而有些对公客户经理拿下一些关键项目从前到后操了很多心、费了很多力。所以我们一些负责对公业务的行长经常给我们人力资源部反馈这样的问题，是否能够在提成比例上进行区分，体现出员工在某个项目上的实际价值贡献?

马清波

嗯，冯总说的问题我们单位也有。我们的大客户部有很多项目都是公司整体运营的结果，确实不是某个大客户经理个人能搞定的。这种问题要平衡起来很麻烦呀。

卢老师

两位说的情况确实很普遍。所以我们说提成制适合个人单打独斗的项目，对于团战作战的项目，我们不建议用低底薪+高提成的组合，而是用高底薪+低提成的组合，这是其一。其二，对于提成比例我们也可以增加价值贡献系数。根据这个订单的来源、开拓性对提成比例做一个区分。请大家参见投影附表。

类别	贡献系数
个人开拓的一次订单	1.2
个人开拓的二次订单	1.0
上级交予的跟单	0.7

马清波

这种贡献系数来修正提成比例对于核算客户经理提成是一个办法。不过如何核算团队其他人的提成奖金？我们一些大客户项目是团队行为，其中有客户经理、方案经理、产品经理等多种角色。我们也希望除了激励客户经理外，让其他参与团队的成员得到激励。

卢老师

如果是这种需求，那可能适合的激励模式就是后续我们会辅导到的项目奖金模型，按照项目流程角色系数或关键节点设定不同的分配比例。

冯莉莉

嗯，马经理说的这种情况我们银行会用到"分润"模型，根据一个大项目成交过程中不同角色的贡献划定提成比例，这也属于项目奖金模型？

卢老师

是的。后续我们专题介绍。

（辅导会中场休息……）

【读书笔记】

- 提成制原理：提成 = 收入（或利润）× 提成比例
- 提成变量通常建议用收入，刺激好。如果成本管控要求高，可以用毛利。不建议用净利。
- 提成制一般适用销售类岗位员工和基层销售管理者。高层不适合用提成制。
- 提成制优缺点：

✓优点：激励路径短、效果直接。

✓缺点：功利、短视和偏科。

- 提成制三种组合：低底薪+高提成、高底薪+低提成、中底薪+中提成。
- 低底薪+高提成组合适用条件：针对个人销售岗位，而不适合团队销售；销售周期要短平快；岗位培训周期短、上手快！
- 提成比例核算方法：

  ✓总包法：根据一个单位过往投入给销售人员的总奖金包来换算提成比例。

  ✓倒算法：先确定销售人员正常业绩水平下的薪酬预期和薪酬结构，然后倒推出提成比例。
- 提成制可以设计动态提成比例，最典型就是分段提成。
- 为平衡“肥田”和“瘦地”的问题，可以根据客户经理历史数据换算任务等效值，确定调节系数的范围。或者采用混合分配模型来平衡。
- 为区分主动努力和不劳而获订单的差异，提成制可以增加价值贡献系数。

4.5 积分制该如何设计？

故事导入

稍事休息后，辅导会继续进行……

经过卢老师细致的辅导，大家对于量化薪酬模型的提成制有了深入认识，接下来，马清波经理提出了关于积分制的问题。

积分制包含哪些积分？

马清波：卢老师，量化薪酬模型的积分制是怎么操作的呢？

卢老师：积分制类似于跳水比赛的计分规则。跳水运动员的成绩是由难度分和完成分两部分合成计算的。

马清波：嗯，我看过奥运会跳水比赛电视直播。跳水运动员成绩不光看动作完成分，更看重动作难度分。如果难度分不高，完成分再好，总分也不高。我们积分制也是难度分和完成分的组合？

卢老师：嗯，很类似！积分制模型有3个积分：工作量积分、工作质量积分和职业化行为积分。请大家看下投影附图。这里的工作量积分解决“干与不干、干多与干少”，而工作质量积分和职业化行为积分解决“干好与干坏”。

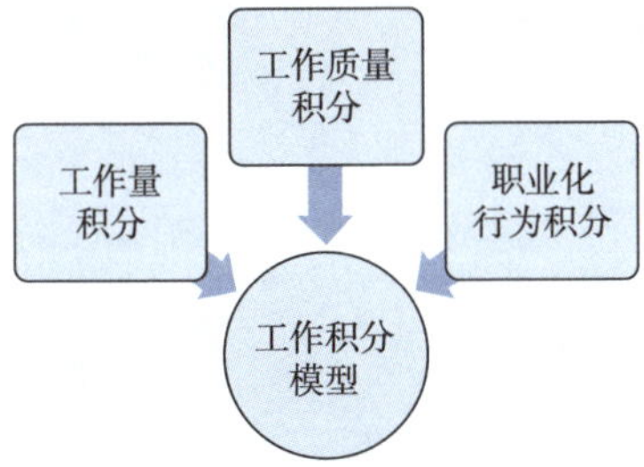

马清波：看来目标考核和量化考核最终都要解决“六干”的问题。

卢老师：是的。

赵青松：工作质量积分和职业化行为积分既然都是解决“干好与干坏”，是否可以合并？

卢老师：有些单位确实是合并的。但我们在咨询实践中，建议分开较好。工作质量积分重点关注工作本身的质量，跟岗位关联度大，通常由员工所在业务单位的领导来确定。而职业化行为积分关注员工的职业行为，跟岗位没有关系，通常由公司人力资源部门或综合部门来制定。

赵青松：明白了。那这3个积分怎么组合呢？

卢老师：最简单的组合是加法组合。个人积分＝工作量积分 ± 工作质量积分 ± 职业化行为积分。

冯莉莉：卢老师，工作量积分我理解应该是加分机制，工作质量积分和职业化行为积分可以加分也可以扣分？

卢老师：没错！

积分制模型怎么核算绩效工资？

冯莉莉：卢老师，员工的积分怎么核算绩效工资？

卢老师：我们一般采取双池量化积分核算绩效工资，俗称为积分抢蛋糕模型。所谓双池，一个是奖金池，是上级单位通过一次分配给到部门的绩效奖金总额；另一个是积分池，这个部门所有员工积分的总和。分配公式请大家参见投影附图。

$$个人积分=工作量积分\pm工作质量积分\pm职业化行为积分$$

$$积分池=\sum个人积分$$

$$员工绩效工资=\frac{个人总积分}{积分池}\times奖金池$$

冯莉莉

嗯，这个积分制模型确实像抢蛋糕一样，有利于大家形成“你追我赶”的局面。但是好像会相互挤占，你多我就少，这样是否会造成“窝里斗”的现象？

马清波

冯总说的是对的。还有一个问题，积分制对于员工激励预期可能变得不稳定。比如，某个员工第一个月个人积分2000分，换算下来有3000元绩效工资；第二个月个人积分还是2000分，换算下来可能是2700元绩效工资，因为这还取决于别的同事的积分有多少。

卢老师

两位说的是对的。这确实是积分制模型的缺点，但是积分制模型的优点也很突出，下面我们一起来探讨一下。

积分制的优缺点是什么？

赵青松

各位好，刚才大家说得积分制确实会造成窝里斗、激励预期不稳定的问题。但是我认为积分制最大的优点是永远不会奖金爆池。

卢老师

是的。积分制不如后面要讲的计价制刺激，但是计价制容易导致奖金爆池。因为计价制单价是固定的，业务旺季到了，可能奖金爆池，会影响到别的板块的奖金。而积分制就不会爆池。所有人是在给定总蛋糕里面来分。

赵青松

嗯，这个在我们单位很重要，因为我们是医院一次分配到科室，科室内部做二次分配。如果采取计价制，一线业务好的科室业务量大会挤占别的科室奖金，我们科室之间就会失衡。所以我们更愿意采取一二次分配联动的模式。一次分配到科室，科室如果对于员工用积分制分钱，这个蛋糕是固定的。当然，对于业务量好的科室我们一次分配一般也会水涨船高，所以员工预期可能不如计价制精确，但是总体激励方向还是鼓励多劳多得！

冯莉莉

赵主任的观点我认同。我们银行之前也用过产品计价模型分钱，但是计价制让员工变得很功利，我们现在也改成了积分制。

卢老师

是的。这也是积分制的一大优点，积分制先是将工作转换成积分，然后转换成奖金，所以相比于计价制，积分制没有那么功利。

马清波

卢老师，积分制和计价制各有优缺点，什么情况下用积分制或计价制呢？

卢老师

马经理这个问题很好！通常来说，如果一个单位不担心奖金爆池的情况，我们还是推荐后面说的计价制，对员工激励更刺激；反之，如果需要考虑各个板块奖金的平衡问题，担心奖金爆池，建议还是用积分制。另外一方面，如果一个单位在初创期或业务爬坡期，通常会倾向于用计价制，因为这样可以鼓励员工一直往前冲。

马清波

嗯，有道理！积分制是一个部门内部员工的相互博弈，蛋糕是有边界的。而计价制是员工与公司间的博弈，理论上讲蛋糕是无边界的。

卢老师

是的，没错！

积分制适合什么岗位？

马清波

卢老师，提成制适合销售类岗位，那积分制适合什么岗位呢？

卢老师

积分制适合岗位就非常广泛了，除了管理者和职能管理岗位不能用，几乎所有一线岗位都能用积分制。当然这些岗位一定要满足三个特征。

马清波

这三个特征应该就是卢老师前面反复强调的：一岗多人、工作好量化或颗粒化、工作重复再现？

卢老师：是的。比如一线销售岗位、服务岗位、操作岗位、生产岗位、维护岗位等都可以用积分制。

冯莉莉：我们银行的前台柜员岗位就是用积分制考核的。我们将柜员的不同操作对应不同的积分，类似于难度分，然后统计柜员的业务笔数，从而计算他们的工作量积分。大家对这个方式还是比较认同的。

赵青松：这么说来，我们医院的收费处的收费岗位也可以用积分制吧？

卢老师：当然可以，而且很多医院正是这么使用的。根据不同收费类型：挂号、门诊缴费、住院收费等确定不同难度系数，然后统计每个收费员的业务笔数，计算他们的工作量积分。

赵青松：这倒是一个好办法，积分制对于考核员工干多干少一目了然。我想，是否医生、护士、技师、药师也可以使用？

卢老师：当然可以。只要符合三个特征的岗位都适合用。

马清波：人力资源部、财务管理部的员工不能用积分制吧？

卢老师：是的。这两个部门都属于职能部门，其员工岗位特点不符合这三个特征，所以不要说积分制，其他量化薪酬模型都不能用。职能管理岗位只能用目标薪酬模型。但是人力资源共享中心和财务共享中心却可以使用积分制！

马清波：嗯，我明白啦！这两个共享中心的员工其实不是职能管理岗位，而是服务、操作类岗位是符合这三个特征的。

冯莉莉：没错！我们银行这几年将很多原来分支行的业务集中到总行，成立了很多中心，比如授信审批中心、票据中心、客服中心等。虽然他们编制上属于总行部门，但其实还是属于一线生产单位，内部二次分配都是可以使用积分制的，对吧？

卢老师：是的。所以我们说计分制应用范围很广。

马清波：我有一个问题，既然积分制也可以应用到一线销售岗位。那提成制和积分制哪个对销售岗位更适合呢?

当然销售类岗位要优先选择提成制或计价制，因为这样更刺激呀，可以更好刺激销售人员完成销售业绩。积分制虽然可以用，但是先算分、再算钱，激励路径会比较长，不利于销售人员的显性激励。 卢老师

马清波 我明白啦，谢谢卢老师!

积分制的工作量积分怎么设计?

马清波 卢老师，积分制中工作积分包含有工作量积分、工作质量积分和职业化行为积分。我理解工作量积分是核心，这个工作量积分怎么核算呢?

工作量积分 = ∑工作基准值 × 工作数量。这个工作基准值可以理解为跳水比赛的难度分，工作数量就是这个员工某项工作重复的数量。 卢老师

马清波 嗯，这个工作数量还好统计，毕竟一线员工的工作比较好量化，而且现在信息化比较发达，信息系统可以自动统计员工的工作数量。难点应该是每项工作的基准值，也就是工作的难度系数如何确定吧?

没错！工作难度系数的确定需要进行工作价值评价。 卢老师

马清波 工作价值评价？这与前面说的岗位价值评价是什么关系呢?

岗位价值评价是将一个岗位的所有工作打包一起，放到天平上去称重量，得到一个总数；而工作价值评价是将一个岗位的所有工作逐个放到天平上去称重量，得到若干个数字。 卢老师

马清波 明白啦！岗位评价是整体评价，工作评价是个体评价。工作评价流程是怎样的呢?

好，请大家看下投影附图。工作评价的流程要经过四个动作。 卢老师

工作分类 → 构建模型 → 工作价值评价 → 基准积分

马清波：工作评价的第一个动作是工作分类。这个分类原则是什么？

卢老师：工作分类通常是按照工作结果进行归类，工作过程和细节不需要考虑。比如财务共享中心的会计核算人员可以按照会计科目类型进行归类：营销费、人工成本、办公费等，如果按“分录数”就太细了。医院收费处的收费员可以按照挂号、门诊收费、住院收费等归类，如果按照单据数量就太细啦。医院住院部的护士可以按照班次（白班、夜班）和护理病人级别进行分类，没有必要将每次输液作为归类的依据。客服热线可以按照接入电话、外呼电话、处理投诉等归类。银行的柜员可以按照存款、取现、转账、挂失、境外汇款等归类。

冯莉莉：卢老师，有一种情况，即便按结果归类，有的岗位会有上百个工作事项，这样是否颗粒度太细了呢？

卢老师：是的。工作分类时颗粒度要大小适合，太粗、太细了都不合适。太细了，记录和核算的成本比较高，不划算。太粗了，对一些老是碰到大颗粒度的员工可能不公平。

赵青松：嗯，这个我有体会。我们医院大外科曾经想按照国家的四级手术分类做外科大夫工作量统计，但是后来发现即便都是第四级大手术，手术时间和复杂度差别也很大，所以后来又做了细分。

卢老师：没错。同一岗位工作归类的颗粒度我们建议在5~20个左右比较合理。

冯莉莉：那如果一个岗位几项不同工作最后归类到一个类别，是否它们的难度系数就认定一样啦？

卢老师：是的。其实一岗多人、且工作重复再现的情况下，每个员工遇到大小颗粒度概率是一样的。时间拉长看，大家机会是公平的。

冯莉莉：嗯，我同意这种处理方式，而且这样考核成本低。之前碰到这样的场景：1个人干活、4个人考核！有时为了做到精确考核，代价不值得。

卢老师：呵呵！归类的前提还是因为几项工作的耗时或复杂度一样，才归为一类。如果差别很大的工作，还是要作为不同的工作进行评价。

冯莉莉：明白了！

工作难度系数怎么建模？

马清波：卢老师，积分制的难点是确定工作基准积分，也就是难度系数。比如A工作难度系数是5.0，B工作难度系数是3.0，这个难度系数该怎么确定呢？

卢老师：马经理说到工作评价的核心问题啦，这也是我们咨询公司在很多单位做项目的关键步骤。这就涉及到工作评价的建模问题。

马清波：建模？

卢老师：建模就是指构建模型。之前我们讨论岗位价值评价时也用到了建模，岗位价值评价建模通常用的是“因素计点法”。因素计点法其实就是一个因素加权模型，各种因素通过一定的权重组合起来去确定岗位的相对价值。而工作价值评价也可以用类似的“因素计点法”来建模，但是考虑到工作价值评价是对工作颗粒度进行评价，所以实践中我们推荐用“主变量修正模型”来建模。

马清波：这个模型的数学公式怎么表达？

卢老师：请大家看下投影附图。工作量基准积分主要跟主变量有关，其他是修正变量。有两种常用公式。

$$\text{工作量基准积分1}=\text{主变量}\times\text{修正变量}A\times\text{修正变量}B\times\text{修正变量}C$$

$$\text{工作量基准积分2}=\text{主变量}\times\left(\text{修正变量}A\times\text{权重}A+\text{修正变量}B\times\text{权重}B+\text{修正变量}C\times\text{权重}C\right)$$

马清波：第一个公式中修正变量跟主变量是做乘法，第二个是采取加权方式？

卢老师：是的。当修正变量多的时候做乘法会有明显放大效应，所以通常用乘法修正时要控制修正变量的数量并且缩小变量的数值范围。而用加权修正就会温和很多。

马清波：懂啦！公式中主变量很重要，该怎么选择呢？

卢老师：对于操作、维护、服务类的工作，这个主变量往往是工作时间。

马清波：嗯，这个有道理。因为做任何工作都要花时间。时间的长短可以作为衡量不同工作的难度系数。比如，我们公司客服热线的员工，他们工作内容有接入电话、外呼电话和处理投诉等，这些不同工作的时间差距还是很明显的。

赵青松：按照这个主变量修正模型，我们外科手术是否也可以这样建模来评估难度系数？

卢老师：当然可以。有些医院就是这样做的。我们有一家医院客户，将他们近十年的所有手术做了一个统计分析，然后以手术的时间作为手术难度系数的主变量。

马清波：这有一个问题呀，同一种类型手术不同医生做，时间应该不一样吧？即便同一个医生做同样的手术，病人不同、时间也会差异很大吧？

赵青松：时间肯定是不同的。我估计卢老师说的是手术的平均时间吧？

卢老师：没错！同一类型手术会因为主刀医生不同、患者不同有时间差异，但是大样本的平均时间具有统计学意义，医生们相对也认同。毕竟每个医生都有可能遇到特殊的个案，但毕竟是小概率事件啦。

赵青松：嗯，这个是有道理的。如果A手术和B手术分别平均耗时5小时和3小时，那么他们的难度系数比值就是5比3？

卢老师：是的。在不考虑其他修正变量情况下，工作时间的比值就是难度系数的比值。不过医疗中我们通常会考虑技术难度和风险程度两个修正变量。比如C手术和D手术平均耗时都是4小时，但是一个风险大、一个风险小，可能修正之后难度系数的比值就是4.5比4了！

赵青松

明白了！

冯莉莉

卢老师，难度系数建模的主变量除了时间，还有其他主变量吗？

卢老师

有啊！对于营销类岗位，如果用积分制，这时的工作积分就变成产品积分，而主变量就不是时间，而是这个产品销售出去后对组织的价值贡献度，通常用利润或毛利来换算。

冯莉莉

嗯，这是合理的！A和B两个产品销售的难度系数，显然不是销售产品花费时间之比，而是这两个产品对组织的价值贡献，用利润核算比较合理。

卢老师

是的。营销创值类岗位如用积分制，主变量会用利润贡献，修正变量会用战略相关性、推广难度等。

冯莉莉

明白了！

难度系数怎么评价？

马清波

卢老师，积分建模后，那这些主变量和修正变量由谁来评价呢？如果评价过程有问题，恐怕结果也会受到质疑吧？

卢老师

嗯，马经理这个问题很好。工作基准积分中的主变量通常不是评价出来，是测量统计或核算的结果。如果主变量是工作时间，就需要相关部门或小组统计某个岗位归类后的工作颗粒度的平均时间，需要有一定的样本数据支持。有时需要从信息系统或人工台账取数，甚至需要核算小组来指表计算。如果主变量是利润贡献，就需要财务核算部门或小组对每个产品进行利润核算。

马清波

这个理解啦，那修正变量还是需要人为来评价吧？

卢老师

是的。修正变量评价就需要先设计因素定义表，然后选出评委并组织培训，接着评委对每个因素进行打分，最后进行数据处理。

马清波：这个过程非常类似于岗位评价？

卢老师：是的。工作评价和岗位评价流程是一样的，只是工作评价对象是工作颗粒度，而岗位评价对象是岗位若干工作的集合。

马清波：这个修正变量因素怎么定义呢？

卢老师：好，请大家看下投影附表。我们以医院手术项目评价中用到的修正变量“风险程度”来举例说明。

评分	风险程度定义
1.0	有一些轻微风险，一般不会给患者造成损伤或事故
1.1	有一定的风险，可能造成患者明显人身损害的轻微性损伤
1.2	有较大风险，可能造成患者轻度残疾、器官组织损伤导致一般功能障碍
1.3	有非常大的风险，可能造成患者中度残疾、器官组织损伤导致严重功能障碍
1.4	有极大的风险，可能造成患者死亡

马清波：明白啦！这个跟岗位评价的因素定义表类似，因为是修正变量，所以采取了1.0~1.4分段系数定义？

卢老师：是的。这样后期结果处理就比较简单。

冯莉莉：工作评价的评委选什么人？也是选领导吗？

卢老师：工作评价评委和岗位评价有不同，后者以中高层领导为主，而且评委要覆盖各条线。但是工作价值评价评委主要是本岗位涉及的员工代表和直接领导，因为最后是内部抢蛋糕，不需要跟外面进行比较。

冯莉莉：评委对每个修正系数打分时是否要去掉最高分和最低分，并计算评委打分的离散度？

卢老师：正常情况下应该这样操作！当然我们一些单位会简化这个流程，直接取评委打分的平均值。毕竟这个模型中主变量相对是客观的，修正变量只是起修正作用，而且也有员工代表参与评价过程。

马清波：卢老师，前面说到岗位评价有信息化系统吗？那工作评价有信息化系统吗？

卢老师：有的。我们前面介绍的JESS系统不仅可以做岗位评价，还可以做工作评价。只要后台配置好评价模型，输入或导入工作内容，评委就可以通过电脑或手机评价，后台自动计算最后的工作基准分。

马清波：这个太好啦！回头我们要试用一下。

卢老师：好的。

工作质量积分和职业化行为积分怎么设计？

马清波：卢老师，积分制好比抢蛋糕，一方面，会形成团队成员你追我赶的局面，这是好事；另一方面，是否会导致员工为了抢工作积分，而牺牲工作质量呢？

卢老师：当然会呀！积分制的工作量积分体现了员工表现的“干与不干、干多与干少”。而工作质量积分和职业化行为积分就要体现“干好与干坏”啦！

马清波：我明白啦，积分制也要围绕“六干”来设计。工作量积分是做加法，工作质量积分就是做减法？

卢老师：也不尽然，工作质量积分有减分也可能会加分。

冯莉莉：这里面要把握一个加减分的“度”吧？比如一个员工做完某项工作得了5分。但是如果做出了有问题就扣1分，这个“为了数量而牺牲质量”的风险就很大呀！

卢老师：是的。对于工作质量行为要分等级，就好比交通违章扣分规则一样，有的交通违规扣12分，有的扣6分，有的扣3分，要体现层次的差别。

冯莉莉：嗯，这是对的。扣分力度要让员工不能为了工作数量而牺牲工作质量。那这个质量积分标准谁来制定？

马清波：肯定是部门负责人呀。他们是现场管理者，具体的工作质量标准他们最清楚。

冯莉莉：那确实是的，不过我们人力资源部要给他们提供模板，我说的对吧，卢老师？

卢老师：冯总说得没错！人力资源部门和我们咨询顾问都是方法论专家，各级管理者才是内容专家。工作质量积分的格式可以参考我的绩效书籍中提到的红绿灯考核法。马经理还有印象吧？

马清波：当然，我们公司已经全面推广您的红绿灯考核和滚动GS考核方法论啦！

卢老师：非常好！为你们点赞！

赵青松：卢老师，我还是一个新兵，能否举一些案例模板我来具体学习一下如何设计工作质量积分和职业化行为积分？

卢老师：好啊！那我们就拿医生岗位举例，请大家看一下投影附表。第一个表是医生工作质量积分表，第二个表是医生职业化行为积分表。

表1：**科医生工作质量积分标准

积分名称	积分定义	积分标准
病历质量	病历书写规范，记录及时，按时提交，符合医院病历管理规范要求	√上级单位检查排名前3名，每次加×分 × 病历书写不规范、记录不及时、未按时提交，每出现一次扣×分 × 每出现一例丙级病例扣×分
医疗质量	落实医院医疗质量管理要求，合理检查、合理治疗、合理用药。当月无医疗纠纷事故和医疗差错	× 每出现一次医疗纠纷扣×分 × 每出现一次医疗差错扣×分
药占比	药占比控制在42%以下	√每超过×%扣*分 × 每下降×%加*分
患者满意度	患者满意度95%以上。 病人管理到位，按时查房，耐心解释，及时沟通	√患者满意度每提升1%，加×分 √患者给予书面表扬或锦旗，加×分 × 患者满意度较目标值每低1%，扣×分 × 每出现一次患者有效投诉扣×分

表2：**科医生职业化行为积分标准

积分名称	积分定义	积分标准
劳动纪律	遵守医院管理办法，不迟到、不早退，严格执行请假流程，遵守交接班制度	× 每迟到、早退一次扣 × 分 × 每出现一次未按流程请假旷工的扣 × 分 × 每出现一次未按规范填写交接班本扣 × 分
团队协作	积极参加医院、科室组织的各项学习、会议、团队活动	× 每出现一次在科室配合不到位而引起工作失误或工作进度延误的扣 × 分 × 无故缺席医院/科室团队活动每次扣 × 分
学术分享	学术论文发表、医学经验分享、医疗科研技术获奖	√省、市期刊每发表一份学术论文加 × 分 √医院级内部经验分享每次加 × 分 √医疗科研项目在国家、省、市竞赛中获奖分别加 × 分、× 分、× 分

赵青松

嗯，这两个表很清晰！将工作质量积分和职业化行为积分说得很明白。我们临床科室主任完全可以照葫芦画瓢，制定本科室的积分标准。

卢老师

是的。

积分制怎么解决淡旺季平衡问题？

冯莉莉

卢老师，我们银行有些业务部门就是用积分制给员工分配绩效奖金的，但有一个问题，业务部门有淡旺季的差别，如果给部门的一次分配奖金包是固定的，这样是否会导致员工旺季很辛苦，但是拿到的奖金跟淡季时差别不大？好像没有体现出“多劳多得”的导向？

卢老师

没错！冯总说的问题在积分制中是有可能发生的。积分制属于抢蛋糕模型，是员工间的博弈。到了旺季，员工积分都在增加，如果淡旺季“蛋糕”是固定的，员工不会因为旺季辛苦而拿更多的奖金。解决方案之一就是将积分制改成计价制。

冯莉莉

嗯，这是一个办法。计价制是员工跟组织在博弈，员工旺季干得多，一定会拿得多。问题是计价制缺点很多，我们就是从计价制改回到积分制的，总不能再改回去吧？还有别的办法吗？

赵青松

我感觉应该从一次分配的奖金包来做文章吧？

卢老师

没错，赵主任一语中的！如果想继续使用积分制，又想解决淡旺季平衡问题，需要在一次分配上做动态调节。比如，旺季一次分配奖金包要多分配些，淡季一次分配包要少分配些。这样员工同样的积分在旺季就会比在淡季拿得多。

冯莉莉

嗯，这是一个办法，也是合理的。旺季说明业务好，一次分配时应该比淡季多投放些，问题是怎么能精准匹配一次分配奖金包？

卢老师

这个好办。记得我们前面说的一次分配的效益量化模型吗？如果一次分配时采用效益量化模型为主体，并且模型主变量选择跟积分制同样逻辑的业务量指标，这样旺季时，业务量增加，一次分配奖金包就会水涨船高；淡季时，业务量和一次分配奖金都会跟着下来。

冯莉莉

我明白啦！如果将一次分配和二次分配的底层逻辑打通，淡旺季的问题就不是问题啦。

卢老师

理论是这样！但是实践中，我们很多单位的一次分配要考虑的平衡问题太多，所以一次分配的奖金包不会那么纯粹，因此淡旺季的平衡问题还是会存在，但是会改良很多！

冯莉莉

哎，卢老师说到问题的实质啦！完美永远在路上，不完美才是现实的常态！

卢老师

说得好！

积分制可以通过信息化系统实现吗？

马清波

卢老师，积分制模型涉及三种积分，记录的数据多，如果员工采取手工记台账，工作量大、且不准确，是否有信息化系统来操作呢？

卢老师

有的。我们公司自己研发的天平系统支持五种分配模型。积分制就是其中之一。

马清波

太好啦！能否详细介绍下积分制的功能。

卢老师

我们系统中是按两个模块设计的：一个是量化积分考核模块，另一个是积分分配模块。

马清波

这两个模块好比就是两个池子：一个是积分池，另一个是奖金池？

卢老师

是的。量化积分考核模块包括工作量积分、工作质量积分和职业化行为积分和积分汇总4个子模块。

马清波

这个模块可以支持不同部门设置不同积分规则吗？

卢老师

这是必须的。我们可以创建不同的考核组、设置不同的积分规则，支持每天、每周、每月数据录入或导入。

马清波

这个积分汇总出来后怎么去分钱呢？

卢老师

一个应用模式是直接到分配模块用积分模型分钱。人力部门先输入分配单位的一次分配奖金包，然后系统自动抓取这个分配单元的员工的个人积分和团队总积分，系统自动给员工分奖金，最后提交上级审批和通知员工。

马清波

嗯，这样操作简单明了。另外一种积分应用模式是什么？

卢老师

员工积分出来后，考核模块会提取员工的积分数据计算每个员工的KPI得分，然后汇总一人一表得分，再通过目标薪酬模型分配员工绩效工资。

马清波

哦，这就是把积分制和目标模型结合啦。这个有点意思。

卢老师

是的。这个属于混合分配模型的概念，后续我们再详细展开。

赵青松

卢老师，这个系统有手机版本吗？我们医院并不是每个人都配置电脑。我们希望让员工及时知道自己的积分明细以及分钱依据。

卢老师

当然，我们有手机版本和PC版本。

冯莉莉：这个系统可以与我们银行的生产系统打通吗？有些员工的工作量数据我们需要从系统抓取过来，这样不用人工录入啦。

卢老师：我们系统有业务数据接口，需要与你们的业务系统做接口程序。这样数据会及时抓取、自动核算。

冯莉莉：太好啦！

（辅导会继续进行……）

【读书笔记】

- 积分制原理：个人积分＝工作量积分 ± 工作质量积分 ± 职业化行为积分。通过个人积分在积分池的占比换算奖金池的奖金。俗称为抢蛋糕模型。
- 积分制缺点：会造成窝里斗、激励预期不稳定。优点：永远不会奖金爆池、没那么功利。
- 积分制是一个部门内部员工的相互博弈，蛋糕是有边界的。而计价制是员工与单位间的博弈，理论上讲蛋糕是无边界的。
- 积分制除了管理者和职能管理岗位不能用，几乎所有一线岗位都能用。
- 岗位价值评价是岗位整体称重，工作价值评价是将一个岗位的所有工作逐个称重。工作量积分＝∑工作基准值 × 工作数量。设计步骤：

  ✓工作分类：按照工作结果进行归类，抓大放小。

  ✓建模：主变量修正模型。工作量基准积分＝主变量 × 修正变量A × 修正变量B × 修正变量C。主变量一般两个：工作时间或利润贡献。

  ✓修正变量评价：设计因素定义表，选出评委培训，打分，数据处理。
- 积分制的工作量积分体现了员工表现的“干与不干、干多与干少”。而工作质量积分和职业化行为积分体现“干好与干坏”。
- 积分制如要解决淡旺季平衡问题，需要在一次分配上做动态调节。

4.6 计价制该如何设计?

故事导入

量化薪酬模型的积分制和计价制非常类似，但是又有很多区别，在学习完积分制的原理后，大家很想知道计价制的设计流程。

计价制的基本原理是什么?

马清波：卢老师，计价制和积分制的区别什么?

卢老师：计价制和积分制设计流程非常类似，区别就是计价制有固定单价，而积分制没有固定单价。

马清波：那计价制的基本原理是怎样的?

卢老师：计价制分成计件和计时两种情况。请大家看下投影附图，计算公式如下：

$$计件工资=\sum 工作数量\times 单价\pm 奖惩工资$$

$$计时工资=\sum 工作时间\times 单价\pm 奖惩工资$$

马清波：嗯，我们公司给生产线员工就是用计件工资方式来核算绩效工资的。不同产品有不同单价，根据员工的工作数量核算计件工资，操作起来还是非常简单。

冯莉莉：我们很多银行给一线员工用过“全产品计价”方式，本质上跟生产线计件工资一样，也属于计价制吧?

卢老师

没错！计价制在一线岗位使用很广泛。

赵青松

卢老师，我们有些医院通过RBRVs给医生核算奖金，是否也属于计价制？

卢老师

准确讲，RBRVs是后面要说的项目制模型。RBRVs是来自哈佛医学院的一个方法，国内有些医院就是通过这种方式给医生核算奖金的。其基本原理就是对医疗项目核算点值（相当于积分），然后确定每个医疗项目单价，最后根据医生的医疗工作量核算奖金。

赵青松

明白啦，这种方法类似于生产线的计件工资！那计时工资应用在什么场景？

卢老师

计时工资应用得也很广泛。比如心理咨询师、大学教授等知识型行业通常会采用计时工资。

赵青松

这倒是的。他们是按等级划分，比如大学教授、副教授、讲师等，不同等级有不同课时费标准。

马清波

我上次跟一个航空公司的人力资源部总经理交流，他们的飞行员和空乘人员薪酬中有一个比较重要的部分就是“小时费”，这个应该也是计时工资吧？

卢老师

是的。航空公司的飞行员和空乘人员的“小时费”在员工薪酬中占比还比较大。

马清波

这是对的，鼓励大家多劳多得嘛！这个“小时费”的标准，不同岗位差别很大吧？

卢老师

不仅岗位差别大、不同航线差别也大。机长、副驾驶、乘务长、乘务员的小时费标准不一样；国际航线和国内航线、长途航线和短途航线都有差别。

马清波

看来都需要通过建模来确定不同的标准，都不容易呀！

卢老师

嗯，家家都有一本难念的经！

计价制适合什么岗位?

冯莉莉

卢老师，按您前面说的，计价制适用范围很广泛呀?

卢老师

是的。计价制和积分制一样，适用的岗位很多，比如：销售岗位、生产岗位、操作岗位、服务岗位、维护岗位等。

冯莉莉

嗯，这些都是一线岗位。这些岗位还得要具备前面说的三个特征吧?

卢老师

那是必须的。这三个岗位特征大家要记牢：一岗多人、工作好量化或颗粒化、工作重复再现。

赵青松

听大家讨论下来，计价制适用的行业也很多，医院、学校、银行、保险、通信、电力、能源、民航等都可以用。我们医院有医生、护士、技师、药师等岗位，也都符合前面说的三个特征，那是否对这些岗位都可以用计价制呢?

卢老师

理论上说，你们医院这些岗位都可以用计价制，但是考虑到后面要讨论的计价制的一些缺点，医院这些岗位并不会都采用计价制，更多医院可能用积分制甚至于用目标年薪的方法。

赵青松

我懂啦。

马清波

卢老师，我们公司还有一个很大的群体：研发设计人员，也符合那三个岗位特征，可以用计价制吗?

卢老师

马经理问题很好！计价制适用的岗位要符合前面说的三个特征，但不是符合三个特征的岗位都能用计价制。研发设计人员我们更建议用后面说的项目制或前面说的目标薪酬模型进行二次分配。

马清波

明白啦!

冯莉莉

卢老师，我也有一个问题。销售岗位可以用提成制，也可以用计价制，那究竟用哪一个模型更好呢?

卢老师

这要看销售产品的标准化程度。如果销售是标准化产品，比如卖手机、书籍、快消品等，用计价制更简单；如果卖的是非标产品，比如解决方案、系统集成产品、定制化的系统设备等，用提成制更好。

冯莉莉

我们银行对客户经理用提成制时，发现有些客户经理“偏科”，就卖他会卖的产品，而组织的一些战略产品卖得并不好。是否可以改成计价制呢？

卢老师

针对冯总说的情况有几个解决建议：一是提成制改成计价制，战略产品单价定高些，以促进战略产品的销售，这种改动会比较大，且产品要相对标准化。二是继续用提成制，但是战略产品的提成比例提高，这会增加核算复杂度。三是保留提成制，但是对战略产品叠加专项奖。当然短期用可以，长期不建议用啦。

冯莉莉

卢老师非常专业！意见很中肯！我们其实也在纠结这个事情，但是行领导、业务条线部门，还有我们人力部和计财部等对此都有不同看法，还没有达成共识。条条大路通罗马，但是每条路线有不同风景、也有不同的陷阱。我们还得好好讨论一下！感谢卢老师！

卢老师

不客气！

计价制的优缺点是什么？

马清波

卢老师，计价制相对于积分制模型而言，简单明了，有工作单价就可以直接算出绩效工资，不像计分制模型那样需要先算积分、再算钱，激励路径拐了一个小弯？

卢老师

是的。从激励效果上说，计价制更刺激、激励路径更短，所以对一线员工的激励效果更好。

冯莉莉

没错，对销售岗位来说，计价制比积分制更能刺激员工的“狼性”！

卢老师

是啊！成也萧何、败也萧何！计价制在激发员工“狼性”的同时，也激发了员工的“野性”！

冯莉莉：卢老师这个总结很有新意！能展开说一下吗？

卢老师：大家想呀，狼为什么有狼性？不就是有肉吃、有血喝吗？但是狼毕竟是动物，一旦嗜血成性，动物的野性也就显露出来啦。以后你要刺激它，不也得给它喝血吃肉？！

冯莉莉：嗯，卢老师总结得很形象！计价制对员工激励是很刺激，但是员工功利性也非常强。员工找领导事事谈钱，有钱就干活、没有钱就不干活。

马清波：确实如此。计价制不仅功利性强，而且会导致员工“偏科”。有些员工专门挑钱多、事少的活干。

赵青松：是的。我听一些医院同行讲，他们医院推行RBRVs给外科医生手术计价后，说一些普外科医生专挑阑尾炎手术做，风险不太高、收益还不低。结果大手术、复杂手术大家都不愿意接啦。这样低层次的重复，医生技能难以提升呀。

卢老师：没错！大家说得确实是计价制的缺点。相比而言，积分制就不像计价制那么功利。

冯莉莉：嗯，积分制通过先算分、再算钱的转换，功利性确实降低啦。

赵青松：计价制我感觉还有一个比较大的问题就是奖金“爆池”的问题。因为单价是固定的，到了业务旺季，计价制的员工奖金就会很高，如果一个单位的奖金总盘子固定，这些计价制员工奖金多了，别的单元员工奖金就会少，内部会失衡。

冯莉莉：赵主任说的问题，我们银行也存在。所以我们很多银行同业逐步将计价制改成了积分制，因为积分制永远不会奖金“爆池”。

赵青松：是的。我们医院通常采取院、科两级分配，所以我们也是倾向于采用积分制，这样科室二次分配时不会超出我们医院给科室的一次分配奖金包。当然前面说的积分制遇到业务旺季的难题，我们可以动态调高一次分配去尽力解决。

马清波：但是我还是有不同看法，虽然计价制有功利性和奖金爆池的风险，但是我认为对一线员工，尤其是销售、操作、生产类员工，还是计价制模型刺激，员工也算得明白，这样激励效果更好！对吧，卢老师？

卢老师

马经理说得有道理，如果一家单位不纠结奖金“爆池”问题，同时希望更好刺激一线员工，计价制比积分制好很多。如果顾虑计价制的问题点，又不想采用目标薪酬模型，积分制也是不错的选择。

计价制的单价怎么确定呢?

马清波

卢老师，计价制该怎么设计？尤其是单价怎么确定呢？

卢老师

计价制的设计思路和积分制几乎完全一样，唯一的区别就是计价制要核算单价，而积分制不用核算单价。请大家看一下投影附图。

马清波

嗯，这个流程确实跟积分制设计思路一样，只是后面增加一个单价表？

卢老师

是的。计价制设计时前面也要进行工作分类，抓大放小，注意工作的颗粒度大小；构建模型通常用主变量修正模型，也是前面说的两大主变量；工作评价时注意评委的代表性；然后计算每项工作的基准积分；最后来核算单价，即每一分值多少钱，形成工作单价表。

冯莉莉

卢老师，能否具体说一下单价的计算方法？假如说ABC三项工作通过前面的流程评价下来分别对应基准积分是A—5分、B—3分、C—1分，最后单价怎么核算出来的呢？

卢老师

这里有两个思路来核算单价，前面我们讨论提成制的提成比例时用过的：一个是“总包法”，另一个是“倒算法”。前者适合已有经验数据情况，后者适合新岗位没有数据参考的情况。使用“总包法”，首先需要统计过往一年（或几年）这批员工的奖金总量，作为分子；然后，统计同一时期这批员工的工作数量，乘以对应的工作基准积分（如A—5分、B—3分、C—1分），就得到这批员工同期的总积分，作为分母。最后用奖金总量（分子）除以总积分（分母），得到每一分的单价，用单价乘以基准积分，得到每项工作的单价表。

冯莉莉：明白啦，分子分母的时间段必须取成一样的，好像这个时间段不能太短？

卢老师：是的。至少要一年的周期。如果少于1年，担心小周期有忙闲不均的问题。如果历史数据比较多，也可以选择2~3年的周期。

冯莉莉：理解啦！这个方法确定单价后，是否需要将单价带入每个员工的工作量，来比较一下每个员工的新的计价奖金方案和以前奖金方案的差别？

卢老师：这是必须的。任何薪酬改革方案都应该进行对比测算，要考虑到新方案对于员工的影响。

冯莉莉：如果总奖金盘子跟过往一样，新方案必然导致有的员工会多拿、有的员工少拿。多拿的员工开心，少拿的会有意见，怎么处理这个矛盾？

马清波：多拿的肯定就是多干的，少拿的就是少干的。我们的目的就是奖优罚劣、鼓励多劳多得，这才是改革本来的目的。

卢老师：马经理说的没错，冯总的顾虑也是对的。对于你们几家国有体制类的单位，薪酬改革还是要注重员工的心理落差。通常我们建议确定单价方案时单价要比测算值略高一点，这样奖金预期下降的员工比例会减少一些，大部分员工奖金方案还是增加或持平的。

马清波：明白啦，这就是前面说的薪酬增量改革。卢老师，那核算单价的第二个方案“倒算法”怎么操作？

卢老师：这个方法是针对没有历史数据的情况。比如一家单位对于某一批员工想执行计价制，但是这批员工过往工作量数据还没有，这时候的单价核算就需要先预算，以后再优化。

马清波：那就麻烦了，过往的工作量数据没有，奖金数据也没有，怎么核算单价呢？

卢老师：所以要采取“倒算法”。通常是先找同行单位做薪酬对标或内部岗位价值比对，看一下这些岗位员工的平均月度薪酬定位在什么水平；然后按工作量估算，这个员工一个月饱满工作量下ABC三种工作数量多少，占比多少，工作总积分大约多少，最后来换算积分单价。

马清波：嗯，这个办法初期可以这样操作，后期还是要跑出经验数据再进行单价优化吧？

卢老师：是的。这个方法现实中用得不太多。对于新业务、新岗位，我们开始可能会用目标薪酬先跑6~12个月，有了一定经验数据，再用前面的“总包法”来确定单价。

马清波：嗯，这样操作更好！

采用计价制是否不需要做一次分配？

赵青松：卢老师，我有一个问题请教一下。积分制需要先做一次分配确定奖金总额，也就是总蛋糕，然后员工通过积分来分蛋糕。而计价制是确定每个工作的单价，员工干多少，拿多少，好像就没有总蛋糕的概念啦？这样是否意味着计价制模型不需要做一次分配啦？

卢老师：赵主任说得没错！积分制可以理解为一个团队内部员工的博弈。但是计价制就没有一次分配总量限制，相当于员工跟整个单位在博弈。

赵青松：所以到了业务旺季，计价制可能会出现奖金爆池的问题。

卢老师：其实，计价制模型没有一次分配的概念，也就不存在爆池的问题。

赵青松：那倒是的。只是这样会让不同体系间的奖金出现相互侵占的问题。

卢老师：这是会发生的。通常来讲，计价制虽然后期不做一次分配，但是前期在测算单价时还是要考虑不同体系的平衡问题。

赵青松：这个平衡怎么把握？这是难点吧？

卢老师

是的。方法还是前面说的岗位价值评价。岗位价值反映了不同体系的岗位在组织里面的相对价值，如果我们新设计的薪酬方案能体现不同体系员工的岗位价值差距，那这个薪酬方案就是合理和平衡的；如果偏离岗位价值较大，就需要做适度调整。

赵青松

我明白啦。卢老师的意思是在测算单价时，测算出新的方案要满足人均薪酬水平回归到岗位价值的水平。

卢老师

没错！

赵青松

看来不管做什么二次分配模型，岗位价值评价都还是要先做的。

卢老师

是的。岗位价值评价结果不仅仅在一次分配中起到平衡作用；对于二次分配，目标薪酬的关键变量也是岗位价值；而量化薪酬模型的各种方案：提成制、积分制、计价制和项目制，都需要通过岗位价值找到平衡点。

赵青松

明白了。看来岗位价值在设计差异化分配体系时是绕不过去的。

卢老师

是的！

计价制怎么体现工作质量的要求？

马清波

卢老师，量化薪酬模型确实可以刺激员工“多劳多得”，但是工作质量怎么体现呢？

卢老师

积分制中我们设计了工作质量积分和职业化行为积分。同样的，在计价制中我们需要设计奖惩工资进行约束。

马清波

哦，前面说的计价制的公式中有一个奖惩工资就是用来做工作质量加减的吗？

卢老师

是的。这个奖惩工资不仅是工作质量的要求，也可以是职业化行为的要求。

马清波

是的。既然是奖惩，可以加钱，也可以扣钱？

卢老师

当然，奖优罚劣嘛！优秀的行为要鼓励，不希望出现的行为就要扣罚。

马清波

这个奖惩工资标准怎么定义呢？

卢老师

类似我们前面说的红绿灯考核方法，也是交通违章扣分的方法，不过这里不是扣分，而是直接加减奖金。表达方式如："出现客户有责投诉一次扣20元""迟到一次扣50元""合理化建议被采纳一次加50元"等。

马清波

明白啦，我们公司对生产线员工用的就是计件工资，其中也有扣罚标准，比如生产一个零件得5元，出现一件次品扣10元，差不多两倍的扣罚。也是为了导向员工，不能为了工作数量而牺牲质量。

卢老师

没错！

冯莉莉

卢老师，我有一个问题。我们一些银行同业对一线员工用到了全产品计价考核，但是他们对于工作质量和职业行为是做了一张综合考核表，100分权重。最后用计价奖金×综合考核得分来换算最终奖金，这样做可以吗？

卢老师

当然可以。不过这不是严格意义上的计价制，而是后面我们要说的混合分配模型，用计价奖金×目标考核得分。

马清波

这个乘法模式我们公司之前用过，只是一线员工感觉将单价给打折啦，感觉不好，而且这种乘法模式不如扣钱罚款直接。

卢老师

是的。后面我们再说一下混合制分配模型的方案，大家对这个问题可能会理解得更好！

（辅导会继续进行……）

【读书笔记】

- 计价制有固定单价，而积分制没有固定单价。计价制有两种类型：

  ✓计件工资 = ∑工作数量 × 单价 ± 奖惩工资

  ✓计时工资 = ∑工作时间 × 单价 ± 奖惩工资

- 计价制适用的岗位要符合三个特征，但不是符合三个特征的岗位都能用计价制。研发设计人员建议用项目制或目标薪酬模型。
- 如果销售的是标准化产品，用计价制更简单；如果销售的是非标产品，用提成制更好。
- 计价制优点：刺激、激励路径更短、激发员工狼性；
- 计价制缺点：功利性强、偏科、奖金爆池。
- 计价制单价核算方法：

  ✓总包法：根据过往奖金总量统计同一时期员工的工作量积分得到积分单价。

  ✓倒算法：根据行业薪酬对标或内部岗位价值比对，预算饱满工作量下工作积分来换算积分单价。

  ✓测算单价时，新的方案要满足人均薪酬水平回归到岗位价值的水平。

- 计价制中的工作质量和职业行为采取红绿灯考核方法，直接加减奖金。

4.7 项目制该如何设计？

故事导入

在陆续学习了量化薪酬模型的提成制、积分制和计价制后，还有一个项目制大家比较陌生，糖人通讯的马清波经理很想了解一下。

项目制适合什么场景？

马清波：卢老师，前面您介绍了量化薪酬的三种模型：提成制、积分制和计价制，这三种模型我们用得还比较多。第四种量化薪酬模型——项目制适用什么样的场景呢？

卢老师：项目制用途还是很广泛的。比如设计院、研究所、工程建设单位、软件开发单位等，凡是按项目组织工作的场景，都是可以用项目制来进行二次分配。

马清波：嗯，我们公司研发部门都是以项目方式组织的，也可以用项目制来分奖金？

卢老师：是的。很多研发设计部门都是按研发或设计项目构建团队，所以用项目制做二次分配很常见。

冯莉莉：卢老师，我们银行领导最近在总行推行跨部门项目团队和重大任务工作专班。这种项目团队或工作专班结束时一般也会发一些专项奖，这个专项奖是否也属于项目制模型？

卢老师：没错！专项奖的分配也属于项目制模型，后面我们要专门说下专项奖的注意事项。

赵青松：卢老师，我们医院有工作专班，也有专项奖。其他的岗位好像不太适合搞项目制吧？

卢老师：不是的，医院外科手术团队就可以用项目制呀。比如一些大型四级手术，不是一个医生能搞定的，手术团队有主刀医生、一助医生、二助医生、一麻、二麻、手术台护士、巡回护士等。对这样的手术团队就可以用项目制分配奖金。

赵青松：卢老师对我们医院情况很熟悉呀！那除了手术团队可以用项目制模型，我们的会诊也可以用项目制模型吧？

卢老师：是的。符合以下条件的场景，都可以应用项目制模型进行二次分配。第一，有明确的项目团队和目标；第二，需要多岗位或多人协同；第三，个人可以在一个项目或多个项目上；第四，项目有起止时间。

赵青松：嗯，我们的手术团队和会诊团队都符合这些条件。一个医生在这个手术项目里是主刀，可能在另外一个手术项目里就是一助。

马清波：我们公司的研发设计团队的某个工程师一段时间可能在一个项目上，也可能同时在两个项目上。

卢老师：是的。只要符合上述条件的场景，都是可以用项目制模型给员工分奖金的。

项目制怎么分奖金?

马清波：卢老师，项目制怎么分奖金?

卢老师：使用项目制模型分奖金，通常有两个动作：第一，先核算项目奖金总包，第二，再核算项目成员的奖金。

马清波：哦，这样好比是将一二次分配结合起来啦?

卢老师：是的！项目制模型的设计流程请大家看下投影附图。

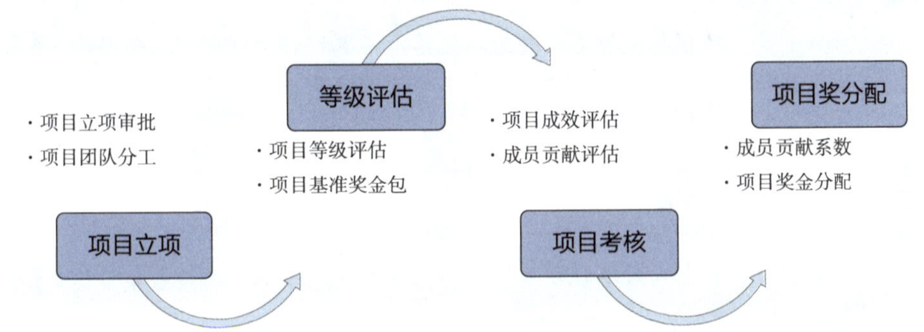

马清波：嗯，这个流程比较清晰，第一个动作是项目立项？

卢老师：是的。项目制模型第一个步骤是先进行项目立项，经过组织审批后才能正式立项。

马清波：谁来负责项目立项审批？

卢老师：通常有一个项目评审委员会，单位主要领导或分管领导要参与，其余评委是项目相关部门负责人和业务专家。

冯莉莉：我们银行的跨部门项目团队都是在行长办公会上由行领导确定的。

马清波：项目立项评审时要确定项目团队成员吗？

卢老师：大部分是这样。但有些单位立项审批时会分两次审批。第一次决定项目是否立项；第二次决定项目成员。

马清波：项目等级评估决定项目的一次分配奖金包，这个是立项时审批还是项目结束后审批？

卢老师：通常在立项时审批。这个动作还是由项目委员会按一定的模板对项目进行评价，决定项目的等级。这个项目等级可以理解为项目的难易程度、重要程度。有一些单位，也会在项目考核阶段来决定项目等级。这个项目等级决定项目的基准奖金包。

马清波：这个基准项目奖金包不是最终的项目奖金包吧？

卢老师：当然不是。还需要项目委员会对项目结案情况进行项目考核，包括项目质量和项目进度等。最后才确定最终的项目奖金包，由项目组进行二次分配。

马清波：二次分配由谁负责？

卢老师：通常由项目负责人对项目成员做评价，先做分配预案，再报给项目委员会审批后发放。

马清波：二次分配可以直接由项目负责人分配、不用项目委员会审批吗？

卢老师：当然也可以。这取决于委员会对项目负责人的授权程度和项目分配模板的规范程度。

项目奖金包怎么确定？

马清波：卢老师，前面讲到项目制模型的评估流程，其中比较关键的是项目一次分配的奖金包，这个项目奖金包怎么确定呢？

卢老师：项目奖金包的公式请大家看下投影附图。

项目奖金包=项目基准奖金包×等级系数×项目考核系数

马清波：按照这个公式，项目基准奖金包很重要，这是固定值，还是变动值？

卢老师：两种情况都有。比如推行跨部门团队或工作专班的单位，这时候项目奖金包就是专项奖，往往都是一事一议，很难有标准化的模板，所以通常会采取固定的项目基准奖金包，然后通过等级系数调整一下。这样简单明了。

冯莉莉

对的。我们银行对跨部门团队的专项奖就分成了ABC三档，分别对应10万、5万、2万的奖金包。A档是总行战略级项目，B档是重要业务项目，C档是一般项目。

卢老师

冯总说的这种适合专项奖模式。专项奖对于临时抽调参与项目的员工，只占其薪酬总额很少的部分，用固定值确定项目基准奖金包是可以的。但是对于浮动工资主要靠项目奖的员工，这时项目基准奖金包就需要通过一定的方法进行科学换算。

马清波

对，这也是我关心的问题。我们一些研发设计人员，如果采取项目制分配奖金，这个时候项目奖金就是他们的浮动工资的全部啦。

卢老师

没错！对于这样的情况，项目的奖金包就要体现项目大小、难易程度、复杂度。通常针对交付类项目（单位拿下项目订单，通过项目团队去执行的），我们可以按照这个项目的总金额确定一个基准比例作为项目基准奖金包。比如某个项目签单金额是1000万，单位核算基准奖金包比例是20%，那么1000万×20%=200万就是基准奖金包，然后通过等级系数和最后的考核系数确定最终的项目奖金包。

马清波

这个过程倒是理解。只是这20%的基准比例怎么确定呢？高了、低了都有问题。

卢老师

没错！这就需要单位的财务部门来做成本核算啦。赵主任可以给大伙说下哈。

赵青松

是的。我们财务经常要干这种事情。一般来说，我们要先确定一家单位的主营业务收支模型，分析其中人工成本占比；然后看一下其中的纳入项目制核算的员工薪酬总额预算占比，减去固定工资、福利部分，就能换算出奖金总额占业务收入的比例关系；最后再对业务指标进行预测后，回测一下这个比例的合理性，提交领导审批来确定。

马清波

嗯，我大致明白啦。这个方法针对的是交付类项目，有明确的合同金额。对于我们公司还有一些新产品设计项目和预研项目，还没有商用，没有项目合同金额，该怎么确定基准奖金包呢？

马经理这个问题很好！这里有几种解决方案。第一，对新产品研发设计部门或预研部门，用目标薪酬，不用量化薪酬，自然也不用项目制模型。考核采取综合评价，跟绩效工资和年终奖适度挂钩。第二，采用项目制模型，基准奖金包采取固定值，等级系数多分几档，体现项目大小、难易程度的差别。第三，采用项目制模型，基准奖金包跟项目预算的人天数挂钩，再考虑等级系数修正。

卢老师

马清波

我们公司对新产品研发人员目前用的是第一种方案。第二种我感觉颗粒度大小不好把握，最后容易出现博弈问题。第三种用人天数代替项目金额作为项目基准奖金包的测算依据，有一定可行性。问题是这个人天数是开始项目立项时预算的，还是项目结束时依据实际执行的人天数计算？

冯莉莉

我觉得应该是按预算人天数吧？否则按实际执行人天数，项目团队“磨洋工”怎么办？

马清波

冯总说的我很认同。如果按项目的预算人天数，谁来确定这个人天数就很重要呀！

是的。解决这个问题要从以下三点着手：第一，参与立项的评委很重要，需要有很多内行专家参与。第二，项目计划表要落到里程碑，里程碑评审时要对项目人天数进行滚动预测。第三，在项目结束后有后评价环节，对前期的预算人天数进行最后修正。

卢老师

马清波

嗯，这样流程比较啰嗦，但是要让大家服气，还真得这样做！

是的。

卢老师

项目等级系数怎么评价？

马清波

卢老师，如果两个交付型的项目，项目金额一样、项目奖金比例也一样，基准奖金包也一样吗？

不一定。这还取决于项目的等级系数和项目完成后的考核系数。

卢老师

马清波：项目的等级系数怎么评价呢？

卢老师：好的，请大家看下投影附表。这个表就是常见的项目等级系数评价表。

评价维度	权重	评价标准	评价系数
战略相关性	40%	高	1.2
		中	1.1
		低	1.0
创新性	30%	高	1.2
		中	1.1
		低	1.0
难度	30%	大	1.2
		中	1.1
		小	1.0

马清波：这个表有点类似前面积分制建模用的修正系数表。

卢老师：是的。项目制模型的项目奖金确定也是用的主变量修正模型。交付型项目的主变量就是项目金额；其他类型项目的主变量可以用人天数。上面这个表的因素可以理解为修正变量。

马清波：明白了！这个项目等级系数还是由立项时的评审委员会来评价吧？这个等级系数评价是立项时评价，还是项目结束后评价？

卢老师：一般通常建议是立项时评价，但是有些单位是在项目结束后评价的。

马清波：明白了。项目结案时要进行项目考核，这个考核系数怎么评价呢？

卢老师：请大家看下投影附表。这张表就是项目结案评价的系数表。

评价维度	权重	评价标准	评价系数
项目进度	40%	提前完成	1.1
		按时完成	1.0
		延期完成	0.7~0.9
项目质量	60%	超出预期	1.1
		达到预期	1.0
		低于预期	0.5~0.9

冯莉莉

卢老师，项目结案考核就关注项目进度和项目质量？

卢老师

如果项目等级系数前面已经评价过了，项目结案时就关注这两个维度即可。如果结案时一起做项目等级评价和项目考核，也可以设计一个综合考核表。将项目进度、项目质量、战略相关性、创新性、难度做一个加权考核表。当然前两个指标权重还是最高的。

冯莉莉

我倒是倾向于这种，项目委员会评价时一次搞定。

马清波

那回到前面的数字案例，假如一个交付型项目的金额1000万，项目奖金比例是20%，项目等级系数是1.1，项目考核系数是0.95，是否最后的项目奖金包就是1000万×20%×1.1×0.95=209万？

卢老师

没错！

项目成员怎么分钱？

马清波

卢老师，项目奖金包确定了，接着怎么给项目成员分奖金呢？

卢老师

这要分两种情况。如果项目组成员的角色构成稳定、每个角色的工作流程和工作量相对固定，可以用简单方法分配项目成员奖金，给每一个项目成员确定好分配比例即可完成二次分配。请大家参见投影附表。这是医院里面某一个四级手术项目的二次分配比例。

角色	工作内容	分配比例
主刀医生	手术主刀	70%
一助医生	手术协助	20%
二助医生	手术辅助	10%

赵青松

我们有些医院用RBRVs方法给外科手术团队分奖金，就是用这种思路来分配的。

卢老师

是的。RBRVs就是项目制模型一个特例。医院先对每一个医疗项目确定一次分配奖金包，然后再对每一个项目确定角色系数（分配比例）做二次分配。

马清波

那如果项目成员构成不固定，参与时间也不一样，该怎么分奖金呢？

卢老师

那就要用到第二种方法，也是比较复杂的方法，请大家看一下投影附表。这个方法要计算每一个项目成员的积分。

评价项目	评价标准	评价系数
工作时间	按参与天数统计	
项目角色	项目负责人	2.0
	核心成员	1.5
	支持成员	1.0
个人表现	超出预期	1.1~1.2
	达到预期	1.0
	低于预期	0.7~0.9

马清波

项目成员的积分公式是什么？

卢老师

个人积分=参与天数×项目角色系数×个人表现系数。

马清波

我明白啦，算出个人积分后，再统计项目成员的总积分，再来分配项目奖金包。这个有点类似积分制抢蛋糕模型啦？

卢老师

没错！用这种方法分项目奖金的公式请大家看下投影附图：

$$项目总积分=\sum(参与天数\times项目角色系数\times个人表现系数)$$

$$个人项目奖金=\frac{项目奖金包}{项目总积分}\times个人积分$$

冯莉莉

这个公式中参与天数很重要，怎么统计？谁来统计？

卢老师

项目管理中，要有项目日志或项目周报。这个参与天数由项目负责人或授权人员负责记录。

冯莉莉

个人表现系数谁来打分？项目负责人的表现谁来打分？

卢老师

项目成员的表现由项目负责人来评价。项目负责人的考核一般取1.0系数，因为项目委员会之前已经做过项目结案评价，该评价结果影响了项目的奖金包，也间接影响了项目负责人的项目奖金。如果有些单位希望在二次分配时体现对项目负责人的考核，可以直接取项目结案时项目的总体评价系数作为项目负责人的表现系数。

冯莉莉

明白了！

项目负责人能给自己分项目奖吗？

赵青松

卢老师，我有一个困惑，二次分配时项目负责人的奖金谁来分配？如果让项目负责人给自己分奖金，就会产生道德风险——给自己分多或分少的问题。

卢老师

赵主任说的是对的。通常项目负责人的项目奖金由项目委员会来分配或者事先确定好分配模板，项目负责人执行即可。绝对不能由项目负责人给自己分奖金。

赵青松 这是对的。我看卢老师前面介绍的项目制模型中，一次分配的项目奖金包和二次分配中项目负责人的分配系数和个人考核系数都是由项目委员会确定好的，应该这样操作。我们一些医院让科室主任给自己分奖金，即便科主任再怎么出于公心，别人也怀疑你不公平呀！

卢老师 没错！让领导给自己分奖金，就是考验领导的道德素养。

马清波 历史实践证明，很多人经不起这样的“考验”。

冯莉莉 哈哈！确实如此！卢老师，我有一个想法，项目制模型中，项目负责人责任和压力会比较大，能否给项目负责人额外的奖励？

卢老师 可以给项目负责人单独的奖励，但是这个奖励不是“额外”的，也要从一次分配的项目奖金包里面出。

冯莉莉 这个我认同，怎么操作呢？

卢老师 我们一些单位的做法是从一次分配的项目奖金包中拿出一定的比例，如20%直接奖励给项目负责人，剩余的80%再按照前面的二次分配模板进行分配。我问大家一个问题，剩下的项目负责人还参与分配吗？

马清波 这个问题我们公司前段时间正好遇到啦！我们当时的初稿方案是项目负责人先计提比例高点——30%，剩余70%不再分给项目负责人。结果征求意见时，大小项目不同差异很大，一些小项目因为项目成员少，甚至出现项目成员拿得比项目负责人多。所以后来调整成项目负责人计提比例20%，剩余80%的项目奖金项目负责人也参与分配。

卢老师 马经理，你们公司的思路是对的。这也是我要重点强调的，任何一种奖金方案一定要带入实践中去模拟测算。

冯莉莉 你们都太有经验啦，我要向你们好好学习一下。

卢老师 冯总客气了，实践出真知嘛！

赵青松

卢老师，我有一个问题，刚才的方案如果不对项目负责人单独奖励，而是采取提高项目负责人的角色系数，是否可以达到同样的效果？

卢老师

理论上是可以的。但是对项目负责人单独奖励，一则可以突出项目负责人的责任担当和结果导向，让项目负责人也有一种期待；二则上述分配模板中参与天数是主变量，角色系数的“高”比不上参与天数的“低”！

赵青松

这确实是的。卢老师总结很到位！项目负责人要对项目结果负责，有价值的工作不在于天数多少！这些建议很好，也可以纳入我们的分配方案中。

周期很长的项目怎么分配项目奖？

马清波

卢老师，有一个现实的问题：我们一些研发设计项目的周期很长，有的跨月，甚至跨年，如果项目结案时做考核分配，那么员工平时拿不到项目奖，这日子过不下去啦。

卢老师

马经理这个问题很好！对于项目周期长的情况，可以采取两种方式处理：一种方式是后面我们要说的混合分配模型，参与项目的员工一部分项目奖通过目标薪酬每月考核分配，另一部分项目奖通过前述项目奖流程结案时发放。第二种方式是采取预发机制。

马清波

预发机制？这个怎么操作呢？

卢老师

比如某个项目周期计划一年，大约需要5个人参与。根据前面一次分配规则测算项目基准奖金包有60万。我们可以先拿出40%，即24万放到每月来发，这样每个人每月平均是24/12/5=0.4万。假如等到项目结案时评审该项目的最终奖金包是62万，那么最后结案时可发的项目奖是62-24=38万，项目组再以此做二次分配。

马清波

假如这个项目延期了2个月，这延期的2月还要预发吗？

卢老师

正常情况是要预发的，只是后面结案的项目奖金包就是62-14×5×

0.4=34万。

马清波：我明白啦，这种预发比例要控制在一个合理比例，不然前面钱发完了，项目没有干完就尴尬啦。

卢老师：没错，项目制模型如果要采取预发机制的，预发总金额通常不超过项目基准奖金的50%。

马清波：每月给项目成员预发的时候是平均分配吗？

卢老师：不是的。合理的做法还是要参考项目奖的结案流程，要考虑项目成员的角色系数、项目天数和月度考核系数。

马清波：懂啦。

赵青松：卢老师，听了您前面的辅导，我有一个新问题。针对周期长的项目，两种解决方案是否效果一样？混合分配模型也是月度先按目标薪酬发绩效奖金，项目结束再发项目奖金，好像跟预发效果一样呀？

卢老师：呵呵，赵主任考虑问题很细致。看上去效果一样，但是差别很大。大家知道是什么区别吗？

冯莉莉：我感觉最大的区别是预发的项目奖后面都要扣回来，而目标薪酬每月发的奖金是不用扣回来的，对吧，卢老师？

卢老师：嗯，冯总深谙其道！采用混合分配模型时，两笔奖金是独立加和的。比如项目超期两月，这两月的目标薪酬就是组织额外给的。而采用项目制模型+预发机制，这超期两月的预发项目奖后面都要扣回来，总项目奖没有变化。

赵青松：我懂了！你们都太厉害了。将分钱的学问琢磨的这么透彻。

冯莉莉：哎！哪里厉害了，不过是我们“斗争”经验比较丰富而已！

赵青松：哈哈！

部门本职工作可以申请专项奖吗？

冯莉莉

卢老师，我有一个困惑想咨询一下。我们银行为了鼓励跨部门的合作与协同，会成立一些跨部门协助团队或工作专班，工作结束后也会给项目团队发一定项目奖。当然，这个出发点是很好的，我也很支持。但是最近出现了新动向，一些部门为了申请总行的专项奖，就变着花样来立项。明明是本职工作，也要包装来申请项目。这种情况该这么解决？

马清波

这种项目既然是跨部门团队，应该有多部门构成，一个部门不能申请项目吧？

冯莉莉

马经理，你可是不知道，我们有些部门老总“鬼精灵”的，他会找一个部门来协助共同申请项目，相互帮忙嘛！

马清波

这套路也太深了吧？！

卢老师

冯总说的情况确实存在。我们在咨询中也是经常遇到。所以我们建议：第一，整个单位专项奖比例不能留得太多，不然老让人惦记着。第二，严把立项审批关，一些属于部门本职工作的项目，不要轻易去立项。第三，加强部门履职的常态化考核，比如之前我们提到的红绿灯考核和滚动任务考核，让职能部门的考核分配体系回归到目标薪酬的轨道上。

冯莉莉

有道理。近期我们跟领导做了专题汇报，领导也发现了这个苗头不对：一些部门给钱就干活，不给钱就不干活。这个导向很不好！

卢老师

是的。职能部门员工的二次分配还是要以目标薪酬为主，量化薪酬的项目制专项奖可以作为一种补充。

冯莉莉

明白了。

（辅导会继续进行……）

【读书笔记】

- 项目制适用场景：有明确的项目团队和目标；需要多岗位或多人协同；个人可以在一个项目或多个项目上；项目有起止时间。
- 设计院、研究所、工程建设单位、软件开发单位或跨部门项目团队、重大任务工作专班都可以用项目制来分钱。
- 项目制核算流程：项目立项、项目等级评估、项目考核、项目奖分配。要成立项目委员会。
- 项目奖金包＝项目基准奖金包 × 等级系数 × 项目考核系数

  ✓交付型项目：项目基准奖金包＝项目金额 × 项目奖比例

  ✓新产品设计或预研项目：第一，用目标薪酬；第二，用项目制，基准奖金包取固定值；第三，用项目制，基准奖金包跟项目预算的人天数挂钩。
- 项目成员分配：个人积分＝参与天数 × 项目角色系数 × 个人表现系数。通过个人积分占比换算项目奖金。
- 项目负责人的项目奖金由项目委员会来分配或者事先确定好分配模板。绝对不能由项目负责人给自己分奖金。
- 项目负责人要对项目结果负责，有价值的工作不在于天数多少。
- 周期长的项目：一是混合分配模型，平时目标薪酬＋结案项目奖金。二是平时预发、结案清算项目奖。
- 专项奖不能太多。严把立项审批关，属于部门的本职工作不能轻易去立项。

4.8 混合分配模型如何设计？

故事导入

目标薪酬和量化薪酬各有优缺点，如何将两者结合起来，发挥出更大的优势？混合分配模型就应运而生。

为什么用混合分配模型？

马清波：卢老师，前面您系统介绍了提成制、积分制、计价制、项目制共四种量化薪酬模型，总体感觉，量化薪酬模型对于员工还是很刺激的！

卢老师：没错！量化薪酬模型相比于目标薪酬模型，对于员工激励效果更直接也更显性。

赵青松：是啊，但是有利就有弊。量化薪酬模型优点突出、缺点也突出。量化薪酬模型总体感觉下来，普遍比较功利哈。

冯莉莉：没错！就如卢老师前面总结的，量化薪酬模型会激发员工的“狼性”，但也会激发出动物的“野性”。卢老师，有什么好的方法，一方面刺激员工的积极性，另一方面又能抑制其缺点？

卢老师：有的。这时我们就需要用混合分配模型，将量化薪酬和目标薪酬结合起来。因为量化薪酬模型的缺点恰好是目标薪酬模型的优点。量化薪酬模型容易引发局部薪酬失衡，而目标薪酬模型通过岗位价值进行全局的平衡；量化薪酬模型容易让员工关注短期行为，而目标薪酬可以通过一人一表来实现长短期目标的均衡；量化薪酬模型关注结果，而目标薪酬模型通过目标的合理设定来实现结果指标和过程指标的均衡。

马清波：嗯，混合分配模型确实很让人期待，但这样设计会比较麻烦吧？

卢老师：当然。混合分配模型要将两者结合起来，所以肯定比单纯用量化薪酬模型或目标薪酬模型要复杂。

冯莉莉：我个人还是支持设计混合分配模型的，即便是复杂些。因为各种模型我们都试过了，现在组织面临情况也越来越复杂，单纯一种分配模型难以解决问题。

卢老师：是的。每一种分配模型都有其优缺点，各个单位还是要根据自身情况进行灵活组合。

职能部门员工可以用混合分配模型吗？

马清波：卢老师，混合分配模型应该是针对一线员工而言的吧？

卢老师：没错！一线员工如果单独用量化薪酬模型，会有问题，所以才将量化薪酬模型和目标薪酬模型进行混合。因此混合分配模型主要针对一线员工，包括销售岗位、服务岗位、生产岗位、操作岗位等。

马清波：嗯，二线员工用不了量化薪酬模型，只能用目标薪酬模型。所以二线员工也不存在混合分配模型的问题？

卢老师：通常是这样的。但是也有特例。比如我们一些单位会对职能部门设置一些专项奖，这时候专项奖用的就是量化薪酬中的项目制模型。

冯莉莉：我们银行就有针对职能部门的专项奖，当然这种奖金占职能部门员工薪酬的比例很低。这也属于混合制分配？

卢老师：是的。这种混合就属于目标薪酬+项目制的混合。

马清波：这倒是提醒了我。我们公司有时会在职能部门搞“全员营销”，也会根据员工营销情况发放专门的计价奖金。这是否也属于混合分配模型？

卢老师：这也算。这种混合属于目标薪酬+计价制混合。不过对于职能部门员工而言，主体还是目标薪酬，因为量化薪酬的占比很低，基本可以忽略不计。

冯莉莉

我很认同。对于职能部门员工，量化薪酬只能是一种点缀，不能作为主体，否则员工本职工作就会受影响。

卢老师

是的。

赵青松

卢老师，我有一个困惑。我们医院的院领导，尤其是一些临床科室主任，很多都是学科带头人，他们经常要出门诊、看病人或做手术，因为我们医院也会对医生岗位设计一些工作量奖金，而且这部分钱还不少，这是否也属于混合模型？

卢老师

是的。我们有一些医院对科室主任就是采取科室目标管理奖+工作量奖，这也属于混合模型。但是这种混合比例如果设计的不好，一些科室主任就更愿意做专业工作，而忽略科室管理工作。

赵青松

不瞒您说，我们医院就出现了这样的问题，我们院领导也希望我们财务科和人事科一起拿个方案。有什么好的建议吗？

卢老师

我建议对院领导和科室主任采取目标年薪制。

赵青松

还是推行目标薪酬？

卢老师

是的。管理者和职能部门员工还是要回归到目标薪酬的设计，更符合其岗位特点。即便用量化薪酬混合，也只能是小小的补充。我们说混合分配模型主要是针对一线员工而言。

赵青松

明白啦。

怎么设计混合模型？

马清波

卢老师，那针对一线员工该怎么设计混合分配模型呢？

卢老师

混合分配模型通常有“加法混合”和“乘法混合”两种基本形态。

马清波：哦，能具体说明一下吗？

卢老师：好的。请大家看下投影附图。这就是混合模型中的加法混合。

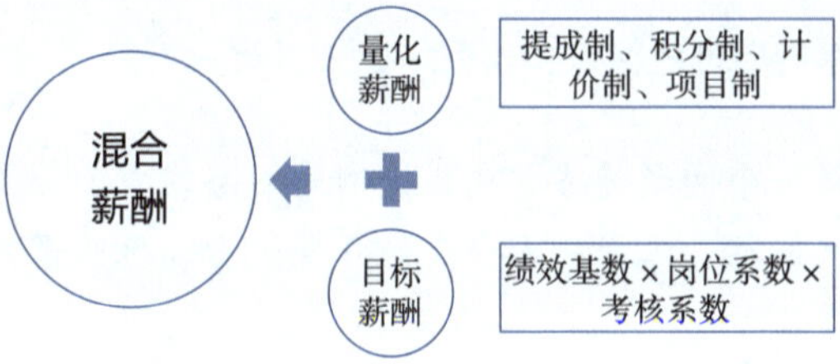

马清波：我明白啦。加法混合是用两种薪酬模型分别算钱，然后加和起来？

卢老师：是的。比如客户经理用提成制+目标薪酬的加法混合，先用提成制核算客户经理的月度提成，假如是3000元；然后用目标薪酬核算当月绩效工资，假如是2000元。那么这个月这个客户经理的绩效总奖金就是3000+2000=5000元。

冯莉莉：如果按照加法模型，就需要给这个客户经理设置一人一表？也就是业绩合同，然后每个月对其进行考核？

卢老师：当然。目标薪酬还要对该岗位进行岗位价值评价。

冯莉莉：明白啦，那“乘法混合”怎么操作呢？

卢老师：好，请大家继续看下投影附图。“乘法混合”就是先根据量化薪酬算出绩效奖金，然后乘以一人一表的考核得分完成率。

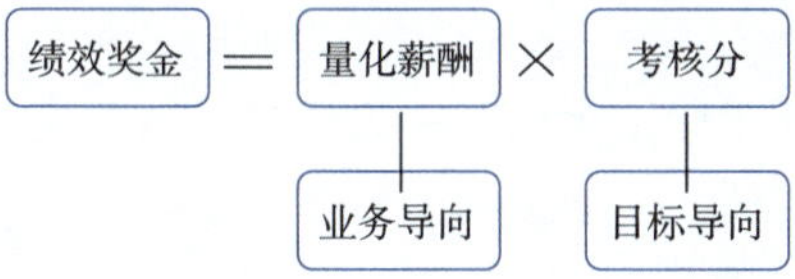

马清波

我们公司之前对客户经理就用过这个方法核算奖金。比如一个客户经理，先根据提成制算出奖金是5000元，再乘以月度一人一表考核得分，比如90分，最后这个客户经理实际奖金就是5000元×90%=4500元。但是一些客户经理，甚至他们的主管提出了质疑，我们也很困惑。

卢老师

马经理说下你们公司的问题，我们一起来探讨一下。

马清波

大家提出的第一个问题是感觉提成比例是动态的而不是固定的。比如原来提成比例是5%，如果一人一表得分是90分，意味着实际的提成比例变成了4.5%。

冯莉莉

可是如果考核得分是110分，那提成比例不也变成了5.5%了吗？

马清波

我们考核指标任务重，扣分概率大，加分概率少，所以大家感觉是将提成比例打折啦。

卢老师

大家反馈的其他问题是什么？

马清波

我们量化薪酬采取的是收入提成，主变量是“业务收入”，而一人一表中最大权重的KPI是“收入完成率”，这样造成了一荣俱荣、一损俱损的局面。

卢老师

没错，如果一人一表中收入KPI的权重足够高的话，比如100%权重，会造成平方效应。推导公式：奖金=收入×提成比例×收入完成率=收入×收入×提成比例/目标值。

马清波

没错，就是这个问题。

冯莉莉

既然提成已经充分考虑了“收入”变量，我们在一人一表中是否可以不考核或降低“收入”指标的权重？

马清波

市场部的领导可不干呀。他们做一人一表目的就是希望分解目标到个人身上。

卢老师

是的。混合模型的目的就是要将量化薪酬和目标薪酬的优点结合起来。比如客户经理，如果只用提成制给其核算奖金，那么组织的目标分解不到他们身上，对客户经理的过程管理也无法实现。而如果增加了目标薪酬，就可以通过一人一表增加目标完成率、销售过程指标和行为指标等。

马清波

没错！我们市场部原来很坚持搞提成制，认为简单粗暴有效果，后来发现问题比较多，才用的混合分配，只是现在又出现上述的问题。该怎么办呢？

卢老师

混合分配中，乘法混合比较激进，加法混合比较温和。你们单位可以尝试用下加法混合。

马清波

也就是说提成制和目标薪酬分开核算？

卢老师

没错！加法混合的好处是提成比例始终是固定的，通过目标薪酬体现一人一表的波动。

马清波

一人一表我们也是现成的，如果用目标薪酬需要核算一个基数，并增加一个岗位系数？

卢老师

没错！如果短期没有计划做岗位价值评价，也可以取员工现有的职级系数。

马清波

明白了。

加法混合怎么确定绩效基数？

冯莉莉

卢老师，我有一个问题，如果采用“加法混合”模式，除了岗位系数外，还需要确定绩效基数吧？这个绩效基数怎么确定呢？对于原有的提成比例或产品单价是否会产生影响？

卢老师

冯总这个问题很好。“乘法混合”直接用量化薪酬的奖金乘以一人一表得分完成率即可，比较简单，但是会出现上述问题；而“加法混合”问题少，但是需要重构分配模型，这时候对于原有量化薪酬的提成比例或单价会产生影响。

冯莉莉

这才是我顾虑的问题，能具体说明一下吗？

卢老师

好的。我们以客户经理的“加法混合”（提成制＋目标薪酬）举例。比如原来提成规则是按月度销售收入进行提成，提成比例是5%。如果客户经理团队平均月度销售收入是10万，那么月度提成就是10万×5%=5000元。现在我们改成“加法混合”，混合比例：量化薪酬占60%，目标薪酬占40%，客户经理薪酬增量为20%，那么客户经理的新的提成是5000×120%×60%=3600元。新的提成比例是3600/10万=3.6%，提成比例降低了。目标薪酬奖金就是5000×120%×40%=2400元。如果客户经理岗位系数是2.0，那么绩效基数就是2400/2.0=1200元。

冯莉莉

我明白了，上述案例采用“加法混合”后，客户经理的提成比例从5%降低到3.6%，而增加了一个目标薪酬奖金＝绩效基数1200×2.0（岗位系数）×一人一表得分完成率？

卢老师

没错！

马清波

提成比例如果降低了，员工是否会有意见呢？

冯莉莉

我觉得没有问题，因为上述改革方案给了20%的薪酬增量，改革前后员工平均总收入跟原来相比还是提高了。

卢老师

但是还是要跟员工做好解释，毕竟算法规则不同，最好两种算法并行算几个月的，这样员工才会有感觉。

马清波

我感觉这对于业绩特别好的员工可能会有冲击。

卢老师

马经理的顾虑的是对的。比如一个优秀客户经理月度销售收入是30万，原来提成是30万×5%=1.5万。而按照新算法，假如一人一表得分是100分（销售任务完成得好考核得分也应该高），总奖金=30万×3.6%+0.12万×2.0×100%=1.06万+0.24万=1.3万，比原来低。但是假如考核得分是200分，则奖金=1.06万+0.48万=1.54万，略高于原来的奖金。

冯莉莉

看来两种算法真需要好好对比一下。

卢老师

没错！当然对于上述案例中的问题除了在考核分上做文章，还可以在岗位系数上做文章。比如平均产出水平的客户经理的岗位系数是2.0，而产出大的客户经理岗位系数可以是3.0或4.0。

马清波

我懂卢老师的意思啦，岗位系数高的客户经理一人一表收入目标值也高，权责对等。提高了岗位系数，但是约束了考核分的区间。

卢老师

马经理悟性很高！这种做法在大公司经常采用。因为大单位一线员工多，除了关心薪酬外，还有个人的成长问题。

冯莉莉

完全认同，看来分配方案真需要好好测算一下。

赵青松

听了大家的讨论，我觉得核心问题还是做增量改革。上述案例，我有一个新想法，可否存量的量化薪酬不动，将增量部分投入到目标薪酬？

卢老师

赵主任的建议很好！我们有一些客户单位就是这样执行的。比如上述案例中客户经理的提成比例不变，将我们准备拿出的20%增量奖金全部投入到目标薪酬，每月1000元，如果岗位系数还是2.0，那么绩效基数就是500元。这样量化薪酬和目标薪酬的比例大约是5：1。

赵青松

嗯，目标薪酬占比是低些，但是改革更加平稳。以后每年如果还有增量奖金，也可以逐步投入到目标薪酬，慢慢优化加法混合的比例。

卢老师

嗯，这个方法就是时间换空间，对于体制类单位，为了求稳，我们更推荐这个方法。

赵青松

非常棒！

马清波

各位朋友，今天的辅导会到此结束啦！感谢卢老师！最后一场辅导会在两周之后的同一时间开始，请大家准时参加哈，不见不散！

（第四次辅导会结束。）

【读书笔记】

- 量化薪酬模型的缺点恰好是目标薪酬模型的优点，而混合分配可以发挥两者的优点，但是设计会复杂些。
- 职能员工分配主体用目标薪酬，可以用量化薪酬的项目制或计价制点缀。
- 混合分配模型有“加法混合”和“乘法混合”两种基本形态：

  ✓加法混合：目标薪酬奖金＋量化薪酬奖金。

  ✓乘法混合：量化薪酬奖金 × 一人一表得分率。
- “加法混合”问题少，但是需要重构分配关系：

  ✓降低提成比例或单价，结余部分和增量部分投放目标薪酬。

  ✓量化薪酬部分不变，额外薪酬增量投入到目标薪酬。

第5讲

差异化分配案例解析

5.1 咨询公司怎么分钱?

咨询公司不同岗位该如何分配? 客户顾问怎么分配? 咨询顾问怎么分配? 培训讲师怎么分配? 人事行政财务人员怎么分配? 高管人员怎么分配? 各个岗位的薪酬水平如何平衡?

5.2 医院怎么分钱?

医院各类不同岗位员工该怎么分钱? 医生怎么分配? 怎样给护理单元切分奖金包? 护士怎么做二次分配? 医技人员怎么分配奖金? 医院行政后勤人员怎么分配? 医院可以推行目标年薪吗?

5.3 财务共享服务中心怎么分钱?

财务共享服务中心跟财务部有什么区别? 财务共享服务中心的积分制怎么设计? SSC的工作量积分怎么设计? SSC的工作质量积分怎么设计? SSC的职业行为积分怎么设计? SSC员工怎么通过个人积分来分奖金? 积分制员工怎么进行考核排序? SSC的一线员工可以用目标薪酬模型吗?

5.4 银行客户经理怎么分钱?

为什么各种方法都不理想? 银行客户经理分配究竟以条为主、还是以块为主? 银行客户经理的混合分配模型怎么设计?

5.1 咨询公司怎么分钱？

故事导入

两周之后，卢老师再次来到唐人通讯，开始第五场辅导会……

由于是最后一场辅导会，大家比往常来得更早。在系统学习了一次分配和二次分配各种模型后，大家都摩拳擦掌，希望在具体案例中大显身手。

咨询公司不同岗位该如何分配？

马清波：感谢卢老师精心的辅导，让我们对分配模型有了更深刻的认识，以前都是跟着感觉走，没有系统的理论做指导，经常是头痛了医头、脚痛了医脚，问题都没有很好解决。

冯莉莉：没错。经常是按下了葫芦，冒起了瓢！分配方案一遇到问题，基层一反馈，领导要求迅速拿解决方案，结果打了一个补丁，又产生新的问题。问题总是没完没了。卢老师的方法系统性很好，让我们知道如何规避问题。

马清波：卢老师，我有一个想法，不知道是否合适？前面您介绍了一次分配和二次分配方法，能否系统地解析一个公司案例，看下各种岗位怎么分钱的？

卢老师：好的，我就以我们管理咨询公司作为案例，将我们公司不同岗位的分钱模型给大家讲解一下。

马清波：这个太好啦，管理咨询公司老是给别人设计方案，我们也系统学习下卢老师怎么给自家公司设计分配方案的，应该是非常科学的。

非常科学谈不上，有一句话叫“灯下黑”，国内有一位著名大学的管理学院院长曾说过：大学里面管得最差的是管理学院！哈哈！ 卢老师

赵青松 卢老师谦虚了，管理咨询公司是一个知识型行业，分钱应该不好做。我们正需要好好学习一下。

我们管理咨询公司倒还真是一个可以认真分析的样本，虽然人不多，但是岗位不少，差异还很大。我们有客户顾问、咨询顾问、方案顾问、培训讲师、人事财务人员、管理人员等。 卢老师

马清波 嗯，麻雀虽小，五脏俱全。

是的。我们这里用到了几乎所有的分配模型，请大家看下投影附图。 卢老师

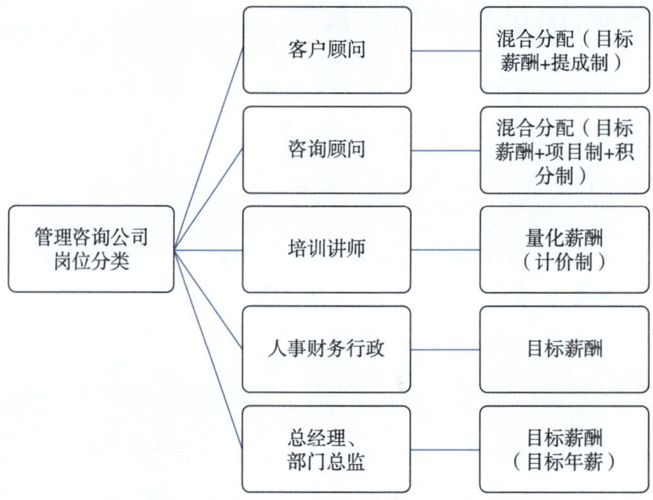

马清波 好像前面讲到的二次分配模型全部用上啦！目标薪酬和目标年薪，量化薪酬的提成制、积分制、计价制、项目制，还有混合分配模型全部都用上了。卢老师，您完全是拿自己公司做了一个试验田呀！

其实也不是，很多方案也是10余年逐步完善下来的，公司刚成立时，方案也非常简单粗暴，后来随着一些管理诉求的变化，慢慢演变成现 卢老师

在的模式。当然，即便如此还是有很多问题，我们也是在与问题做斗争。

马清波

请卢老师跟我们好好分析一下，这是一个很好的学习案例。

客户顾问怎么分配？

冯莉莉

卢老师，你们咨询公司的客户顾问应该跟我们银行的客户经理类似吧？

卢老师

是的。我们客户顾问更像你们银行的“对公客户经理”，因为我们面对的都是你们这些企事业单位的大客户，而不是个人客户。

冯莉莉

明白。看您前面罗列的，你们对客户顾问用混合分配模型是怎么考虑的呢？

卢老师

其实公司刚成立时对客户顾问并不是用混合分配模型，而是用量化薪酬的提成制。考虑到我们面向的是大客户销售，所以采取方案就是“中底薪+中提成”。

冯莉莉

嗯，这是对的。大客户经理还是要有一定底薪保障，不然大家稳定性差。

卢老师

是的。我们一些培训公司同行，是面向个人销售的，所以他们采取的是“低底薪+高提成”方案。

冯莉莉

这样销售人员流失率很高吧？

卢老师

是的。这样的公司用的就是大浪淘沙策略，能稳定下来都是销售精英。但我们公司不能这样干，我们是针对大客户提供服务，我们的营销模式是希望营销和服务并重。

冯莉莉

嗯，这跟我们银行营销模式类似。

卢老师

所以我们希望客户顾问有一定的稳定期。早年的时候我们咨询公司以培训业务为主，项目周期短，激励可以很快到位；后来咨询业务越来越多，项目周期拉长，所以我们逐步增加客户顾问的底薪，也是为了更好留住员工。

赵青松

卢老师，我想请问一下，你们的提成方案是以销售额还是销售利润为标的呢？

卢老师

早年的时候，为了激励更刺激，我们对客户顾问提成方案就是以销售收入为标的，后来发现一些客户顾问在实施一些培训项目时，项目运营大手大脚、不关注成本，这样导致了一些培训项目客户顾问拿提成、公司利润受影响，甚至亏损。所以3年后，全部改成了按销售毛利提成。销售收入减去师资成本、项目差旅费后得到项目毛利再提成。

赵青松

嗯，这跟我们医院情况类似。我们以前对科室用收入指标，科室对成本不怎么关注，改成收入减支出后，大家才重视成本管控。卢老师，你们从销售收入指标改成销售毛利，提成比例就要提高吧。客户顾问有意见吗？

卢老师

是的。我们会测算平均的项目毛利率，然后反算出新的提成比例。而实际上提成比例会比测算比例要高一点，主要还是让员工不要感觉改革让大家收入预期降低了，同时还要做好对员工的政策解释工作。

赵青松

嗯，这还是增量改革的策略，这样改革风险会降低一些。

卢老师

是的。

冯莉莉

卢老师，我特别关心为什么后来你们对客户顾问用了混合分配模型？

卢老师

因为我们后来发现提成制对客户顾问是很刺激，但是一些客户顾问太短视了，而且偏科，更重要的是目标分解不下去。市场团队的主管身上背了销售指标，但是团队成员却没有指标压力，因为他们是按提成拿钱。

冯莉莉

所以对客户顾问就增加了目标薪酬，考核一人一表啦？

卢老师

是的。我们实际上采用了混合分配模型：提成制＋目标薪酬，保留了提成制，降低了提成比例，但是增加目标薪酬，绩效工资＝绩效基数 ×

岗位系数×考核系数。当然总体上提成的占比还是要高很多。

冯莉莉

我估计还是做增量改革吧？混合分配后员工奖金应该比原来单纯提成要高吧？

卢老师

这是必须的，但是还是要做好奖金测算和员工的宣贯工作。

马清波

卢老师，我想了解一些混合了目标薪酬后，岗位系数怎么确定呢？

卢老师

我们对客户顾问采取了分级策略：资深顾问、高级顾问、中级顾问、初级顾问。不同顾问的岗位系数不同，销售任务目标值也不同。比如资深顾问，年销售目标300万，高级顾问就是200万等。

马清波

我明白了，这种分级策略，也解决了一人一表中KPI的目标值问题，这个很好！符合权责对等逻辑。

冯莉莉

那这个客户顾问的“肥田”和“瘦地”问题该怎么解决呢？我想你们咨询公司应该同样存在我们银行的资源禀赋问题吧？

卢老师

没错！这个问题比较复杂，我们基本上采取肥瘦搭配的方式，在市场划分时，会参考过往历史项目分布，划分一、二、三类客户区域，然后确定组合规则，让客户顾问进行选择，有些也需要公司进行协调。但最后的目标值还是根据客户顾问等级进行确认。当然为了更好鼓励大家冲击市场目标，我们后期也用到了“超产奖”，超过目标值的120%，我们会额外提成奖励。

冯莉莉

看来我们银行的套路你们公司全都用上啦。你们对客户顾问的一人一表考核什么内容呢？

卢老师

除了销售收入KPI，我们还要考核CRM（客户关系管理）维护、销售专项指标和少许的GS(销售专项任务)和KBI（行为指标）等。

冯莉莉

太好了，这些思路完全可以供我们银行客户经理考核分配时学习参考。

咨询顾问怎么分配?

马清波

卢老师，你们公司咨询顾问人数应该比较多吧？他们是怎么分配的呢？

卢老师

我们公司现在80%都是咨询项目，所以咨询顾问人数也是最多的。我们采取的也是混合分配模型，主体是量化薪酬的项目制为主，中间也有目标薪酬的绩效工资，同时在设计一人一表时，还考虑了积分制的因素。

马清波

这个有点意思。我有一个困惑，咨询顾问负责咨询项目的实施，用量化薪酬的项目制好理解，为什么还要考虑用目标薪酬呢？

卢老师

这其实跟咨询顾问的工作定位有关。我们的咨询顾问除了实施咨询项目外，还需要参与市场支持、撰写招投标方案和做课题研究等工作。

马清波

我明白啦，你们的咨询顾问其实是一个“大岗位”的概念。

卢老师

没错！如果只是以项目制来给咨询顾问分钱，那么其他的工作可能就没有人做啦。

马清波

是的。量化薪酬会导致员工有功利的行为。项目制应该是咨询顾问分配的主体吧？怎么操作的呢？

卢老师

是的。我们项目制的流程是：立项—组建项目团队—项目结案—项目评估—项目分配。比如我们公司拿下一个咨询项目，内部会竞聘项目经理，项目经理再来组建团队。公司首先有一个基准的项目比例包干给项目组。结案评估时我们公司的专家委员会对项目的四个因素：战略性、难度、质量和进度进行评估，最后确定项目的奖金包。

马清波

嗯，这是项目的一次分配。二次分配由项目经理来进行分配？

卢老师

是的。我们事先会确定好二次分配规则。比如项目奖金包中先给项目经理一个固定比例20%，剩余的80%根据项目成员的参与时间、级别和个人评价分进行二次分配。

马清波

明白啦，这是典型的项目制分配流程。再请教一下，咨询顾问目标薪酬中的一人一表怎么设计呢？

卢老师：咨询顾问的一人一表以KPI为主，其中最大的KPI就是“研发积分”。

马清波：这个“研发积分”是否积分制？

卢老师：是的，我们研发积分的统计过程类似于积分制，但是最后转换成KPI得分啦。

马清波：这个有点意思，怎么操作呢？

卢老师：我们是这样操作的。先将咨询顾问的工作分大类：市场支持、方案撰写、课题研究等；然后再细分小类，比如方案撰写包括一般培训方案、大型培训方案、咨询方案、投标方案等。请大家看下投影附表。

大类	小类	基准积分
技术支持	远程沟通	30分
	现场沟通	100分
	现场述标	120分
方案撰写	一般培训方案	60分
	大型培训方案	90分
	咨询方案	120分
	投标方案	180分
课题研究	小型课题	200分
	中型课题	300分
	大型课题	400分

马清波：这些工作怎么确定积分基准值呢？需要用到前面说的建模吗？

卢老师：是的。我们采用的是主变量修正模型，主变量是时间，修正变量包括知识复用程度、复杂度等，通过专家委员会评价，得到每种工作的积分基准值，然后每个月统计咨询顾问的研发积分，这个就是KPI的分子。分母就是每个咨询顾问对应等级的积分目标值。比如资深顾问月目标是1100

分，高级顾问是1000分，中级顾问是900分。请大家看下投影附图。

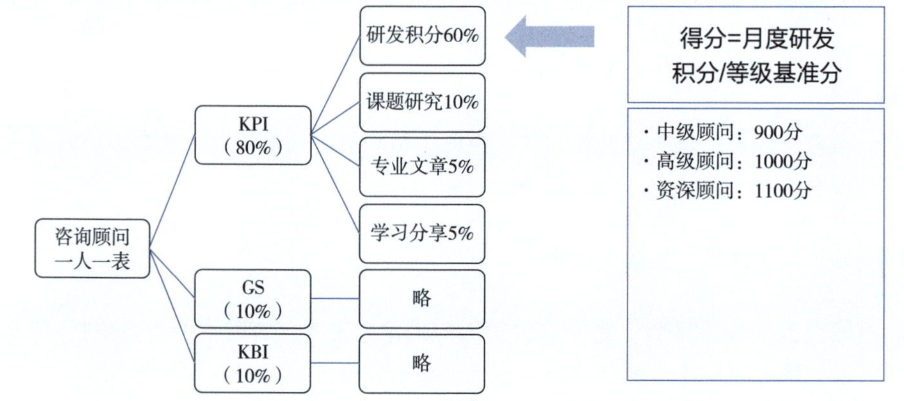

马清波：哦，这样将研发积分的绝对值转换成KPI指标啦，相当于将量化薪酬转化成目标薪酬啦？

卢老师：没错！量化薪酬属于加法模式，如果要改成目标薪酬，需要做除法。

马清波：那如果两个咨询顾问研发积分都是1000分，高级顾问这项KPI得分是1000/1000=100%，而资深顾问这项KPI得分就是1000/1100=91%？

卢老师：是的。因为我们资深顾问的目标薪酬的岗位系数比高级顾问的也要高呀！

马清波：我懂了。咨询顾问分配模型也是混合模型，主要是量化薪酬的项目制模式为主，同时也用到了积分制模式，不过最后积分通过除法转换成一人一表的KPI指标，再通过目标薪酬来核算绩效工资。

卢老师：理解完全正确！

马清波：太好啦！卢老师拿自己的公司现身说法，让我们对量化薪酬和目标薪酬以及混合分配模型有了更深的认识。

培训讲师怎么分配？

马清波：卢老师，你们公司的培训讲师如何分配呢？也是用混合分配模型吗？

卢老师：我们培训讲师的分配模式倒是比较简单，主要用量化薪酬模型的计价模式。

马清波：类似于学校的课时费吧？

卢老师：是的。课时费属于量化薪酬模型的计价制模式。计价有按工作或产品计价的、有按时间计价的。一般知识传播型行业都是采取按时间计价模式。

马清波：这我理解啦，同样授课一小时，是否有级别的差异？

卢老师：当然有。我们分成首席讲师、专家讲师、资深讲师、高级讲师等不同级别。每个级别的课时费单价不一样。

马清波：嗯，大学里面教授和副教授课时费也是有差别的。培训讲师的课时费除了老师级别的差别，还有学员人数的差别吗？

赵青松：我有一个疑问，老师上课不都是讲一样的内容吗？为什么要根据学员人数体现差别？

卢老师：刚开始我们培训师的课时费没有体现大班和小班差别。后来老师们发现上大班比上小班更有挑战性。因为上小班通常采取分组互动教学方式，对教学设计要求高、对老师的要求要低些；而大班基本采取“填鸭式”教学方式，对老师的演绎能力要求很高，老师会更辛苦。所以后来我们也根据大班和小班定义了不同的课时费标准。

冯莉莉：这个也相对合理。企业培训还是要提倡边学边练，所以小班效果比大班效果好；但是大班有时候也有必要，一些重要的宣贯、知识传播需要大班集中来上课，对老师要求确实很高。而且我看培训公司的报价，同样的老师大班比小班报价要高，也应该是这种考虑吧？

卢老师：是的。大班的培训费用虽然高一些，但是分摊到学员后，大班的人均培训费用比小班要低很多。

马清波：卢老师，我还有一个问题。上次我们请一家培训公司的老师来授课，本来一天的课程，后来因为工学矛盾，只上了半天课，但是培训费按八折收取的。这个是行业惯例吗？

卢老师：没错！这里有时间成本问题。虽然老师只上了半天课，但是前后的时间成本和一天课程是差不多的。所以通常单独的半天课参考一天课程报价的八折。

马清波：看起来课时费简单，没有想到还这么多讲究呀！

卢老师：是的。刚开始规则很简单，但是员工一多，场景一复杂，内部公平性的矛盾就凸显出来，所以说分钱是一个逐步优化的过程。再比如2020年初因为新冠肺炎疫情，线下培训暂停了，我们很多课程都搬到了线上，有直播形式、有微课形式，后来我们也增加线上课时费标准等。

马清波：嗯，要考虑东西还挺多的，那如何将培训师的级别、学员人数、半天因素综合考虑进去呢？维度很多呀！

卢老师：我们课时费＝课时费级别标准×班级系数。课时费标准根据培训师不同级别确定，如首席讲师每天XX元、专家讲师每天XX元；班级系数定义如下表：

班级分类	班级系数	备注
小班1天	1.0	70人以下
小班半天	0.8	70人以下
大班1天	1.3	70人及以上
大班半天	1.0	70人及以上

马清波：这倒是很简单。卢老师，你们公司培训师也会参加咨询项目吧？

卢老师：会的。我们公司各种岗位都是大岗位为主，培训讲师主要是培训授课，也会参与咨询项目。我们会根据前面说的咨询顾问的分配方法给他们分配项目奖金。

马清波：是的。相当于培训讲师也是混合分配模式：量化薪酬的计价制＋项目制？

卢老师：没错！

人事行政财务人员怎么分配？

冯莉莉：卢老师，前面说的几种岗位，客户顾问、咨询顾问、培训讲师都是一线员工，以量化薪酬或混合分配为主。那你们公司的中后台支撑人员怎么分配呢？

卢老师：我们公司规模比较小，我们的后台支撑岗位主要是人事、财务、行政人员，我们采取就是目标薪酬模型，因为用不了量化薪酬，也用不了混合分配模型。

冯莉莉：理解！目标薪酬就是绩效基数×岗位系数×考核系数？

卢老师：是的。我们的员工岗位系数就是员工的职级系数，我们没有做“岗绩分离”，这个职级系数跟员工职级、经验和过往表现有关，既影响员工的基本工资，也影响绩效工资。

冯莉莉：考核系数就是每人每月的一人一表考核得分转换而来？

卢老师：是的。我们的考核系数＝一人一表得分/100。

冯莉莉：这些后台岗位做一人一表很难吧？这也是我们银行现在的考核难题！

马清波：冯总，卢老师公司的员工考核肯定不难。卢老师给我们公司辅导的职能部门员工考核模型，大家评价很实用，我觉得非常好！

卢老师：马经理过奖啦。职能部门的员工考核问题肯定都是各单位的难点问题。我们对人事、财务、行政人员考核的一人一表就是我们给马经理公司辅导的KGB模型：关键指标KPI、关键任务GS和关键行为KBI。其中用到了两个创新方法：红绿灯考核和滚动GS考核。

马清波

对，我很认同卢老师的理念和方法论。职能部门工作特点是“数不多，但事不少”。两种事很突出：一种是常规的事情、每月都要干的事情，就用红绿灯考核的“九灯原理”来考核；另一种就是临时的专项或督办任务，就用滚动GS考核。我说的对吧，卢老师？

卢老师

马经理说得完全正确！以后你可以去辅导别的单位啦！哈哈！

马清波

不敢当、不敢当！

冯莉莉

下次我们来马经理公司专程学习，也请马经理给我们辅导一下哈。卢老师绩效管理书上面应该有这些方法的介绍吧？

卢老师

是的！

冯莉莉

这些考核流程是通过纸面还是信息系统来实现呢？如果要实现每月考核和核算绩效工资，工作量还是很大的呀。

卢老师

是的。我们自己研发了一套人力资源管理天平系统，包括岗位、绩效和薪酬分配的功能。我们的系统主要是对客户的，我们自己也用，新功能我们内部要先进行测试和验证。

冯莉莉

挺好的，啥时候给我们也试用一下哈！

卢老师

没问题！

高管人员怎么分配？

马清波

卢老师，你们咨询公司的管理层如何分配呢？这个问题有点敏感，不知道您是否方便回答呢？

卢老师

没有问题呀！我们是研究分配方法论的，这些方法都可以公开，也应该让更多人知道这些设计理念和方法论！

马清波

太好啦！卢老师站位很高。

卢老师：这是必须的。我们公司的高层管理架构是董事会和经营层。我作为公司的董事长，主要负责一些公司方向性的工作。我个人的另一个重要身份是公司的首席讲师。我们公司负责运营的管理层主要是总经理、分管市场的副总经理和分管财务的副总经理。

马清波：嗯，这也符合大部分单位的管理模式。那对于总经理、副总经理采取什么分配模型呢？肯定用不了量化薪酬吧！

卢老师：没错！高管人员和中层干部都不适合做量化薪酬，前面我们有专门说到这个问题。之前我们对公司总经理和副总经理用的也是传统的目标薪酬＝绩效基数×岗位系数×考核得分。最近3年改成了目标年薪制，效果总体还不错！

马清波：目标年薪属于目标薪酬的特例，而且很多单位对高管人员都采取目标年薪制，你们是怎么设计的呢？

卢老师：我们是将目标和年薪对应起来，设计成不同的台阶。请大家看下投影附表。这是我们对公司总经理的目标年薪样表。具体数字我隐藏了哈！

XX公司总经理2019年目标年薪表

档级	核算条件	利润基值	收入基值	年薪	月工资	月绩效奖金	补贴	年终奖
第一档	利润 < P1或收入 < S1			< A万	★★★★★	★★★★★	★★★	年薪清算
第二档	利润P1~P2且收入≥S1	P1	S1	（A万+B）*C	★★★★★	★★★★★	★★★	
第三档	利润P2~P3且收入≥S2	P2	S2	（A万+10+B）*C	★★★★★	★★★★★	★★★	
第四档	利润P3~P4且收入≥S2	P3	S2	（A万+20+B）*C	★★★★★	★★★★★	★★★	
每五档	利润P4~P5且收入≥S3	P4	S3	（A万+30+B）*C	★★★★★	★★★★★	★★★	
第六档	利润P5~P6且收入≥S3	P5	S3	（A万+40+B）*C	★★★★★	★★★★★	★★★	
第七档	利润P6以上且收入≥S4	P6	S4	（A万+50+B）*C	★★★★★	★★★★★	★★★	

注：1. 利润指财务统计中的营业利润，不包括公司投资收益、政府补贴；收入依据公司项目金额考核统计口径。
2. 总经理采取目标年薪制，年薪包括月度工资、月绩效奖金、补贴和年终奖。年终奖依据最终年薪减去已发部分进行年底清算。
3. 年薪清算变动值B=（实际利润－档级对应利润基值）×R%；收入修正值C取值：实际收入比收入基准值每低1%减0.2%。
4. 总经理不参与其他薪酬和专项奖核算。上述补贴包括伙食补贴、交通补贴和电话补贴，依据公司规则。出差补贴另外照常核发。
5. 任职期间因个人长期病假、事假等依据公司规则扣除的月工资、绩效奖金和补贴，年底不再清算补回。
6. 上述目标年薪前提：确保公司正常经营，不出现重大法律风险和财务风险。

马清波：这个表看上去有点复杂，核心指标有利润也有收入，而且分成了几个台阶，为什么不直接设置一个指标，比如按照利润设定一个提成比例确定总经理的年薪呢？

冯莉莉

马经理，如果这样操作，就不是目标年薪，而是量化薪酬的提成制啦！

是的。总经理作为公司的经营管理人员，是不适合采用量化薪酬的。所以目标年薪是主流模型。

卢老师

马清波

嗯，道理应该如此，我们公司的领导班子现在也都采取年薪制啦。不过我们领导的年薪分为基本年薪和绩效年薪。

其实是一样的。年薪不是说年底才发，平时我们也要预发工资和绩效奖金，年底时才清算。因为我们咨询公司业务单纯，所以年薪核算主要是关注利润，也要兼顾收入规模。

卢老师

赵青松

卢老师这张表我认真研究了一下，核心导向就是效益优先、兼顾规模发展。利润指标有6个基值，收入只有4个基值。

赵主任说得没错！这也是我们公司经营管理的导向。

卢老师

赵青松

这点很务实，很好！我有一个算法问题，这个表中年薪清算变动值B有一个R%的比例，这个比例有什么讲究呢？

嗯，这里确实有讲究。合适的R%比例带入计算后，不能超出下一台阶年薪的起点。比如这个表中，每个台阶年薪起点差了10万，所以最后实际清算的B值代入后，不能超过10万，最好是7万~8万左右。

卢老师

赵青松

我懂了。这样就可以使得不同台阶的年薪有跳跃性，而同一级台阶的年薪线性增长。这样可以使得靠近台阶边缘的时候要使劲跳一跳。

嗯，赵主任解释得很形象！

卢老师

马清波

卢老师，我有一个问题，这个表中C是对收入的修正系数，这个修正系数是否可以用一人一表的考核系数来代替呢？因为我们的主管单位对我们公司通常都有经营业绩考核，我们是否可以拿这个考核结果给管理层核算年薪时代入计算？

当然是可以的。我们帮一些国企设计领导人年薪就是这样做的。不过提醒一点，年薪的基准值如果以经济利润指标为主确定，在经营业绩考核中，利润指标占比权重就要放小。不然会形成前面说的平方效应。 卢老师

马清波 我明白啦。

冯莉莉 卢老师，我有一个年薪清算的问题要请教一下。搞年薪制后还要做平时考核、应用绩效奖金吗？

对于领导班子如果搞年薪我建议年底一起考核清算，对于中层干部搞年薪，我建议还是做平时考核，结果应用到月度绩效奖金中，但是到年底要根据最终的年薪清算值多退少补。 卢老师

冯莉莉 比如说，某个中层干部年薪60万，在前面11次月度考核中绩效奖金共计扣了5万元，年底核算年薪时假如最终年薪为58万，是否最后要补回他3万元？

实际年薪清算时不是补发的概念，计算公式：年底清算年薪＝实际年薪－已发部分。比如这个中层干部年薪基准60万，年底核算年薪58万，前面月份本应发45万，结果扣了5万实际发了40万，最后年薪清算时再发58-40=18万，相当于给他补回去了18-（60-45）=3万。 卢老师

冯莉莉 明白啦！有一个新的问题，如果这个干部请了1个月的事假或病假，工资部分按考勤平时也扣除了，这个年底清算时要补回吗？

马清波 我觉得要补回吧。毕竟年薪采取目标对赌方式，如果人家用11个月干完了12个月工作，结果也达到组织的目标对赌要求，应该给人家补回考勤扣除的部分吧？！

赵青松 我不认同这个观点。如果这个干部没有请假，努力干12个月，没准可以干出13个月的效果，因此为了鼓励正确的行为，我认为请假扣除的年薪不予补回。

嗯，大家讨论的这个过程很有建设性！关于请假扣除年薪是否补回的问题，各单位要事先定义好规则。我们建议的做法是基本年薪跟考勤 卢老师

挂钩，扣了不补；绩效年薪部分只跟目标达成与否有关。

冯莉莉

我也同意这种做法。还有一事请教一下，推行年薪时，相关人员不能再拿专项奖或量化薪酬了吧？

卢老师

这是必须的，年薪是薪酬总包的概念。不能这边拿年薪，那边拿量化薪酬的内容，如果这样的操作，年薪就变成底薪了！

冯莉莉

完全赞同！这个口子不能开！

各个岗位的薪酬水平如何平衡？

马清波

感谢卢老师的无私分享，将贵单位的各种岗位的分配模型详细解析了一遍，让我们对各种分配模型有了更具象化的认知，受益良多。而且卢老师的咨询公司是一个很好的样本，几乎将所有的分配方法都使用到了，非常全面！

卢老师

是啊。一个公司哪怕再小，都有分钱的问题。钱分不好，会带来很多问题。同时我们作为管理咨询公司，给客户提供管理咨询，我们自身也需要实践这些方法论。不然，纸上谈兵是解决不了问题的。

马清波

没错，知行合一才是王道！卢老师，我有一个问题，这些岗位的分配模型差异很大，你们公司是如何平衡岗位的薪酬水平的呢？是按照前面说的岗位价值评价做横向平衡的吗？

卢老师

马经理的问题很好！一般情况下，为了解决各岗位的薪酬比较问题，通常是要通过岗位价值来找平衡的，但是因为我们公司人员规模比较小，所以并没有做岗位价值评价，而是采取本行业的薪酬水平做参照系来平衡。

马清波

这个思路有点意思，能具体说明一下吗？

卢老师

比如说，我们培训讲师的薪酬确定流程，首先我们看下社会上面向企业的内训课程平均报价多少？其中多少比例会给到老师，然后确定我们讲师基本工资和课时费标准。我们的咨询顾问的薪酬策略也是如此，根据行业报价水平和工作量确定我们的咨询项目报价，其中多少比例给到咨询顾问，然后切分到工资和项目奖的分配比例。而像人事、财务等人员的定薪策略就是跟社会相应岗位看齐，当你发现提供的薪酬很难招聘到人时，说明就是要开始调薪啦。

冯莉莉

嗯，薪酬有两大策略：对内有公平性、对外有竞争性！卢老师公司的薪酬平衡思路是通过对外的竞争性来映射内部的公平性。这个策略紧跟市场水平，所以对行业和市场的敏感性比较强，我们这些单位能这么操作吗？

卢老师

我不建议哈。你们这些单位都是大单位，员工的岗位比较多，我建议薪酬平衡策略还是要以岗位价值为基准，通过薪酬调查来修正是比较合理的路径。如果你们采取我们小公司的思路，以外部薪酬为主平衡逻辑，岗位一多就会疲于奔命，操作性很差。

冯莉莉

确实如此。只是岗位价值评价结果也只能管一段时间，有一些新业务、新岗位来不及做岗位评价的，我们还是会以外部薪酬对标作为主参照系。

卢老师

这是对的。现在各单位面临的内外部环境变化很快，岗位价值评价一般3~5年会重新做一次，来解决全局的平衡问题。新岗位要么是参照原有的岗位价值地图做拟合处理，要么先按外部薪酬水平进入薪酬特区，等下一次岗位价值评价时才拉回到新的价值地图中。

冯莉莉

这个建议比较中肯，也具有可操作性。

赵青松

卢老师，我请教一下，您当时在创立这家公司时，会想到今天这些分配方案吗？

卢老师

哈哈，当然不是的！有些分配方案，比如对销售人员的提成制方案、培训讲师的课时费、人事财务人员的目标薪酬，10余年来都是这样操作的，当然细节上也调整了很多。而对于高管人员的目标年薪、咨询顾问的项目制薪酬、市场人员的混合薪酬等，都是随着公司业务转型变化和遇到问题才重新设计的方案。我们也是在跟问题做斗争，也走了不少弯路，积累了很多经验和教训。

赵青松

是啊，怪不得卢老师经验这么丰富，自身在企业的实践经验加上咨询项目的积累都是宝贵的财富，这些可以让我们少走很多弯路。

卢老师

没错！这正是我们咨询公司的价值所在。薪酬分配问题是员工激励的核心问题，我们很多单位因为这个分钱问题导致很多矛盾、内部活力不足。所以管理者和人力资源部门需要多花时间研究，必要情况下也要请我们外脑来诊断一下。大家不要舍不得这些咨询费用哈，找到正确的老师和顾问，绝对会让各单位省更多的钱，哈哈！

马清波

我们公司就是受益者。我们去年请卢老师做顾问辅导我们的绩效管理体系，很短时间我们绩效管理水平迅速提升，这之前我们人力部门和各级管理者花了不少时间，走了很多弯路。别的成本不算，就我们这些人开会、沟通的管理成本都不知道花了多少钱。

冯莉莉

我们银行领导也非常认同这个理念。领导常说一句话：以小钱换大钱！

马清波

你们银行本来就有钱！哈哈！

（辅导会继续进行……）

【读书笔记】

- 分配是系统工程，不能头痛了医头、脚痛了医脚，按下了葫芦冒起了瓢。
- 客户顾问：混合分配（提成制＋目标薪酬）。
- 咨询顾问：混合分配（项目制＋目标薪酬＋积分制）。
- 培训讲师：计价制为主。
- 职能人员：目标薪酬＝绩效基数×岗位系数×考核系数。
- 高管人员：目标年薪。
- 各岗位薪酬平衡策略：随行就市。

5.2 医院怎么分钱？

故事导入

国家医改政策和现代化医院的运营，对医院内部薪酬分配制度提出了更高的要求，赵青松作为本地三甲医院财务科的主任，他特别希望卢老师以医院为样本，辅导一下医院各岗位的分钱方法。

医院各类不同岗位员工该怎么分钱？

赵青松

卢老师，我非常认同您之前辅导中说的医院是“公益化定位+企业化运营”的提法。我们医院虽然是事业单位，但应该向企业一样去思考如何提升运营效率。前面您对贵公司各岗位分配模型的讲解对我启发很大，不同岗位还是要找到合适的分配模式。我们医院的一次分配是我们财务科在牵头，虽然还有很多问题，但毕竟医院领导很重视，亲自参与，总体也还好。我们医院的二次分配是由各科室主任自行完成，因为我们很多科室主任都是学科带头人、业务专家，对于如何做科室内的考核分配，很多人并没有这样的专业经验，所以分配方案是“八仙过海、各显神通”。有的科室做得不错，有的就比较差，员工的不满情绪也很高。所以我更关心如何做好科室内的二次分配。

卢老师

没错！二次是直接分到人的，一次分配的合理性最终还要通过二次分配去直接显现。某种意义上来说，二次分配比一次分配更为重要。

赵青松

没错！激励到基层员工才能更好激发组织活力。问题是我们医院岗位类型差异很大，大体上说，我们有医生、护士、医技人员、行政后勤人员等四大类别；从小的类别划分，医生有内科、外科等不同临床专业；再小的类别，内科还细分成呼吸内科、消化内科、神经内科等亚专业。按照前面说的“以岗定薪”的原则，这些都属于不同的岗位，该怎么分配呢？

马清波：哈哈，赵主任在给我们上了一堂生物学课程，岗位细分好比是物质细分到分子、原子的过程。我们企业也是同样的情况，大家为了共同的组织目标，但是分工有很大差异，怎么构建不同岗位的分配模型呢？

卢老师：嗯，理解大家的困惑，无论什么行业，分钱都还是有共性规律的。比如一家医院，虽然岗位类别和层级很多，但是按照分配规律，大体可以分为：一线岗位和二线岗位。满足三个特征的属于一线岗位，其余属于二线岗位。

马清波：这三个特征我记得很牢：第一,一岗多人；第二，工作好量化或颗粒化；第三，工作重复再现。

赵青松：马经理记性真好！按这三个特征，我们的医生、护士和医技人员都属于一线岗位，其余都是二线岗位？

卢老师：大体是对的。赵主任，你们财务科下属收费处的收费人员其实也应该属于一线。

赵青松：对的，卢老师提醒的对！一线岗位都用量化薪酬？二线岗位都用目标薪酬？

卢老师：不完全这样。一线岗位也可以用目标薪酬，因为目标薪酬是万金油模型，二线岗位只能用目标薪酬，请大家看下投影附图。

岗位类型	分配模型	考核模型
医生	量化薪酬 目标薪酬	项目制、计价、积分 一人一表
护士	量化薪酬 目标薪酬	积分、计价 一人一表
医技人员	量化薪酬 目标薪酬	项目制、积分、计价 一人一表
行政后勤	目标薪酬	一人一表

赵青松

我们有些医院搞全员目标年薪制就是属于目标薪酬吧？

卢老师

是的。目标年薪属于目标薪酬的特例。所以国家推行医改，有些医院推行全员目标年薪制也是可行的。当然，有些医院会对医生、护士和医技人员推行混合分配，将目标薪酬和量化薪酬结合起来，这也是合理的。

赵青松

懂了，看来所有的二次分配无非就是量化薪酬或目标薪酬或两者的结合！下面请卢老师逐个帮我们医院辅导一下各岗位的二次分配操作方法。

卢老师

好的。

医生怎么分配？

赵青松

卢老师，医生在我们医院非常重要，人数也比较多，但是医生都是高知人群，这个该怎么分配呢？

马清波

嗯，医生是医院的核心，这个人群要是分不好钱，对医院影响应该很大。

赵青松

没错！我们医院采取院科两级分配：医院将奖金包一次分配给科室，科室主任二次分配给医生。有的科室主任很重视二次分配，分得比较合理；有的科室主任完全是按照医生职称分钱，干多与干少、干好与干坏没有很好体现出来。所以想咨询一下卢老师，医生该怎么分配？

卢老师

好的。医生的分配可以采取目标薪酬或量化薪酬或两者的结合，即混合分配。

赵青松

按您前面的辅导，目标薪酬就是需要做两个动作：以岗定薪、按绩取酬？

卢老师

没错！先通过岗位价值评价确定各医生岗位的岗位价值系数来代替目前用的职称系数。再制定每个医生的一人一表，每月考核得到考核分。医生的奖金公式：

$$\text{科室奖金基数}=\frac{\text{科室奖金包}}{\sum \text{岗位系数}\times\text{考核系数}}$$

$$\text{医生个人奖金}=\text{科室奖金基数}\times\text{岗位系数}\times\text{考核系数}$$

赵青松：明白，这个理解。这个方法难点就在于岗位价值评价和一人一表制定？

卢老师：是的。岗位价值评价其实没有那么难，按照前面我们说的方法，最后结果还是容易形成共识的。难点还是在于一人一表，这个需要科室主任们要花点心思。当然这个过程也还是有规律的。

马清波：没错！卢老师去年在我们公司辅导的方法很好用，关键是中层干部愿意去用，也敢于去考核。

赵青松：是的。如果医生推行目标年薪制该怎么操作呢？

卢老师：目标年薪制也要做岗位评价和一人一表两个动作，刚才的应用只是奖金，而目标年薪是应用到全薪酬。后面我会专题说下医院推行目标年薪的必要性及设计要点。

赵青松：好的。医生毕竟属于一线岗位，搞量化考核可能更刺激。如果医生采用量化薪酬该怎么做，用什么模型呢？

卢老师：根据我们的操作经验，医生岗位如果用量化薪酬，我们通常推荐积分制或项目制。

赵青松：哦，这个项目制比较新鲜，能否详细讲解一下？

卢老师：现在很多医院正在执行的RBRVs就属于项目制。

赵青松：之前学习过这个模式，具体怎么操作呢？

卢老师：项目制模型的基本操作流程，先确定项目奖金包，接着再确定项目成员的二次分配。我们将医生治疗病人的过程类比成一个项目，通过建模确定项目难易程度，设置项目奖金包，然后再建模确定项目成员的角色系数。请大家看下投影附图。

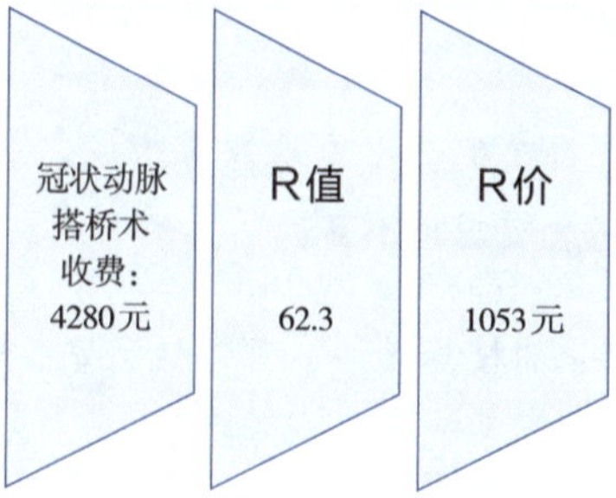

科室	角色	工作内容	角色系数	金额
心内科	开单医生	开单、诊断	0.25	263
	主刀医生	手术、治疗	0.55	579
	一助医生	手术协助	0.11	116
	二助医生	手术辅助	0.09	95

赵青松：这里的R值相当于项目价值系数，R价就是换算出来的项目奖金包，后面的角色系数对应的金额就是项目参与人的二次分配金额，对吧？

卢老师：没错！这就是典型的项目制分配方案。

赵青松：这个项目制操作下来还是很刺激的，干多与干少、干好与干坏体现地非常充分，而且将一次分配和二次分配直接打通啦。不过这个需要信息化系统很强大吧？

卢老师：是的。这类方案需要医院的信息化系统很强大，而且需要管控好价值评价时不同专科项目的分歧。

赵青松：我感觉我们医院目前实施下来有点难度。可否还保持现在医院对科室的一次分配模式，让科室主任对医生进行二次分配时采用量化薪酬，同时操作起来也简单些。

卢老师：那可以用积分制。科室内部建立工作数量、工作质量和职业化行为的积分标准。每天记录积分台账、每月统计积分，然后分配科室的奖金包。

赵青松：嗯，这个相对比较好操作。这三套积分中，工作质量和职业行为积分标准不难，工作量积分怎么积分呢？

卢老师：根据医疗工作特点，我们建议工作量积分由计时积分和计件积分构成。计时积分根据医生的班次特征确定积分值，比如白班系数1.0，夜班系数1.2；计件积分根据病人轻重程度分类，外科可以根据手术级别分类，具体分类时要抓大放小。

赵青松

我明白了，这样只要科室内部达成共识，员工的公平感就容易达成。而且这种积分平时比较好记录台账，对信息化要求也不高。

卢老师

没错！我们公司的天平系统专门有量化积分的核算模块，可以让科室自己记录工作量，也可以做信息接口从医院HIS系统自动采集数据。

赵青松

这太好啦。有系统很方便，提高效率，也更透明。

怎样给护理单元切分奖金包？

冯莉莉

赵主任，我有朋友在医院工作，他们说护士是医院最多的人群，那么护士是怎么分配的呢？

赵青松

这也是我想请教卢老师的问题。医生和护士是医院最大的两个群体，医护分配的矛盾也相对最大。在我们医院，医生和护士都在临床科室，我们医院将一次分配的奖金包给到科室后，科主任和护士长商量后分成两大块。这时矛盾来了，这个切分比例该怎么划分？医生分多了，护士不高兴；护士分多了，医生不高兴。所以我们很多科室就干脆医生护士各50%。但是一些护士长就很不认同这种方法，院领导也很头大。

冯莉莉

赵主任，我怎么感觉这是一次分配的问题呀！首先应该按照前面说的一次分配规则切分医护奖金包吧？

卢老师

是的。赵主任反馈的这个问题确实属于一次分配的范畴。我们有些医院解决的方案是“医护分家”，分锅吃饭。

赵青松

嗯，有些医院在推行“医护分家”，我们也去学习过。医生和护士的奖金包在医院下发时就已经分开成两部分，这样虽然避免了医护的争吵，可我们却“引火烧身”了，原来是科室内医护的矛盾，现在变成了护士和我们医院的矛盾。

冯莉莉

看来哪里都不太平，都是钱惹的祸？！

赵青松

可不是嘛！我们直接给护理单元分钱也没有问题，可是分配规则是什么呢？我们也尝试用一次分配的效益量化模型，发现效果并不好！

卢老师

给护理单元做一次分配，用所在临床科室的收入为主变量，“肥田瘦地”的问题更突出，这是不可行的。用护理收入为主变量，护理工作很多没有体现在护理收入上，分配容易失真。用护理工作量作为主变量，记录工作太繁琐，不可行。相对可行的是用护理时数作为主变量或人员结构法核算护理奖金包。

赵青松

护理时数法我听说过，好像需要对每个护理专业测算护理工时，然后用住院病人床日数和床日单价来核算奖金包？

卢老师

没错！这个方法的难点是护理工时的测算。要组建团队去跟班测算每个护理岗位的直接护理时间和间接护理时间，稍微有点复杂。还有一个可行方法，就是通过人员结构模型给护理单元做一次分配。

赵青松

这个方法按照前面您说的，要评估岗位价值、核算人员编制以及对科室考核，这样是否更复杂呢？

卢老师

其实不然。岗位价值评价按照我前面介绍的流程，并不难，我建议全院都做一次，结果可以直接引用。护理单元的人员编制可以通过相关性分析、人效分析和对标分析进行核算。科室考核本来各医院都在做。这样三个数据组合起来就可以切分护理单元的一次分配奖金包了。

赵青松

这倒是启发了我。即便医护不分家，科室内部也可以采取人员结构模型切分奖金包。比如科室内部先通过岗位价值评价将医生和护理各类岗位价值评价出来，然后分别加和医生和护士的岗位价值系数，这两个系数和之比就是医护奖金切块的依据。

卢老师

没错！赵主任活学活用！其实医院一些科室医护奖金各按50%也是依据这个原则来核算的。比如很多医院医生奖金系数定义1.0，护士奖金系数0.8，假如科室医护比（医生和护士人数比）是1：1.2，那么医生和护士的奖金包之比＝（1.0×1.0）：（0.8×1.2）=1.0：0.96，不就是接近各50%吗？

赵青松 我懂了，还真是这样！如果科室医护比不同，那么也会影响奖金包的分配吧？

那当然，所以有的科室医护奖金包55开是合理的，有的64开合理，有的应该46开。关键是岗位价值系数和医护编制数。 卢老师

赵青松 非常棒！复杂的问题被卢老师这么一解读，变得通俗易懂。之前听一次分配模型时体会还没有这么深刻，结合我们医院案例一说，马上理解更通透啦！

所以要学以致用！ 卢老师

护士怎么做二次分配？

赵青松 卢老师，解决护士的一次分配问题，如何给护士做二次分配呢？

马清波 护士岗位在医院属于一线岗位，也符合一线岗位的三个特征，应该可以用量化薪酬做二次分配吧？

是的。护士可以用量化薪酬，但是跟医生不同，不能用项目制，提成制更不能用。所以护士岗位如果用量化薪酬，推荐用积分制或计价制，重点推荐积分制。 卢老师

赵青松 积分制和计价制有什么区别？

积分制是护理单元内部抢蛋糕。计价制是护士跟医院博弈，容易造成护理单元间的矛盾以及医护的分配矛盾。因为计价制确定了单价，淡季大家都少，旺季大家都多，这样护理奖金总包可能会超出预算盘子，奖金爆池，就会挤占医生、医技和行政后勤的奖金包。 卢老师

赵青松 那还是算了吧！我们还是用积分制！这个积分制怎么给护士分钱？

先用前面的方法确定护理单元的奖金包，确定总蛋糕，然后在每个护 卢老师

理单元建立工作量积分、工作质量积分和职业化行为积分。最后用护士积分占比去分总蛋糕。

赵青松

大致流程懂了，这个护理的工作量积分怎么构建呢？

卢老师

护理工作量积分跟医生的积分方法类似。护理工作量积分一般包括班次积分和工作量积分，也就是俗话说的计时积分和计件积分。请大家看下投影附表。上面两张表是住院部常规护理单元的工作数量积分规则。下面两张表是产科护理单元的工作数量积分规则。

班次积分规则	
班次类别	积分标准
责任班	1.2
大夜班	1.1
总务班	1.1
小夜班	1.0
治疗班	1.0
留夜班	0.8
护理班	0.8

工作量积分规则	
护理类别	积分标准
特重病人	0.07
重症病人	0.063
中度病人	0.049
轻微病人	0.035

班次积分规则	
班次类别	积分标准
白班	1.0
接生班	1.1
待产班	1.0

工作量积分规则	
护理类别	积分标准
顺产接生	1.5
剖宫产接生	1.2
胎心监护	1.0
导尿	1.0
皮试	0.3
预防接种	0.3

赵青松

嗯，这种积分方法倒是抓大放小，也好记录。那护理的工作质量积分和职业行为积分怎么制定呢？

卢老师

请大家看下投影附表。

类别	指标名称	评分标准
护理质量	抢救配合不协调、不及时	扣5分/次
	管道扭曲堵塞脱落外渗	扣2分/次
	严重差错	扣20分/次
	一般差错	扣10分/次
	医疗事故	专项处理
职业行为	红包回扣	扣40分/次
	由于言行不当、导致护理纠纷	扣10分/次
	与病人争吵或服务态度不佳	扣5分/次
	收到批评信或举报	扣5分/次
	不进行健康宣教	扣4分/次

赵青松：我明白了，护理数量积分是护理单元每天记录、每月汇总。护理质量积分和职业行为积分是按照有责发生原则触发加减分。然后三个积分合成再分总蛋糕？

卢老师：没错！这就是典型的量化薪酬的积分制。

马清波：卢老师，听到你们的讨论，我突然有一个想法，护士可以用目标薪酬分钱吗？

卢老师：当然可以！目标薪酬属于万金油模型，各行各业、各种岗位都能适用。用目标薪酬分钱核心原理就是前面说的“以岗定薪、按绩取酬”，关键动作就是岗位价值评价和一人一表。

赵青松：护士岗位如果做岗位价值评价，是一个护理单元做岗位价值评价还是全院的护理岗位一起做岗位价值评价？

卢老师：如果只是为了解决某一个护理单元的二次分配问题，只做一个护理单元的岗位价值评价即可。具体方法论可以用前面说的两两比较法或分类排序法，这样比较简单。但是我个人更建议全院护士岗位一起做岗位价值评价，因为这样容易区分不同护理单元的岗位价值，岗位评价也可以用到相对更科学的因素计点法。而且这样顺便将一次分配和二次分配的问题一起解决啦。

赵青松

嗯，如果各护理单元的岗位价值全部出来，一次分配就可以用人员结构模型切分护理单元的奖金包，护理单元内部也可以用岗位价值评价结果做二次分配，每个护理单元不用单独再做岗位价值评价啦，非常好，一举两得！

马清波

如果用目标薪酬，护士岗位的一人一表怎么制作？也是用KGB模型？

卢老师

是的。护士岗位完全可以用KGB模型搭建一人一表。护士岗位属于一线岗位，主要权重在关键指标KPI；关键任务GS权重一般10%左右，护士长GS权重可以是30%；行为指标KBI权重一般统一都是10%。请大家看下投影附图，这是护士岗位的考核框架。

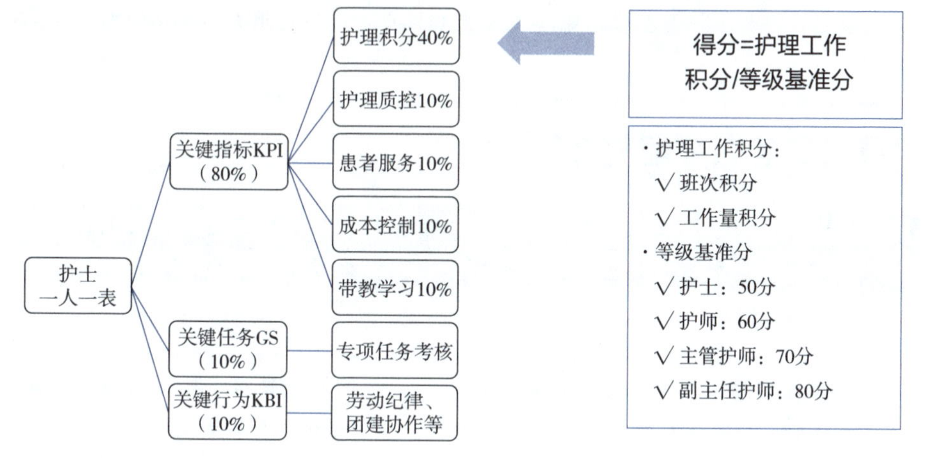

赵青松

护士一人一表中KPI有一个大权重的KPI“护理积分”，这个积分和前面说的积分制的积分是否一样？

卢老师

有很大关联，但不完全一样。量化薪酬的积分制是取绝对分，我们这里用的是相对分，用绝对分除以目标分，就是KPI指标的得分，这是其一；其二，我们这里的护理工作积分单纯指工作数量积分，包括计时积分和计件积分，而量化薪酬的积分制的积分包含工作数量积分、工作质量积分和职业行为积分。

赵青松：这个理解！在KGB模型中是通过其他KPI和KBI来考核工作质量和职业行为的。

马清波：我有一个困惑，护士一人一表中最大的KPI“护理积分”的分母是取护士职称对应的基准积分，是否也可以取这个科室护士积分的平均值？

卢老师：当然可以。这类KPI目标也即分母的取值可以是绝对值，也可以是平均值。

赵青松：我觉得这种方法不错！将量化积分和目标考核很好地结合起来。虽然看上去复杂一些，但是目标导向更全面。不像量化薪酬的积分制，大家过分关注工作数量，而忽略其他东西，比如成本控制、学习成长等。

卢老师：没错！每种考核分配模型都有其优点和缺点，具体应用时要具体分析。

医技人员怎么分配奖金？

赵青松：卢老师，我们医院的医技科室，比如检验科、放射科的员工，虽然这个群体人员数量不如医生、护士那么多，但也属于一线岗位，该如何分配奖金呢？

卢老师：医技人员岗位性质也符合前面说的一线岗位的三个特征，所以可以参考医生，用量化薪酬的项目制或积分制，也可以用目标薪酬。

赵青松：医技人员的项目制怎么实施？

卢老师：好的，请大家看下投影附图。我们参考RBRVs的方式做项目制的分配。

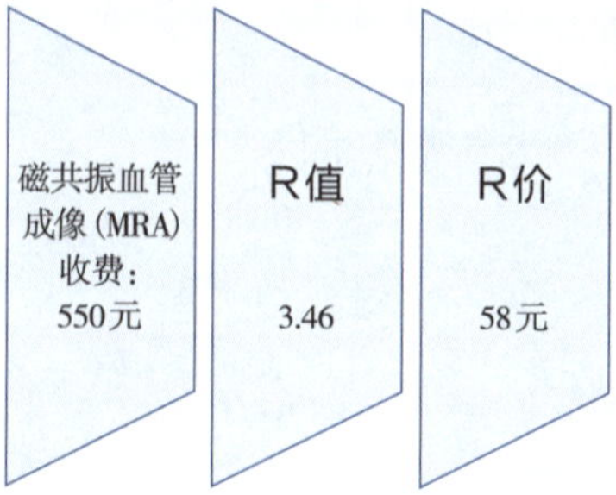

科室	角色	工作内容	角色系数	金额
内科	开单医生	诊断/判读	0.20	11.6
影像科	离心技师	取血/离心	0.22	12.8
	扫描技师	编码扫描上机	0.23	13.3
	报告审核	出报告/审核	0.35	20.3

赵青松

这种方式是将每个医技检查当作一个项目，先确定项目的奖金包，然后再按角色系数分配每个角色的奖金，倒是可以很好地体现多劳多得！

马清波

我有一个问题，请问一下：这个MRA（磁共振血管成像）项目，R价/收费=58/550，大约10%左右。而前面介绍的医生分配案例时，有一个“冠状动脉搭桥”的手术项目，R价/收费的比例好像是25%左右，这个比例差别这么大吗？

赵青松

这个我来解释一下。卢老师介绍这种项目制分配方法，来自于美国的RBRVs方法，这个方法特别强调资源占用分析。手术类项目主要以人为主、机器为辅，所以给人的分配比例高；而检查类项目以机器为主、人为辅，所以给人的分配比例就低。

卢老师

没错！赵主任解释得非常清楚！这种项目制分配模型中，我们需要考虑难易程度、风险、成本费用等方面的修正，需要在建模中予以考虑。

赵青松

如果医技人员用积分制分配，是否也是跟医生和护士一样，先确定科室奖金包，然后设计三类积分来分蛋糕？

卢老师

是的。注意一点：工作数量积分要抓大放小，因为有些检查检验项目类别很多，适度做合并处理。同时要看下各类检查和影像的信息系统能否导出员工工作量的数据，不然人工记录台账工作量太大。

赵青松

好的！如果医技人员用目标薪酬就需要做岗位评价和制作一人一表？

卢老师：是的。套路都一样，也可以参照刚才护士的做法，将工作量积分作为最大权重的KPI指标放到一人一表中。

赵青松：明白了，看来目标薪酬真的是万金油模型，啥岗位都能用！

卢老师：确实如此！

医院行政后勤人员怎么分配？

赵青松：卢老师，我们医院行政后勤人员虽然人数不多，但是感觉考核分配起来好像更难呀？

卢老师：准确地说，医院的行政后勤人员考核是难题，但分配反而简单！

赵青松：哦，此话怎讲？

卢老师：因为从分配角度上来说，行政后勤人员只要能用目标薪酬，没有选择。医生、护士、医技人员还可以选择用目标薪酬或量化薪酬。选择多了，有时还会纠结！

赵青松：这倒也是！如果采取目标薪酬，那就得如前所说，做两个动作：一个是岗位价值评价，另一个是一人一表？

卢老师：没错！我们还是建议将行政后勤科室所有岗位的价值评价先评出来，然后全员建立一人一表，用目标薪酬的公式核算绩效奖金，请大家看下投影附图，这是财务科的分配案例。

行政后勤人员绩效奖金=奖金基数×岗位系数×个人考核分数

- 奖金基数：全院统一或依据科室奖金包换算
- 岗位系数：

岗位	岗位系数
财务科主任	4.6
预算管理岗	3.3
会计岗	3.2
出纳岗	2.6
统计岗	2.5

- 个人考核分数：依据科室员工一人一表KGB的考核结果，可以用分数或考核系数代替

赵青松

这个案例正好说得是我们科室，回去后可以直接用啦！

卢老师

那可不行，这是人家的案例。岗位价值评价还是要医院层面统一评价，或者行政后勤作为一大群组进行评价。

赵青松

那倒也是。这个公式中的奖金基数如果全院统一，是否会跟临床科室奖金脱离关系？

卢老师

是的。如果行政后勤的奖金基数取统一值，临床科室奖金多少就跟行政后勤科室脱钩了，只有最后在年底发年终奖时做全局平衡。还有一种处理方法是奖金基数固定，每月乘以两个调节系数，一个是全院的调节系数，关联当月临床奖金平均值。临床奖金多，这个调节系数变大，反之调小。另一个是科室调节系数，跟所在科室考核结果挂钩。科室考核结果好，这个调节系数变大，反之变小。

赵青松

听起来有点复杂，但确实很合理。如果我们一次分配到科室，科室内部做二次分配，这时奖金基数是否变动值？

卢老师

没错！如果采用一、二次分配联动的方法，这个奖金基数就是一个中间的计算变量，每个月会根据一次分配包的不同而发生变化。问题是你们财务科核算行政后勤科室的一次分配只能用人员结构模型，最终还是要考虑当月医院整体奖金和科室考核结果。

赵青松

卢老师一语点醒梦中人！与其在一次分配上纠结，不如在奖金基数上做文章，一次性将一次分配和二次分配的问题搞定！

卢老师

对的！

赵青松

那行政后勤考核分配最后的难题就是一人一表了吧？这个也是我们头大的。行政后勤的工作不好量化不说，不同科室、不同岗位差异还很大，这个考核该怎么做呢？

马清波

赵主任，这个我有经验，我来说说哈。你们医院的行政后勤科室跟我们公司职能部门的情况一样，甚至我们一些部门名字叫法都差不多。比如你们的人事科、财务科、办公室、工会等，我们企业全部都有。

所以这块考核分配的难题应该也差不多。卢老师之前到我们公司辅导，重点帮我们突破了职能部门及员工的考核难题。核心要点就是红绿灯考核和滚动任务考核。对吧，卢老师？

卢老师：是的，马经理记得很准确！医院的行政后勤科室跟企业的职能部门、银行的中后台部门一样，很难考核。我们建议行政后勤科室及员工的考核要紧紧围绕“一个中心、两个基本点、三个方法”展开。一个中心是指“以效率为中心”，而不是“以效益为中心”。

冯莉莉：卢老师总结的“123”口诀特别好，二线部门要以效率为中心，而不是以效益为中心，一线部门才是以效益为中心。二线部门的效率正好支撑到一线部门的效益。

赵青松：冯总总结的很精辟！那两个基本点是什么？

卢老师：两个基本点：服务效率评价和管理推动效率评价。职能部门要服务于一线，所以一线部门对二线部门要进行内部服务满意度评价。管理推动的效率我们推荐用GS考核。GS被称为执行力的抓手，对管理推动工作非常有帮助。

赵青松：嗯，这个有道理！三个方法是什么？

卢老师：一个方法是内部服务满意度评价，另两个就是马经理说的两个创新方法：红绿灯考核和滚动GS考核。因为医院的行政后勤科室跟企业职能部门一样，数不多但事不少，尤其是两种事情比较多：一种是常规的事情，也叫职责KPI，建议用红绿灯考核；另一种事情就是上级交办的临时任务、督办任务，建议用滚动GS考核。

赵青松：我明白了，哪里可以看到这些详细的方法介绍呢？

马清波：赵主任，您可以看一下卢老师的书籍《其实，绩效管理并不难》。上面有详细的方法介绍。

卢老师：对的。我们公众号上也有我很多微课，回头我推荐给您！

赵青松：感谢！我准备回去向院领导申请一下，请卢老师给我们的院领导和中层干部去“洗洗脑”，他们比我更需要这些方法，哈哈！

好啊！

卢老师

医院可以推行目标年薪吗?

赵青松

卢老师，这几年国家大力推动医改，我们一些同行医院也在推动目标年薪制，医院领导也希望我们先了解一下相关内容，前面您系统辅导了一下目标年薪的概念和设计流程，对我非常有帮助。想请教一下卢老师，您对医院推行目标年薪制怎么看呢?

卢老师

目标年薪制这几年在医院比较火爆，尤其是国家层面也在推广目标年薪制。我谈几点建议供参考：首先，我个人很支持医院推行目标年薪制。因为医院跟其他单位不同，医院还是要回归到公益的属性，目标年薪制相对于其他分配的方法，功利性没有那么强。其次，目标年薪制更能体现医务人员的价值定位。传统的收支结余模式将医务人员当作了销售人员，工作量分配或项目制模式（包括RBRVs和DRGs等）将医务人员当作了高级技术工人。医务人员本质是知识分子。目标年薪制更能给员工提供稳定的收入预期，体现医务人员的价值，可以更好地让医务人员回归医疗本身，看好病、钻研好医疗技术。

赵青松

我非常认同！提成制、计价制、积分制或项目制等量化薪酬模型短期确实可以刺激员工，长远来看，会放大人性的“恶”！

马清波

没错！员工也会变得很功利和短视。而医院一旦出现这样的行为，大处方、大检查等过度医疗的现象就无法杜绝。

赵青松

卢老师，如果医院推行目标年薪制后，是否会导致员工躺平，而失去奋斗精神?

卢老师

推行目标年薪制可不是搞“大锅饭”！前面我们说过，目标年薪需要“左右手”都要硬：“左手”通过岗位价值决定岗位年薪基准值；“右手”通过对赌协议（一人一表）决定最终的年薪清算值。我们一些新组建的医院也搞目标年薪，但是只给员工年薪基准值，没有对赌协议，这不是目标年薪。

赵青松 有道理。这么说来，推行目标年薪对医院全员绩效管理体系要求很高吧？

卢老师 当然！推行目标年薪对医院构建三级考核体系很有帮助：医院考核决定了院长的年薪；科室考核决定了科主任的年薪；员工考核决定了员工的年薪。所以，推行目标年薪，有助于医院国考体系落地。

赵青松 嗯，我们领导很看重国考排名！卢老师，我请教一个问题，目标年薪在一个医院全面推行可能有难度，可以只推绩效年薪吗？

卢老师 可以的。这种思路就是前面我们提及的“固浮分离”：固定工资和浮动工资分离策略。工资部分维持现有体系，不动或者少动，改革的重心放在绩效奖金。这样改革虽不彻底，但是对很多历史遗留问题比较多的单位是较为稳妥的解决方案。

赵青松 可否针对个别科室主任和学科带头人推行目标年薪？

卢老师 不建议。因为其他大多数科室主任和骨干员工会有想法的，会导致内部的不平衡。拿目标年薪的人也会被异样对待或孤立。好心会办成坏事！建议医院整体，至少某一个群体执行目标年薪。

赵青松 如果医院全员推行目标年薪制后，员工的目标年薪跟其岗位和考核挂钩，跟其身份就脱钩，这样是否更有利于去编制化？

卢老师 是的。

赵青松 我们医院是事业单位，这种变革要求很大，一些原有带编制员工可能有想法，这个难题怎么破解？

卢老师 这确实是一大难题。目标年薪要打破现有员工身份，由身份管理变为岗位管理，最终实现同工同酬。我们建议对原有事业编制员工执行“档案工资”：身份封存档案，退休待遇跟身份挂钩，现有的目标年薪跟身份脱钩。

赵青松

明白啦！目标年薪确实是医院薪酬分配改革的一个方向，但是真改起来，难度不小啊，这还得要医院领导下决心！

卢老师

没错！改革是一把手工程！领导班子要高度重视、做好顶层设计；方案设计也要循序渐进，由易后难；同时要做好员工的反复宣贯和沟通工作。

赵青松

完全同意！

（辅导会中场休息……）

【读书笔记】

- 医院：公益化定位+企业化运营。
- 一次分配的合理性最终会影响二次分配的合理性。
- 医生分配：

  ✓目标薪酬或目标年薪制。

  ✓量化薪酬的项目制（RBRVs）或积分制（计时积分+计件积分）。
- 护理分配：

  ✓一次分配：用护理时数作为主变量或人员结构法核算奖金包。

  ✓二次分配：用目标薪酬或量化薪酬的积分制（计时积分和计件积分）。
- 医技分配：量化薪酬的项目制（RBRVs）或积分制，也可以用目标薪酬。
- 医院的行政后勤人员考核是难题，但分配反而简单。

  ✓行政后勤只要能用目标薪酬：绩效奖金=绩效基数×岗位系数×考核系数。

  ✓奖金基数每月乘以两个调节系数，一是全院的调节系数，关联当月临床奖金平均值；二是科室调节系数，跟所在科室考核结果挂钩。
- 行政后勤科室考核：一个中心、两个基本点、三个方法。

  ✓一个中心：以效率为中心，而不是以效益为中心。

  ✓两个基本点：服务效率和管理推动效率。

  ✓三个方法：内部服务满意度评价、红绿灯考核、滚动GS考核。

- 目标年薪制符合国家医改方向，也有利于解决医院诸多矛盾。
- 目标年薪制不是搞“大锅饭”！目标年薪需要“左右手”都要硬：“左手”通过岗位价值决定年薪基准值；“右手”通过一人一表决定最终年薪清算。
- 目标年薪有助于医院构建三级考核体系：医院考核决定了院长的年薪；科室考核决定了科主任的年薪；员工考核决定了员工的年薪。
- 目标年薪要打破现有员工身份，去编制化。由身份管理变为岗位管理，最终实现同工同酬。

5.3 财务共享服务中心怎么分钱？

故事导入

稍事休息后，辅导会继续进行……

糖人通讯成立了财务共享服务中心，这个中心跟财务部有较大区别，马清波经理很想了解财务共享服务中心该怎么分钱。

财务共享服务中心跟财务部有什么区别？

马清波

卢老师好！我们公司去年成立了财务共享服务中心（Shared Service Center，简称SSC）。前天我们SSC的新经理专门找我沟通他们中心员工的考核分配问题。我想请教一下卢老师，对于类似SSC的员工该怎么分配？用什么分配模型呢？

赵青松

马经理，我先打断一下哈！财务共享服务中心的概念我听说过，也很有兴趣，能否先介绍一下SSC的组织定位，跟我们财务部门工作有什么区别呢？

马清波

好的。我们公司下属的分公司比较多，原来各分公司的员工报销和付款都是在各自分公司的财务部门完成。后来上级巡视检查中发现问题不少，为了防范风险、规范流程、提高效率，所以去年公司在总部成立了财务共享服务中心。

赵青松

如果分公司员工要报销，流程怎么走？

马清波

我们有专门的信息化系统，分公司员工要报销，先要按系统要求填写报销申请、罗列报销事项，系统走审批流。原始的发票单据通过高清扫描上传系统，后面邮寄到总部SSC统一归档。我们SSC的员工就通过电脑对每一个付款项目进行审核、查阅原始单据扫描件，制作凭证后，再推给出纳进行付款操作。

冯莉莉

我明白啦，这个SSC跟我们银行的票据中心、授信审批中心、反洗钱中心定位差不多，我们以前很多工作都是下面分行完成，现在集中到总行啦。

卢老师

是的。我接触的国内很多大的单位，都有两个趋势：经营在往下沉，比如划小网格搞阿米巴经营；管理在往上收，付款集中成立了财务共享中心、审计集中成立了审计中心、IT集中成立了IT运维中心等。

马清波

卢老师总结得很形象，我们确实是这样一个趋势！我们财务共享服务中心也是在这个背景下成立的。听了卢老师前面介绍的分配模型，我感觉可以用一些新的方法。

赵青松

马经理，你们成立了SSC后，会计核算人员和出纳是否集中了很多人？

马清波

没错！SSC员工大部门就是原来各分公司财务部的会计和出纳，通过内部招聘调动过来的，还有一些是新招聘的。

赵青松

如果这样，我感觉SSC的核算岗和出纳岗应该具备了量化薪酬模型的三个特征：一岗多人、工作好量化、工作重复再现。对吧，卢老师？

卢老师

是的。财务部属于职能部门，而财务共享服务中心属于操作中心，大家也可以理解为“生产车间”，不过SSC不是“生产”产品，而是“生产”凭证、付款手续等。所以对于SSC的会计和出纳岗位的员工，可以用“万金油”的目标薪酬，也可以用量化薪酬。

马清波

嗯，前天我跟SSC的王经理一起探讨分配的问题。他之前是我们公司财务部的副经理，提拔到SSC当经理。如果采用职能部门常用的目标薪酬，就需要做岗位价值评价和一人一表。一人一表还好办，岗位价值评价有点尴尬啦。

卢老师

怎么讲？

马清波

因为我们SSC的很多员工都是从分公司内部招聘调动过来的，有的人在分公司财务部做主管会计岗位，结果到了SSC干出纳的活。当时他们调动的时候都是带着“帽子”，钱还是原来的钱，工作却简单了很多。这也是我们国企常见的问题。

赵青松 我完全理解马经理的苦衷啦，这叫做拿着高工资干着简单的活！我们医院这种情况也不少！

冯莉莉 是啊，家家都有类似的情况！如果当时这个SSC新组建的时候，我们先做工作梳理，再做岗位价值评价，最后选人可能会好很多。

马清波 就是这个问题，如果个别人这样，个案也好处理。现在集中付款后，很多出纳，有的人薪酬特别高，有的人薪酬特别低，差距很大，这不就是前面说的“同岗不同薪”吗！而且我们装订凭证的岗位有合同制的正式员工，也有派遣制的劳务用工，结果导致了同工不同酬。

赵青松 看来前面说的“六不同”问题这个SSC全部发生了！

马清波 可不是嘛！所以新上任的王经理锐意改革，想解决这个问题。我跟他探讨了目标薪酬的操作，但是卡在了岗位价值这里。就像冯总说的，如果部门开始组建的时候操作岗位价值，问题不大，反正我们内部招聘，双向选择。但是人到位后，再通过岗位价值做人岗匹配就有难度啦。所以想请教卢老师，是否可以做量化薪酬？

当然可以。财务共享服务中心和财务管理部不同，其员工特点符合前面说的三个特征，所以可以用量化薪酬模型。因为考虑到SSC员工以操作类为主，所以推荐用量化薪酬的积分制。后续我们讲下怎么设计。 卢老师

马清波 太好了！

财务共享服务中心的积分制怎么设计？

马清波 卢老师，量化薪酬的积分制是否就是前面讲的双池积分模型？需要奖金池和工作池？

没错！积分制也叫抢蛋糕模型，需要两个池子。请大家看下投影附图。

卢老师

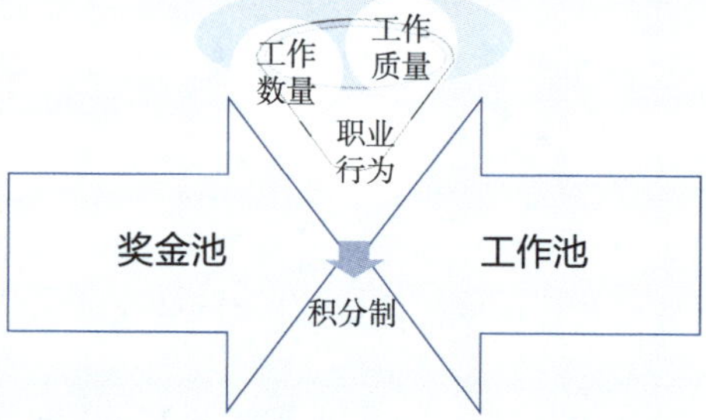

马清波

奖金池就是总蛋糕吧？奖金池的钱怎么来？

卢老师

奖金池的钱是由员工的绩效工资组成的。新单位可以将员工绩效工资的100%投入到奖金池，而老单位考虑员工接受度，投放比例可能是30%~70%不等，比例也是逐步放大的。

马清波

嗯，薪酬改革还是要稳中求进！

卢老师

没错！

马清波

如果我们SSC采用这个积分模型，我来推演一下哈。有两个出纳，A出纳原来职级低、投入奖金池1000元，而B出纳原来职级高，投入奖金池2000元。如果两个人工作积分结果一样，最后每个人各拿回1500元？

卢老师

是的。极端情况下，如果A出纳的工作积分比B出纳的高很多，A可能拿2000元，而B拿1000元。

马清波

这个模型还是比目标薪酬要刺激很多，更能敏感反映干多与干少的区别。

赵青松

我插入一个问题，假如员工绩效工资的70%投入奖金池，用积分制分配啦，那这些员工绩效工资剩余的30%怎么分配？

卢老师

通常是按原来职级对应的钱分给员工，也不跟考核挂钩。当然有些单位做得精致点，会将这30%的绩效工资设计成目标薪酬，跟一人一表考核挂钩。

赵青松：明白啦，那这样就变成了混合分配模型啦？70%采用量化薪酬，30%采用目标薪酬？

卢老师：是的。一般老单位，考虑历史问题和员工接受度，会将一定比例的绩效工资放入奖金池，剩下的绩效工资以及员工的基本工资还是按照原有级别发给员工。这个思路也是我们前面说的“固浮分离”的思路。

马清波：我完全赞同这个方法，如果我们SSC全面采用岗位价值、人岗重新套改，绩效工资全部投入奖金池，估计尾大不掉，落不了地呀！

卢老师：是的。改革还是要稳中求进、和而不同！

马清波：嗯。工作池包含哪些内容？

卢老师：工作池一般包括三种积分：工作量积分、工作质量积分和职业行为积分。工作量积分区分干与不干、干多与干少，而工作质量积分和职业行为积分解决干好与干坏。

马清波：嗯，无论一人一表还是积分考核，最终都要体现“六干”的不同。

赵青松：这三个积分分开考核，其出发点是不同的吧？

卢老师：是的。工作量积分和工作质量积分都是从岗位工作本身出发的，前者关注数量，后者关注质量。而职业行为积分跟岗位工作关联度不大，主要还是从团队要求和组织行为角度来定义的。

马清波：这三个积分，工作数量积分应该很重要吧？

卢老师：没错！这是核心！

SSC的工作量积分怎么设计?

马清波：卢老师，设计工作量积分是否先要对工作进行分类，抓大放小?

卢老师：是的。一个岗位可能有很多工作要做，如果颗粒度划分得太细，后期不好统计和核算。比如SSC的会计核算岗位，以凭证类型的会计科目作为分类标准，颗粒度适中；如果以分录数作为分类标准，就太细了，统计很麻烦。

赵青松：的确如此！即便同一个凭证类型下分录数有多和少的差别，但是长期来看，大家碰到多少的概率还是均等的。

马清波：这个我也同意！问题是不同的凭证类型该怎么确定这个难易程度，也就是前面说的跳水比赛的“难度分”?

卢老师：这就需要建模啦。大家还记得前面我们讨论过的积分制的建模方法吗?

赵青松：我记得卢老师说过主变量修正模型。SSC的会计和出纳岗位我都很熟悉，这是属于操作类岗位，主变量应该用工作时间吧?

卢老师：为赵主任点赞！活学活用！对于SSC岗位，以操作性为主，建模方案：工作量积分=基础工时×修正变量。

冯莉莉：这个基础工时很重要，该怎么统计呢?

马清波：这个不难，我们的SSC员工都是在电脑上审核操作，我们的系统后台可以统计出每一个员工在每一个凭证的处理时间。我们可以将同类型凭证的平均时间作为基础工时，赵主任是财务科主任，您觉得是否可行呢?

赵青松：我觉得可行，有一个细节要看下这些员工的熟练度，比如会计核算工作，老会计和新会计时间上差别比较大。如果新旧员工的人数比例差不多，平均值可以作为参考，否则要根据人数占比稍微调整一下。同时，有些会计科目不常操作，可能样本太少，导致平均数不太准确，建议这些单独测算工时。

卢老师：赵主任的建议非常好！考虑的很细致。

马清波：嗯，赵主任很有经验。如果基础工时出来啦，这个修正变量怎么确定？

卢老师：这个就需要单位领导和岗位的员工代表头脑风暴找到这些修正变量。一般采取的方式是设问法：如果A、B两项工作的基础工时一样，是否还有别的变量会影响到A、B工作的基准分？请大家看下投影附图，这是我一个客户的SSC关于会计核算人员积分建模的三个修正变量。

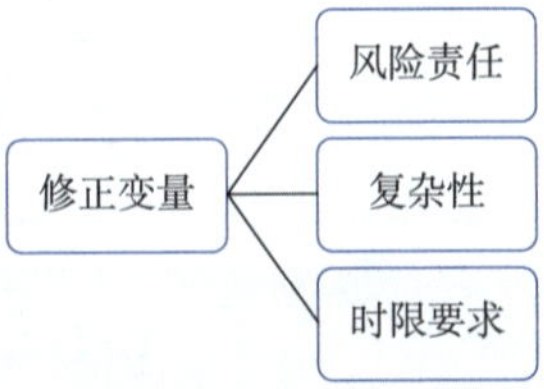

赵青松：前两个修正变量可以理解，第三个修正变量是怎么考虑的呢？

卢老师：SSC采取集中审核和付款后，对审核和付款时限提出了要求，所以有些科目时限要求高的，需要做难度系数的溢价。

赵青松：明白啦，这里修正变量的目的还是为了向风险大、复杂度高、时限要求紧的项目类型进行倾斜，这也是对的。这些修正变量怎么取值、怎么评价呢？

卢老师：修正变量毕竟不是主变量，是修正用的，所以我们通常取值范围1.0~1.05~1.1或1.0~1.1~1.2。评价过程类似岗位评价，由单位领导和岗位骨干员工代表组成评委团来打分，去掉评委的最高分和最低分后计算平均分。请大家看下投影附表，这里有一个模拟案例。

工作分类	基础相对工时	修正变量1	修正变量2	积分单价
营销费	2.4	1.05	1.1	2.77
维修费	3.2	1.1	1.0	3.52
人工成本	4.4	1.0	1.1	4.84

工作分类	A员工	B员工	C员工	D员工
营销费	100	200	300	400
维修费	200	100	300	300
人工成本	100	300	200	100
合计				

员工	A员工	B员工	C员工	D员工
工作量积分	1465	2358	2855	2648

马清波

我看明白了，这里的营销费、维修费和人工成本都是凭证类型，积分单价就相当于跳水比赛的难度系数，然后统计每个员工每种凭证类型的工作数量来换算工作量积分。我有一个操作问题请问一下，员工间可以相互抢活干吗？

卢老师

这就是“工作池”的魅力所在。如果没有专业跨度的问题，我们通常建议设计大工作池，员工可以相互抢活干，或者至少一个部门内部可以相互抢活干。这样员工选择就多啦。有的员工能力强，专门抢难度系数高的活，时间长但分数高；有的员工能力弱，专门挑简单的活；有的员工勤快点，愿意加班加点干活，可以多挣积分；有的员工佛系些，拿个正常分数也心安理得。

冯莉莉

嗯，这个方法确实不错，员工主动性强，也实实在在体现出了干与不干、干多与干少的区别。只是这个记录的工作量不小，需要信息化系统吧？人工记台账成本就太高啦！

马清波

我们公司信息化做得不错！我们SSC员工都是在电脑上操作，系统可以很容易抓取到数据。

冯莉莉 很棒！我们现在也在努力实现全程信息化，不过还在路上。

SSC的工作质量积分怎么设计？

马清波 卢老师，工作量积分设计理念非常好！可以很好地体现多劳多得。而且这个方法可以鼓励员工多干活、干难活，也会在组织里面形成你追我赶的局面。我有一个顾虑，如果员工为了拿积分，不停地抢活干，工作量积分是挣了不少，但是工作质量不高怎么办？这样组织就有损失了！

赵青松 这有办法可以约束员工。如果员工做某件工作得了5分，但是干砸了，给你扣10分，那你就得掂量一下这个工作做还是不做，或如何做得好的问题。

卢老师 赵主任说得是对的。这就是积分制模型为什么要设计工作质量积分的原因。

马清波 嗯，工作数量积分是加分，那工作质量积分就是扣分？

卢老师 也不全是，工作质量也可以加分，当然，大部分时候扣分居多。请大家看下投影附图，这个是SSC会计核算岗位的工作质量积分标准。

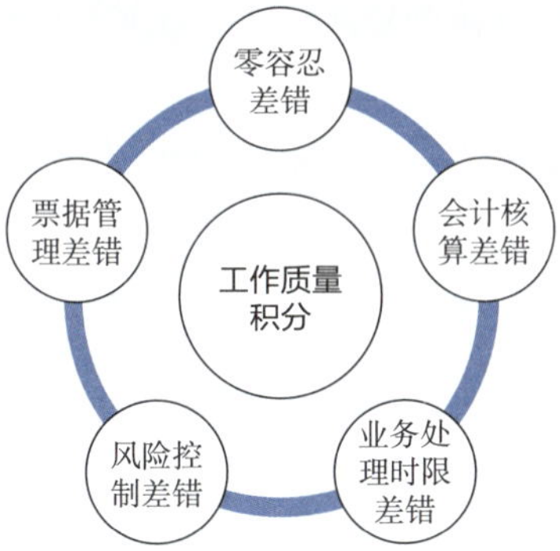

马清波：这个是差错类型分类，每一种类型应该都有详细说明和积分标准吧？类似于您之前辅导我们公司时说过的红绿灯考核？

卢老师：是的，这是必须的。

赵青松：卢老师，能否罗列一下具体的工作质量积分事项呢？

卢老师：好的，请大家看下投影附表。这里罗列了两种差错类型的积分标准。

质量积分类型	描述	积分
零容忍差错	核算或出纳造成资金多付、重付及错付的差错，无论哪个环节发现，造成直接经济损失	
	出现遗失或未分人保管银行预留印鉴、印章的现象	
	出现空白票据遗失或被盗用的现象	
	与集团结算事项核对不一致的差错	
	因核算工作质量不合格，被上级通报批评或扣分的事项	
票据管理差错	影像与原始票据不匹配，未发现影像与实物单据不一致现象（按标准化规范）	
	票据漏装、错装，含装订错误、封面错误	

赵青松：每一个行为事项扣分标准怎么定呢？有什么原则？

卢老师：这个需要每个单位的领导和相关质量控制部门要定出具体的标准，这就跟交警对违章扣分道理一样的，要考虑严重程度和发生的频率。有一条基本原理就是要对执行人起到“三不”的效果：不敢做、不会做、不愿做。

赵青松：这是对的。工作质量积分要有威慑力，否则员工为了数量、牺牲质量，组织是得不偿失的。

卢老师：没错！

SSC的职业行为积分怎么设计?

马清波：卢老师，对于SSC的核算岗位，我们有了工作量积分和工作质量积分，剩下是否要设计职业行为积分?

卢老师：是的。这是积分制模型第三类积分，分值占比通常要小些。请大家看下投影附表。

指标类别	考核领域	权重	考核指标	权重	指标说明	计分方法	取值方
职业化行为	信息稿件	加分	信息稿件	加分	踊跃向中心、省公司、集团报送信息、撰写稿件	√信息、稿件被中心采用，每条加0.2分；被省公司采用，每条加0.5分；被集团采用每条加1分。(不适用于综合室专职人员)	综合室
	创先争优	加减分	创先争优	加减分	1. 积极参加学习培训； 2. 积极参加中心、省公司、集团的各项创先争优活动	√在中心组织的培训中，考试第1名的，每次加0.5分； √在公司安排的培训中，被评为优秀学员，每次加0.2分； × 在公司安排的培训中，发生违反培训纪律的行为，每次扣0.5分，考试成绩不及格的，每门扣1分； √获得省公司或集团表扬或荣誉的，每次加2分	综合室
	团队活动	加减分	团队活动	加减分	参加中心组织的各项团队活动	√参加中心组织的各类活动(工会活动除外)，每次加0.1分； √代表中心参加省公司的活动，每次加0.1分；获得奖项的，每次另加0.2~0.4分； × 中心组织的活动(工会活动除外)，每缺勤1次扣0.1分	综合室
	协作服务	加减分	协作服务	加减分	为内外部客户提供热情、优质、满意的服务	√协作、服务态度好，被中心以外的内外部客户以书面、邮件形式提出表扬的，每次加0.5分； × 协作、服务态度不好，被内外部客户投诉的，每次扣1分，有理由投诉的，每次扣2分	稽核室

马清波：这个职业行为类似KGB考核模型的KBI指标，也是采用红绿灯考核方法?

卢老师：没错！职业行为积分和工作质量积分一样，按照有责发生原则，通过行为事件触发加减分。

冯莉莉：那是否可以将这两个积分合并成一个积分呢?

卢老师：理论上是可以，但是我个人还是建议分开。工作质量积分基于岗位工作内容来设计的，职业行为积分往往跟岗位关联度不大，是组织员工的共性要求。

马清波：嗯，我也建议分开。工作质量积分是员工的直接领导或者授权人进行评价，而职业行为积分往往是单位的综合人事部门进行评价。

是的。

卢老师

SSC员工怎么通过个人积分来分奖金?

马清波

卢老师，按照上述流程三类积分统计出来后，要进行加和，算出个人总积分，然后分总蛋糕，对吧?

卢老师

没错！分配流程和公式如下。

$$个人积分=工作量积分\pm工作质量积分\pm职业行为积分$$

$$总积分=\sum 个人积分$$

$$个人奖金=\frac{奖金总包}{总积分}\times个人积分$$

马清波

这个奖金总包应该是这些参与积分制考核员工绩效工资的总和吧?

卢老师

是的。这里要注意两个问题：其一，奖金池可以将这些员工绩效工资的100%投入进来，也可以投入一定的比例，如70%。其二，奖金池的来源要和积分池的员工相对应。不能把不参与积分制考核员工的绩效工资放到奖金池里面。

马清波

嗯，这个理解。

赵青松

卢老师，我有一个问题。这个奖金池可否跨越部门和岗位?比如这个SSC有很多部门，有不同会计核算和出纳岗位，是否可以设计成一个大奖金池，相关岗位的员工在里面抢蛋糕?

卢老师

可以的。大奖金池就要对应大工作池。这需要建立跨越部门和岗位的三类积分标准。比如，会计核算和出纳岗位要执行统一的工作量积分标准。

赵青松

也就是说，核算岗位制作一个“人工成本”凭证和出纳岗位操作一个“银企直连”的付款动作要建立积分对应关系?这还是有一定难度呀?

卢老师

其实也不难。一个部门内部建立工作池，工作积分的评委是部门领导和骨干员工。如果整个SSC建立大工作池，就需要中心领导、部门领导、骨干员工组成大评委团。

赵青松

我懂了，这跟前面说的岗位评价一样。如果一个部门内部分奖金，部门内部评委打分即可决定岗位价值；如果一个单位分奖金，要跨越部门界限，就需要单位整体策划、评委级别也要高。

卢老师

是这个意思！

冯莉莉

卢老师，刚才您说的SSC的案例，如果同一个员工两个月积分都是300分，意味着这个员工两个月的工作量差不多，最后是否拿到的奖金有不同？

卢老师

会出现这种情况，这也是积分制的问题所在。同一个员工两个月拿同样的积分，奖金是有可能不同的，取决于奖金总包以及别的员工积分多少。

冯莉莉

是啊！这种情况是否可以用计价制模型？在SSC确定好积分单价，如果这个员工两个月积分一样，就能确保奖金也一样？

赵青松

计价制模型对员工更刺激，但是业务旺季时会侵占组织里面别的部门的奖金包，这个问题会引发一次分配的平衡问题，更麻烦。我从财务角度不建议这样操作。

卢老师

赵主任的顾虑是有道理的。所以很多我的客户还是更倾向于积分抢蛋糕，而不是积分单价的模式。当然，冯总提的员工奖励预期的问题是存在的，解决方案是在一次分配中做好优化方案。组织在切分奖金总包时会根据业务淡旺季来调节奖金总盘子的多少：业务淡季时，个人积分少，奖金池也少，个人奖金少；业务旺季时，个人积分多，奖金池也多，个人奖金多。这样员工的积分和奖金预期能较好地统一。

马清波

嗯，这是一个折衷的解决方案。但是有一个新问题，每个月奖金池不完全是员工绩效工资投入的总和，而是需要根据淡旺季来做时序调节？

对的。但是年底清算下来，年度总奖金池还是和员工投入绩效工资总和是一致的。 卢老师

马清波 我有一个大胆的想法，能否将这个奖金池和员工投入绩效工资的总和脱钩，而是根据SSC的业务总量挂钩绩效工资。这样就可以起到“增人不增资、减人不减资”的效果！

马经理想法很棒！我们很多客户还真是这么干的。这时候就需要在一次分配上做文章啦。前面说的奖金池是员工绩效工资打包进来的，这就属于一次分配的人员结构模型，比较平稳。如果根据SSC的业务量核算奖金总包，这就属于效益量化模型，只是这里的主指标就不是效益指标而是业务指标，比如凭证数目、付款笔数等。 卢老师

赵青松 卢老师这么一讲解，就把前面学的内容全部串起来啦。对于SSC的各业务部门，先采取效益量化模型做一次分配，决定各部门每月的奖金总包，然后部门员工采取积分制模型做二次分配来抢蛋糕。这样可以提高人均效能、控制人员编制！

没错！我前面列举的这个SSC客户在用这个方法后，工作质量提升、服务效率提高，而且人员编制控制得也比较好！ 卢老师

赵青松 管理真是有章法！

积分制员工怎么进行考核排序？

马清波 卢老师，前面您讲解的SSC员工通过积分制分奖金的案例特别好，正好我们公司财务共享服务中心可以借鉴参考一下。而且我认为用这种模式来分奖金对员工的激励作用非常好，也打破了身份、职级、能力的差异问题，真正实现了多劳多得、优劳优得！

赵青松 我也觉得很好！在我们医院很多科室都可以应用这个思路。

马清波 我有一个困惑，请教卢老师怎么解决？

卢老师

请说！

马清波

用积分制模型分钱是很好的，可是员工的年度考核排序怎么处理？因为我们公司每年年底要对员工进行强制考核排名区分ABC档，难道积分高的员工就是A档优秀的员工吗？

赵青松

难道不是吗？

卢老师

我知道马经理的困惑点，这种思考很有价值。积分高的员工考核排名在前，前提是这些员工的职级一样。但是就如前面SSC案例所述，出纳岗位有很多员工，因为历史问题，有的员工职级高、有的职级低，意味着员工的基本工资差别很大，积分制模型只是决定了绩效工资的全部或部分的分配，而基本工资和部分绩效工资还是按照职级进行分配。因此考核排名不仅要看员工的产出，还要看对员工的投入！

冯莉莉

我非常同意卢老师的观点。我有一个解决方案，大家看下是否可行？卢老师前面介绍他们咨询公司案例时说到咨询顾问的考核问题，用到了积分除以目标值的思维，我们是否可以借鉴一下？

马清波

我明白冯总的意思啦。SSC的员工分奖金还是用积分制模型，但是考核排名用他们的积分除以目标分。这个目标分就跟每个员工的职级相关。高职级员工、基本工资高、目标分也高；低职级员工、基本工资低、目标分也低。这样下来，两个员工积分都是一样的，但是目标分不同，最后做除法后，分数是有差别的。对吧，卢老师？

卢老师

没错！积分制是做加法，目标考核是做除法，如果积分制要转换成目标考核，就需要设定分母来做除法。如果员工职级一样，分母就是一样的，分子就决定了员工考核的排名；如果职级不一样，就需要设定不同分母，做除法后才能得到员工最终的考核排名。

赵青松

太好啦！我有了一种醍醐灌顶的感觉，让我对几种考核分配模型的关系有了更深刻的认识！

SSC的一线员工可以用目标薪酬模型吗？

马清波

卢老师，我再请教一下，SSC的会计和出纳等一线岗位员工，可以不用量化薪酬的积分制模型，直接用目标薪酬可以吗？

卢老师

当然可以啦！目标薪酬是万金油模型，什么岗位都能用。而量化薪酬只能用于符合三个特征的岗位。因为SSC的会计和出纳符合这三个特征，所以既可以用量化薪酬也可以用目标薪酬。而SSC其他管理和后台支撑岗位，就只能用目标薪酬。

马清波

嗯，这个理解！如果我们对SSC的会计和出纳也执行目标薪酬，是否还是前面说的两个原则：以岗定薪、按绩取酬？

卢老师

没错！这两个原则对应着两个动作：一个是岗位价值评价，另一个是制作一人一表。

马清波

如果做岗位价值评价，就意味着后面要做人岗套改？

卢老师

是的。岗位价值评价并不难，人岗套改才是难点。当然应对方法前面我们也大量叙述过，比如固浮分离、增量改革、保留工资等。

马清波

嗯，一人一表也是用KGB模型来搭建？

卢老师

没错！KGB模型包含关键指标KPI、关键任务GS和关键行为KBI。这个模型搭建一人一表效果很好。

马清波

那具体到SSC的会计核算岗位，怎么设计一人一表呢？之前设计的三套积分体系都对应到KPI吗？

卢老师

不完全是。请大家看一下投影附图。量化积分模型的工作量积分通常会转化成KPI的一个大权重指标，比如核算数量，权重40%；工作质量积分会转换成其他KPI，如核算质量、服务效率等。职业行为积分转换成关键行为KBI。

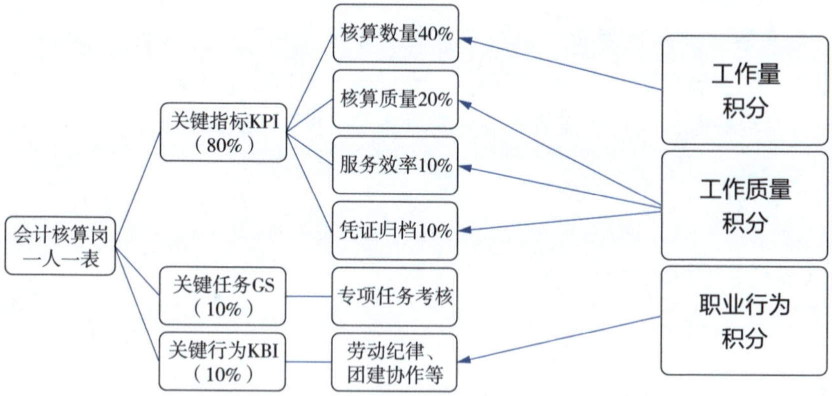

马清波：嗯，积分制的三种积分都对应到KGB的相应模块啦，好像GS没有对应上？

卢老师：是的。GS属于专项重点任务，具有临时突发性特征，量化积分模型很难去表达，但是用KGB模型就可以增加这块的内容。

马清波：嗯，这样就更全面啦。会计和出纳岗位在SSC虽然属于一线操作岗位，GS任务少，但是还是有些零星的任务，用GS模式作为补充挺好！

赵青松：我有一个问题请教一下。会计岗位的工作量积分转换成“核算数量”KPI时，是否也要做除法？

卢老师：没错！量化模型转成目标模型一定要做除法。

赵青松：除法的分子是员工的工作数量积分，那分母是什么？

卢老师：分母就是该指标的目标分。目标分有两种常见取值方法，一种是前面我们讨论过的员工职级对应的分数，比如10级会计对应80分，9级会计对应70分，8级会计对应60分等，这个需要根据历史数据来测算。另一种目标分是取同一类岗位员工的工作数量积分的月度平均分。

赵青松：我懂了，前者是跟自己的目标比，目标是绝对值；后者是相互比，目标是相对值。后者更“狠”一点！哈哈！

马清波

看来条条大路通罗马，无论目标薪酬还是量化薪酬，都是为了体现“六干”：干与不干、干多与干少、干好与干坏！感谢卢老师对SSC案例详尽的分析，理论和实战结合，我们的“段位”又提高啦！

卢老师

不客气！

（辅导会继续进行……）

【读书笔记】

- 大单位有两个趋势：经营在往下沉，管理在往上收。
- 财务部属于职能部门，所以用目标薪酬；财务共享服务中心属于操作中心，类似于生产车间，可以用量化薪酬。
- 双池积分模型基本思路：

  ✓奖金池：员工绩效工资全部或部分打包；或采用工作量做一次分配；

  ✓工作池：个人积分＝工作量积分 ± 工作质量积分 ± 职业行为积分。

  ◆工作量积分＝基础工时 × 修正变量。

  ◆工作质量积分基于岗位工作内容，职业行为积分基于组织共性要求。
- 为避免因为工作数量牺牲工作质量，质量积分要有“三不”的效果：不敢做、不会做、不愿做。
- 员工考核排名不仅要看员工的产出，还要看对员工的投入。
- 积分制是做加法，目标考核是做除法，如果积分制要转换成目标考核，就需要设定分母来做除法。分母可以是绝对值，也可以相对值（平均值）。

5.4 银行客户经理怎么分钱？

故事导入

前面听了几个不同行业的分配案例，冯莉莉很受启发，她也希望拿银行客户经理岗位好好分析一下分钱逻辑。

李一飞经理出了一趟长差，赶回了辅导会现场。

为什么各种方法都不理想？

冯莉莉：卢老师，前面您介绍了几个不同行业的分配案例对我启发特别大，很多问题我们也都出现过，您给出的一些解决方案很有参考意义。我比较关注我们银行客户经理岗位的分配问题，因为客户经理属于业务拓展岗位，对于银行价值创造非常重要，所以想专门请教一下！

卢老师：好啊！银行的客户经理，无论是对公客户经理还是个人客户经理，都是直接面向客户提供营销与服务工作。他们得到足够的激励，才会拉动银行业绩。你们现在是怎么分钱的呢？

冯莉莉：这说来话长啦！前面您辅导的量化薪酬模型我们几乎是用了个遍，现在也没有找到完美的方法。

李一飞：冯总说来听听呗，正好我们也学习一下。刚出差从机场赶回来，缺了太多精彩的内容，赶紧要补课啦！

冯莉莉：热烈欢迎李经理“归队”！我拿我们银行个人客户经理举例。最开始我们对个人客户经理用的是“创利提成”的方法，就是前面说的量化薪酬的提成制。我们提成的主变量是我们银行通用的FTP利润。因为FTP利润计算有点复杂，客户经理们有点懵，支行行长们也感觉激励没有那么直观。所以领导通过调研后，调整了考核激励方案。

李一飞：嗯，我的经验是：基层员工激励越简单越好，激励路径越短越好。

冯莉莉：没错！我们领导也是这个意见。所以我们后来改成“全产品计价”的模式给个人客户经理分奖金。

马清波：看来是从量化薪酬的提成制改成了计价制！这种模式应该很刺激了吧？

冯莉莉：是的。用计价制确实对员工激励更直接，员工也能算的明明白白。但是新问题又出现啦！

李一飞：我猜计价制后，员工应该变得很功利了吧？

冯莉莉：没错！前面卢老师总结得非常到位，计价制激发员工狼性的同时，将动物的野性也激发出来啦。员工干活挑肥拣瘦、斤斤计较，领导们都很痛苦。于是我们有一些领导去同业参观学习后，又搞成了积分制。

马清波：嗯，积分制相对于计价制而言，员工没有那么功利，同时也不容易出现奖金爆池的问题。

冯莉莉：没错！这是积分制的优点，但是相对于计价制，积分制对于员工的刺激作用没有那么好！员工也有一些反弹，因为激励预期变得不太稳定啦。这几次变革，虽说主导部门是业务条线管理部门和计财部，但是我们人力资源部作为改革小组成员，全程参加，前因后果我也非常熟悉。我想请问卢老师，这些变革哪些是合理的，哪些还可以再优化一下？

卢老师：我理解啦！没有最好的分配办法，只有最适合的办法！因为你们用到的这几种量化薪酬模型，各自都有优缺点。所谓适合就是要跟组织当前战略目标和管理诉求相匹配，同时还要与你们的管理架构相吻合。

银行客户经理分配究竟以条为主、还是以块为主？

冯莉莉：卢老师，管理架构也会对分配模型产生影响吗？

是的，而且影响非常大！银行管理架构中有三种常见模式：以条为主、以块为主、条块结合。不同的管理架构对应不同的分配组合。 卢老师

赵青松 什么是“条”，什么是“块”？

冯莉莉 赵主任，我来解释一下哈。“条”就是指业务条线的垂直管理，“块”就是总行-分行-支行的层级结构。

马清波 我明白啦，“条”和“块”就构建了一个单位的矩阵管理体系。

冯莉莉 没错！传统的银行以块为主、条为辅。我们有些同业银行以条为主、块为辅，最典型的甚至以条线构建事业部推行垂直管理。

赵青松 我们医院领导也在筹划，准备将护士从临床科室分离出来，让护理部统筹，推行护士的垂直化管理，应该也是这个思路吧？

没错！虽然大家行业不同，但是横纵向管理模式的探讨一直是组织的大命题。 卢老师

冯莉莉 卢老师，这种管理架构的选择对分配模型会产生什么样的影响呢？

好的。下面我来系统说明一下这个问题。如果银行采用总-分-支、以块为主的管理架构，那么就会采取一二次分配联动的分配模式。上一级经营机构按照效益量化模型将一次分配总包给到下一级经营机构。下一级经营机构自主决定内部各条线、各部门、各岗位的分配。这时客户经理岗位如果采用量化薪酬模型做分配，用积分制模式就会比用计价制和提成制效果好！ 卢老师

马清波 嗯，因为总蛋糕确定了，积分制不会奖金爆池，但是计价制和提成制都可能出现旺季爆池的问题。

李一飞 我出差缺课了，没有参加前面的辅导，弱弱地问一句：奖金爆池了有什么问题吗？客户经理任务完成得不错，多发点也应该吧？

如果一次分配总蛋糕是确定的，客户经理拿多了，别的条线员工就会拿少，内部会出现失衡。解决方案：一是平时不去理会爆池问题，年 卢老师

底通过年终奖去平衡，保证年度总蛋糕不超；二是一次分配要具备更多弹性，如果这家支行全年业务做得很好，上级单位给的一次分配包要同比增加，确保客户经理的收益也同步增加。

冯莉莉

是呀，这样又出来问题啦：以块为主的模式，一次分配的增量未必会投向价值创造者，也可能在一个支行内部被截留“和谐”掉啦。所以前几年我们领导和一些业务条线部门的总经理强烈要求以条为主做薪酬切分。

李一飞

你们是怎么操作的呢？

冯莉莉

比如我们银行的公司条线和零售条线，直接定客户经理的考核与分配规则，无论这个客户经理在哪一家支行，统一考核、统一分配、统一排名。实话讲，当时效果还是很好的。

卢老师

没错！这就是以条为主的穿透式考核方案，很多银行同业也在用。这种方案的优点是：规则透明、激励到位、直接到人，对客户经理激励作用很明显，同时对于业务条线的战略落地很有帮助。这种管理模式下，客户经理通常会用到提成制和计价制的量化薪酬方案。但是这种管理模式支行行长通常是不开心的。

冯莉莉

哎呀，卢老师太厉害啦！对我们银行情况搞得“门清”呀。支行行长对新的分配方案意见比较大，因为分配权被条线收走啦，指挥不动员工啦！

李一飞

嗯，屁股指挥脑袋！谁发钱、听谁的！

冯莉莉

没错！其次，以条为主的分配，条线之间合作就明显减弱。以前以块为主，支行可以充分调动公司条线和零售条线做“公私联动”营销。

卢老师

还有一点，条线穿透式分配会放大“肥田”与“瘦地”的矛盾。

冯莉莉

是的。所以新的分配方案执行几年后，领导发现这些问题越来越突出，现在又回到“以块为主”的方案，对分支行又开始搞一次分配、薪酬切块，然后授权支行做二次分配。实话讲，我也不知道哪一种方案才是合理的？

其实也无所谓合理，每一种方案在当时的时点肯定都是合理的，要不然也不会出台当时的方案。所以我们反复强调，没有最好的分配方案，只有最适合的。所谓适合的方案就要与组织当前发展阶段、发展战略以及管理者的成熟度进行匹配。

卢老师

冯莉莉

我非常认同卢老师的观点。请教一下，这个匹配原则是什么呢？

卢老师

通常来说，新组建的机构和处于业务突破期的单位，这时候中基层干部的成熟度也不足，我们更倾向于以条为主的穿透式分配方案，这样的激励效果好、管理效率高。如果是处于业务成熟期、人数较多的单位，我们倾向于以块为主、一二次分配联动的分配方案。

冯莉莉

嗯，有道理，我们银行目前好像处于两个阶段之间，对客户经理用什么分配方案更好呢？

卢老师

我建议用混合分配模型！

银行客户经理的混合分配模型怎么设计？

冯莉莉

卢老师，混合分配模型是目标薪酬和量化薪酬的结合吧？前面您辅导说过，有乘法混合和加法混合，具体怎么操作呢？

卢老师

好的，我给大家看一家银行同业对客户经理分配的案例，请大家看下投影附图。这家银行采取“固浮分离”的模式，客户经理的岗位工资是按照行员等级确定的，大家重点关注一下绩效奖金的构成。

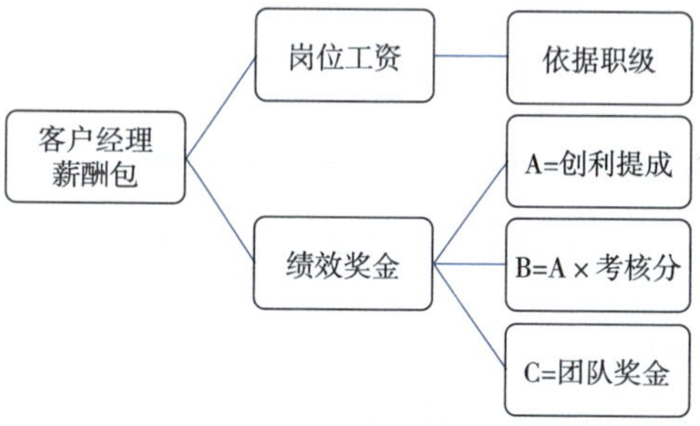

冯莉莉：太好啦！他山之石可以攻玉。案例中客户经理的绩效奖金由三部分构成，A是创利提成，属于量化薪酬；B中间的考核分应该是一人一表的考核结果，那就是目标薪酬；C这里的团队奖金是什么？

卢老师：团队奖金占比比较小，主要是支行内部鼓励大家合作、公私联动的团队奖金，由支行来分配，类似于量化薪酬项目制的专项奖。所以这个案例用的就是混合分配：量化薪酬的提成制和项目制＋目标薪酬。

马清波：这个案例混合形态好像是先乘法、再加法？力度很大呀！

冯莉莉：嗯，这个案例中提成奖金A是前提，所以客户经理必须要创造价值。即便A很大，但是如果客户经理一人一表的考核分只得了50分，不考虑团队奖的情况下，这个客户经理总奖金只拿了1.5倍的A，不合算呀。

李一飞：我明白啦，这个激励方案的导向是：既要把A做大，同时考核得分还得尽量高，比如100分，那就可以拿到2倍A的奖金。好方案！

马清波：李经理，你也是大客户部经理，解释一下这个方案的好处呗！

李一飞：作为大客户部的经理，我对下属客户经理导向就是：首先，要创造价值，不管是靠运气还是能力，这必须是结果导向。其次，客户经理要关注组织对这个岗位的导向要求，比如目标承接和过程管理等。这就需要通过一人一表去实现考核牵引。

卢老师：李经理总结得很好！简单的说就是：功劳＋苦劳！

冯莉莉：说得好！我们一些支行行长经营压力大、身上目标很重，但是以前的分配体系无法将支行目标分解给员工，因为员工是按照提成制或计价制拿钱，员工没有目标感。比如一个客户经理负责的客户正常应该贡献100万利润，但只贡献了50万利润，这个客户经理拿到了50万对应的量化薪酬，但是组织损失了另外的50万！所以组织需要将100万的目标分解到员工身上，并且和他的奖金挂上钩，这样才能体现目标的分解和压力的传递！

卢老师：没错！通过混合分配模型，在保留量化薪酬的刺激下，将目标薪酬的优点发挥出来，比如目标分解、过程管理、职业行为等。这个方案还可以较好的平衡肥田与瘦地的问题。

冯莉莉

哦，怎么说呢？

卢老师

量化薪酬的提成制和计价制只是关注完成结果，如果提成系数或单价整个条线统一，这样支行与支行之间、客户经理之间的资源禀赋的差异问题就很突出。用上目标薪酬后，可以根据客户经理不同的客户群或不同的职级下达不同的目标。

冯莉莉

我明白啦！这个方法是把前面讨论的“条”和“块”结合起来：量化薪酬以“条”为主，目标薪酬以“块”为主。将“条”和“块”的矛盾统一起来，非常高明！

李一飞

这个混合分配也充分体现了国家倡导的改革要“稳中求进”的理念：量化薪酬求“进”，目标薪酬求“稳”，这也是卢老师中国式绩效管理“和而不同”的核心思想！

马清波

李经理厉害呀！缺了好几次辅导会，但是对我们辅导的核心精髓把握的这么透彻！佩服！佩服！

李一飞

哪里哪里！我只是知识的搬运工，还是卢老师辅导得好！哈哈！

（辅导会全部结束。）

【读书笔记】

- 基层员工激励越简单越好，激励路径越短越好。
- 计价制激发员工狼性的同时，也激发出动物的野性。
- 没有最好的分配办法，只有最适合的办法！所谓适合就是要跟组织当前战略目标和管理诉求相匹配，同时还要与管理架构相吻合。
- 新组建的机构和处于业务突破期的单位，中基层干部的成熟度不足，建议以条为主的穿透式分配方案，这样激励效果好、管理效率高；如果是处于业务成熟期、人数较多的单位，建议以块为主、一二次分配联动的分配方案。
- 客户经理采用混合分配模型：

  ✓功劳+苦劳结合。

  ✓条块组合：量化薪酬以“条”为主，目标薪酬以“块”为主。
- 改革要做到“稳中求进”，必须学会“和而不同”！

后 记

故事导入

天下没有不散的宴席。薪酬分配的绩效辅导会全部结束，糖人通讯的人力资源部经理马清波做总结致辞……

马清波：各位朋友好！我们糖心俱乐部关于薪酬分配的专题辅导会到今天就全部结束啦！首先特别感谢人力资源实战派专家卢锐军老师给我们带来的五场精心辅导，我相信大家跟我一样，非常受益！通过这五场辅导，让我们对差异化分配的底层逻辑、顶层架构和各种分配方法有了非常好的认知，也让我们明确了优化的方向，非常感谢卢老师！

冯莉莉：是啊！之前在分钱的问题上跟着感觉走，出问题了再去打补丁，发现没完没了。这五场辅导下来，心里如明镜一样亮堂。这感觉太棒啦！

赵青松：我深有同感！卢老师就像一个医生一样，对我们医院考核分配的问题把脉地非常精准，开出的“药方”具有很强的针对性和操作性。我已经向院领导申请了，准备近期请卢老师到我们医院给领导班子和中层干部讲一场，有些内容光我们职能部门听明白远远不够，得给中层干部，尤其是院领导们“洗洗脑”！

卢老师：哈哈，感谢赵主任的邀请！也谢谢各位的认可。通过这五场辅导会，我结识了很多新朋友，也让我学习到各个行业在考核分配上的一些做法。教学相长！这些都会变成我的财富，促使我更好得去研究和总结。后续大家有问题，欢迎随时沟通哈！

李一飞：听大家这么一说，发现我出差缺了几次课，好像错过了几个亿呀！回头我要请马经理给我好好补一下课！说真的，特别感谢卢老师，去年给我们糖人通讯的直线经理们辅导了绩效管理，帮助特别大！今年又给我们大客户的领导们带来宝贵的知识财富。你们成长了，我也开心呀！

冯莉莉

对呀！喝水不忘挖井人！我们也要感谢糖人通讯、感谢李经理、马经理给我们提供了这么好的环境，这么好的机会，这么好的老师！这种辅导会的形式特别好！下次我要继续来！

马清波

感谢冯总的认可！也给大家通报一个好消息，昨天我跟公司分管的副总经理王亚洲汇报了这几次辅导会的情况，王总特别满意！结合大家的需求，我们准备在明年请卢老师继续在我们糖心俱乐部做辅导，专题就是定岗定编！

冯莉莉

太好啦！这也是我们人力资源管理的一个老大难问题。而且考核与分配的很多底层问题都跟定岗定编有关。我首先报名！

赵青松

我也报名，而且帮我们医院人事科的秦主任一起报名。我们医院职能管理中有两大难题：人不够用、钱不会分。人事科管人，我们财务科管钱。我们都需要好好来学习一下！

马清波

是呀！这也是我们公司人力资源管理的一大难题。定岗定编专题如果辅导完，卢老师独创的人力资源天平模型的3P模块：岗位－绩效－薪酬就齐全啦！功德圆满！

卢老师

确实！人力资源天平模型是一个整体，岗位管理又是基座，这个基座不稳，天平最终会倒下来。欢迎大家继续参与下一个专题的辅导！

李一飞

难得大家这么踊跃！我作为组织方特别高兴！我们糖心俱乐部作为跟客户交流的平台，我们的目标就是跟大家共同成长，只要大家所需，就是我们所想！我们全力以赴做好服务保障工作！最后我提议，我们一起用热烈掌声感谢卢老师，期待下一场辅导会再见！（热烈掌声响起）

（未完待续……）

绩效管理
交流圈

感谢您阅读本书！

为方便与读者进一步交流，作者特意创建了《中国式绩效管理丛书》读者交流圈。加入圈子，您可以获得如下权益：

- **加入微信群**
  我们按照行业和地域两个属性建立读者微信交流群。群中您可以与作者交流、与群友分享，认识更多朋友。

- **参加线下公开课**
  作者每年在全国主要城市有十余场线下公开课，圈友报名参加可享受九折优惠权益。

- **参加线下管理沙龙**
  作者每年在全国主要城市有线下沙龙或签名售书会，圈友可以免费参加。

- **收看线上直播和微课**
  作者不定期有线上直播或微课，开课信息将通过圈子微信群或微信公众号【HR易】发送。

- **阅读最新文章和下载管理资料**
  作者在微信公众号【HR易】发布最新管理文章、上传课件资料，欢迎阅读和下载。

分享
学习
成长

加入圈子步骤

1. 请扫码加微信，并备注：实名+单位+省市+行业；
2. 作者邀请加入微信群。